Lois T. Henderson

DIE PURPUR-HÄNDLERIN VON PHILIPPI

Leuchter-Verlag eG · Erzhausen

Titel der Originalausgabe: LYDIA

Übersetzung: KH. Neumann
Umschlaggestaltung: Dieter Illgen, Hannover

1. Auflage November 1985

ISBN 3-87482-120-X

Gesamtherstellung:
Schönbach-Druck GmbH, 6106 Erzhausen bei Darmstadt

Inhalt

Vorwort

Ich möchte allen, die mir beim Schreiben dieses Buches geholfen haben, meinen aufrichtigsten und tiefsten Dank ausdrücken: Gladys Donaldson, die jedes Kapitel gelesen und nochmals gelesen hat und die dabei viele hilfreiche Vorschläge machte; Ruth Curry, die das Manuskript abgeschrieben hat; Dikran Hadidian, Helen Tussey und Peg Wilson, die mir Ratschläge gaben, welche Bücher ich bei meinen Forschungen und Untersuchungen benötigen würde; und Pastor Robert C. Wilson, der mir sehr half, wenn ich mich mit theologischen Problemen auseinandersetzen mußte.

Ich glaube, daß für mein Buch, „Die Purpurhändlerin von Philippi“, eine kurze Erklärung nötig ist. Ich habe versucht, mich so eng wie möglich an den kurzen Bericht zu halten, den wir in der Apostelgeschichte finden, doch andererseits habe ich mir die Freiheit genommen, Namen einzuführen, die wir im Brief des Apostels Paulus an die Philipper finden. Es gibt keinen biblischen Hinweis, daß der Epaphroditus, der im Philipperbrief erwähnt wird, mit Lydia verwandt ist; ebensowenig ist der Bibel zu entnehmen, daß es sich bei dem Kerkermeister und Clement um dieselbe Person handelt. Andererseits sagt mir mein Vorstellungsvermögen, daß dies durchaus möglich sein könnte und daß der bekehrte Kerkermeister Paulus so viel bedeutete, daß er ihm noch Jahre später Grüße sandte.

Schriftforscher haben immer wieder ihre Überzeugung zum Ausdruck gebracht, daß es sich bei Paulus' „Pfahl im Fleisch" um eine beschwerliche Krankheit gehandelt hat. Um meiner Erzählung willen habe ich den Gedanken akzeptiert, er könne am Rücken etwas verwachsen gewesen sein. Außerdem habe ich die dramatische Szene im Gefängnis ziemlich weit ausgemalt, damit sie sich gut in den Gesamtablauf dieser Erzählung einfügt.

Lois T. Henderson

Teil I

LYDIA

Eine Frau namens Lydia, eine Purpurhändlerin
aus der Stadt Thyatira, hörte zu;
sie war eine Gottesfürchtige, und der Herr
öffnete ihr das Herz.
...Es begegnete uns eine Magd, die einen
Wahrsagegeist hatte und mit der Wahrsagerei
ihren Herren großen Gewinn einbrachte.

Apostelgeschichte 6,14.16.

Kapitel 1

Der Kalender und die Voraussagen ihres Sohnes hatten Lydia darauf hingewiesen, es sei heute ein besonderer Glückstag für sie. Doch sie konnte an dem Weg, den sie ihrer Überzeugung nach nun gehen mußte, nichts besonders Schönes noch Glückliches finden. Ihr Herz hämmerte vor Furcht so heftig, daß sie es bis in den Hals hinauf spürte, während sie auf der Via Egnatia entlangging, der Straße, die steil in die Mitte der Stadt hinabführte.

Sie versuchte, sich zu beruhigen, doch die Furcht wollte sie nicht loslassen. Endlich zwang sie sich, im Schatten einer Baumgruppe, die am Straßenrand stand, stehenzubleiben. Eine kurze Handbewegung von ihr veranlaßte den Sklaven, der ihr in einem kurzen Abstand gefolgt war, ebenfalls diskret stehenzubleiben. Von der Stelle aus, an der sie sich befand, konnte Lydia die ganze Stadt Philippi und die Ebene dahinter, die sich bis an den Berg Symbolum erstreckte, übersehen. Hinter dem wie ein Konus geformten Felsenklotz lag die Ägäis; und bis zum Hafen von Neapolis war es nur eine Fahrt von zwei Stunden.

Philippi war eine kleine, aber sehr schöne Stadt. Das Licht der frühen Morgensonne ließ die weißen

Gebäude und die den langen Reihen der Geschäfte vorgelagerten Kolonnaden hell erstrahlen. Die mit großen flachen Steinen gepflasterte Straße ging hinab zu dem großen Viereck in der Stadtmitte, das den Marktplatz, das Forum und die Bücherei einschloß. Hinter der Stadt beschrieb sie einen weiten Bogen und führte bis zur Ägäischen See. Hätte Lydia sich umgedreht und wäre dann der Straße immer weiter gefolgt bis an ihr Ende, so wäre sie bis nach Rom gekommen. In gewissem Sinne stand sie also an einem Kreuzweg ihrer Welt.

Lydia überlegte. Auch sie war an einem Punkt angekommen, wo sie sozusagen in ihrem Leben an einem Kreuzweg stand. Sie dachte über die Größe dessen nach, was sie sich vorgenommen hatte, und dabei begann ihr Herz aufs neue zu klopfen. Trotz der günstigen Stellung der Sterne, auf die ihr Sohn Ditus sie hingewiesen hatte, empfand sie mehr Furcht, als je zuvor in ihrem Leben. „Ich werde lieber noch eine weitere Woche warten", hatte sie gestern abend bei dem Gespräch zu ihrem Sohn gesagt, „ich habe mich noch nicht genug darauf vorbereitet."

„Aber die Sterne stehen jetzt günstig", hatte Ditus auf seiner Ansicht beharrt und dabei auf eine große astrologische Karte gewiesen, die vor ihm auf dem Tisch lag und deren Farben im Licht der Öllampe sanft ineinander übergingen. „Sieh, die Venus beherrscht jetzt den Himmel, und das wird erst in einem Monat wieder geschehen. Der Venuseinfluß ist für Unternehmungen von Frauen günstig, das weißt du ja auch."

Lydia hatte ungeduldig mit den Schultern gezuckt. „Ich möchte aber nicht, daß mein Leben von den Sternen kontrolliert wird", hatte sie bemerkt.

„Mutter", hatte Ditus erwidert, und dabei hatte man seiner Stimme angehört, wie verunsichert er durch die Bemerkung seiner Mutter war, „wenn du nun einmal darauf bestehst, das zu tun, was du dir vorgenommen hast, dann wirst du alle Hilfe brauchen, die du bekommen kannst – nicht nur die von guten Lieferanten und eifrigen Kunden, sondern auch die der Götter und der Sterne."

Lydia hatte ihren Sohn vorwurfsvoll angeschaut. „Du glaubst doch selbst nicht recht, weder an die einen, noch an die anderen."

„Tust du es denn?" wollte Ditus wissen. Als sie darüber nachdachte und deshalb mit der Antwort zögerte, fuhr er fort: „Man kann ja wenigstens die Gelegenheit wahrnehmen, die sich dadurch bietet. Man kann ja nie wissen..."

„Dein Vater hätte gewußt, was zu tun ist", sagte sie so leise, daß es kaum zu vernehmen war.

„Mein Vater ist tot", gab Ditus ärgerlich zurück. „Mit dieser Tatsache mußt du dich endlich abfinden, Mutter. Du kannst dir nicht immer nur wünschen, er wäre hier und du könntest dich auf seine Entscheidungen verlassen. Genausogut könntest du dir wünschen, Claudius wäre nicht römischer Kaiser."

Lydias Lippen zitterten leicht. Ditus war einfach noch zu jung, um Verständnis und Mitleid zu haben, das wußte sie. Doch sein eigener Kummer hätte ihn ein wenig sanfter und freundlicher machen können. „O, bei allen Göttern, fang jetzt nur nicht auch noch an zu weinen", rief Ditus aufgeregt, als er jetzt seiner Mutter ins Gesicht blickte. „Wenn du glaubst, du seist stark genug, das Geschäft selbst weiterzuführen, dann hast du sicher auch Kraft genug, nicht zu weinen."

Sie hatte es plötzlich satt, sich von ihrem Sohn, der ja noch ein halbes Kind war, beständig belehren zu lassen. Ditus war sechzehn und wurde in den Augen der Gesellschaft langsam ein Mann, doch für sie war er immer noch ein Kind – und in letzter Zeit ein ziemlich freches dazu.

„Was weißt du schon über Kraft zur Bewältigung der Aufgaben des Lebens", empörte sich Lydia. „Was weißt du überhaupt vom Leben, außer was deine Spiele und Studien betrifft? Du warst doch die Hälfte deines Lebens von daheim fort, hast mit Gleichaltrigen im Internat gelebt und studiert. Jetzt bist du wieder daheim, um mir zu helfen, nicht etwa, um die Dinge noch schlimmer zu machen."

Ditus' Gesicht überzog sich mit Röte, entweder aus Scham oder vor Ärger. „Es tut mir leid", sagte er. „Es war wirklich nicht meine Absicht, dich zu verletzen."

„Ach, Ditus", Lydia begann jetzt zu weinen und streckte die Hand nach ihm aus, „wir wollen doch nicht streiten. Was auf mich zukommt, erfordert meine ganze Kraft, da kann ich deinen Ärger nicht auch noch ertragen."

Mit einer schnellen und scheuen Geste streichelte Ditus kurz die Hand seiner Mutter. „Ich glaube einfach, daß ich schon alt genug bin, das Geschäft zu übernehmen", murmelte er. Seit dem plötzlichen Tod seines Vaters Aurelius hatte er das schon mindestens ein Dutzend Mal gesagt. „Ich bin doch kein Kind mehr."

„Du bist gerade sechzehn", erinnerte sie ihn, während sie ihre Tränen abwischte. „Außerdem hast du nur die Ausbildung eines Jungen — Philosophie, Malerei und etwas Mathematik. Wie willst du also ein Geschäft führen, das so schwierig ist wie das unsere?"

„Und wie gedenkst du es zu schaffen?" fragte er, immer noch voller Trotz.

„Epaphroditus", Lydias Stimme war jetzt scharf, und sie verwendete seinen vollen Vornamen, was sie nur tat, wenn sie sehr ärgerlich war. „Wie kannst du es wagen, eine solche Frage zu stellen? Ich habe seit vielen Jahren an der Seite deines Vaters gearbeitet."

„Das schon, aber nicht im Geschäft", beharrte er eigensinnig.

„Ja, stimmt – aber hier daheim und auch im Zuschneide- und Lagerraum. Wenn es um die Qualität und Verarbeitung der Wolle ging, hat sich Aurelius fast nur auf mein Urteil verlassen. Ich habe ihm bei jedem Auftrag geholfen und bin mit ihm jedesmal nach Neapolis gefahren, wenn ein Schiff kam, das neue Ware brachte. Und außerdem kenne ich auch all unsere Kunden."

„Aber du selbst hast mit ihnen keine Geschäfte getätigt", bestand Ditus hartnäckig auf seiner Meinung. „Und wenn es darum geht, mit den Leuten klarzukommen, benimmst du dich mehr wie ein Kind als ich. Irgend jemand kann dich zu allen möglichen Dingen überreden."

„Das ist nicht wahr!" Sie erhob sich und ging aufgeregt im Raum hin und her. „Ich habe es besser als dein Vater verstanden, hohe Preise zu fordern und sie dann auch durchzusetzen."

„Na ja, vielleicht. Aber eben nur hinter der Szene", bohrte Ditus weiter. „Wenn du selbst im Geschäft stehen mußt, wird es ganz anders sein. Woher willst du wissen, daß die Leute dich nicht einfach deshalb belügen und betrügen, weil du eine Frau bist?"

„Ich mag nur eine Frau sein", sagte Lydia empört, „aber ich bin keine Närrin. Außerdem muß ich darauf bestehen, daß du mehr Respekt mir gegenüber zeigst. Ich bin letzten Endes deine Mutter. Das solltest du nicht vergessen."

Die beiden blickten sich hart an. Ditus hatte sich in der Zwischenzeit ebenfalls erhoben. Lydia war, wie gewöhnlich, etwas erstaunt, als sie wieder einmal feststellte, daß ihr Sohn mittlerweile größer war als sie, obwohl sie selbst für eine Frau doch recht groß war. Seine Augen, die ärgerlich und aufsässig blickten, waren so dunkel wie ihre eigenen. Sie war immer froh gewesen, daß das Haar und die Haut des Jungen so hell waren wie die seines Vaters. Doch obwohl die stattliche Erscheinung ihres Sohnes ihr gefiel, ließ sie ihn das nicht merken, sondern blickte ihn streng und ernst an. Er war es, der endlich seine Augen niederschlug und murmelte: „Es tut mir leid, Mutter.“

Lydia drehte sich um und nahm ihre rastlose Wanderung durch das Atrium wieder auf. Es war ein sehr schöner Raum. Die Wände waren weiß, die Türdurchgänge gewölbt, und alles wurde von graziösen Säulen getragen. Die Hochzeits-Couch, die an der Innenwand stand seit jenem Tag vor 17 Jahren, als Aurelius sie nach dort getragen hatte, bestand aus reich geschnitztem Nußbaumholz und war mit feinstem Stoff in Königsblau und Karminrot bezogen. Doch es war der Fußboden, der die Aufmerksamkeit jedes Besuchers sofort auf sich zog. In der Mitte, neben dem marmornen Wasserbecken, in dem das Regenwasser aufgefangen wurde, das durch eine Öffnung im Dach hineinlief, war ein großartiges Mosaik aus kleinen schwarzen, roten und weißen Steinchen eingelegt. Es stellte einen viereckigen, stark befestigten Turm mit runden Toren und zinnengekrönten Mauern dar. Aurelius hatte extra hervorragende Künstler von weit her kommen lassen, um dieses großartige und mit seinen Farben leuchtende Mosaik hergestellt zu bekommen. Lydia vermied es sorgfältig, auf das Mosaik zu treten, während sie im Atrium hin und her ging; es hätte Unglück bedeutet.

Nochmals wiederholte Ditus, nunmehr schon zum dritten Mal an diesem Abend, mit bedrückter Stimme: „Mutter, es tut mir leid.“

Schnell trat Lydia jetzt zu ihm. „Es ist schon gut“, sagte sie beruhigend und strich ihm dabei mit der Hand über das nach römischer Mode kurzgeschnittene Haar, obwohl sie wußte, daß er solche Berührungen nicht mochte. „Bist du wirklich sicher, daß ich nicht noch einen Monat warten kann? Oder wenigstens eine Woche? Ich bin so müde."

Wieder nahm seine Stimme den ungeduldigen Klang an: „Ich sagte dir doch schon, daß ich mich sehr genau erkundigt und dann selbst alles noch sorgfältig nachgeprüft habe. Morgen ist der Tag, an dem das Schicksal dir besonders günstig ist."

„Ich wünschte, ich könnte meine eigenen Entschlüsse treffen, ohne irgendein Schicksal oder sonstige Einflüsse berücksichtigen zu müssen", erklärte sie aufsässig.

Ditus' Tonfall war genauso empörerisch: „Ich wäre schon zufrieden, wenn ich meine eigenen Entscheidungen treffen könnte", murmelte er.

„Ganz sicher wirst du das", versprach Lydia. „Du hast noch das ganze Leben vor dir. Ich sagte dir doch schon, daß du nicht mehr zur Schule zurück mußt, sondern sofort in unserem Geschäft als Lehrling beginnen kannst. Genügt dir das vorläufig denn noch nicht? Kannst du nicht ein wenig geduldig sein?"

„Ich will es versuchen", antwortete er.

Sie mußte sich sehr zurückhalten, um ihm keinen Kuß auf die Wange zu geben. In jenem Augenblick hatte er sehr große Ähnlichkeit mit seinem Vater gehabt. So hatte der Abend trotz der harten Worte noch im Frieden geendet.

Nun stand Lydia im Schatten der Bäume und blickte auf die kleine Stadt hinunter, die im klaren Morgenlicht leuchtete. Wenn sie den Hals ein wenig reckte, konnte sie am Fuß des Berges eine Ecke der römischen Garnison erkennen. Bei diesem Anblick fielen ihr viele Kunden und damit auch das Geschäft wieder ein. Da waren alte Generäle und andere römische Offiziere, die sich bei ihrer Pensionierung in der kleinen, aber schönen Stadt Philippi niedergelassen hatten. Ihnen war es erlaubt, einen Streifen in der

Königspurpur-Farbe rund um den Rand ihrer Togas zu tragen. Außerdem kamen noch die jetzigen Offiziere der römischen Garnison dazu. Diese Leute stellten den wichtigen Kern von Aurelius' Kundschaft dar, nur daß Aurelius niemals mehr mit ihnen ein Geschäft machen würde. Der Königspurpur, das Zeichen von Reichtum und Berühmtheit, würde nun von Aurelius' Witwe verkauft werden.

„Ich kann es nicht", dachte Lydia, als ein plötzlicher Schwächeanfall sie überkam und sie sich an den Akazienbaum lehnen mußte.

Ditus hatte wohl doch recht. Ich bin eben nur eine Frau. Ich weiß nicht, wie ich mit den Kunden umgehen soll, und habe niemand, der mir dabei hilft. Die Sterne können nichts anderes, als die Menschen herumstoßen, überlegte sie voll Bitterkeit. Man muß Geschäfte tätigen, wenn die Sterne günstig stehen; kaufen, wenn manche Sterne aufsteigen; und verkaufen, wenn andere Sterne abnehmen. Es ist, als wäre man ein Gefangener von Mächten, auf die man keinen Einfluß hat und denen man nicht vertrauen kann.

Über eine Sache hatten Ditus und Lydia nie miteinander gesprochen. Aurelius war an einem Tag gestorben, als sein Stern im Aufsteigen war. Er hätte lachend und entspannt mit erfolgreichen Geschäftsabschlüssen heimkommen sollen, statt dessen war ein vom Rennen atemloser Junge, zitternd und bleich im Gesicht, zu ihr nach Hause gekommen und hatte sie dringend gebeten, sofort mitzugehen, da etwas nicht in Ordnung sei. Etwas Schreckliches sei geschehen.

Wie konnte so etwas überhaupt geschehen? Wie konnte ein Mann wie Aurelius, stark, gesund, lebenskräftig und voller Lebensfreude, plötzlich so umfallen? Nein, das war nicht gerecht. Das Leben war bitter und sinnlos und grausam. Doch ehe die Trauer sie wieder so überwältigte, daß sie hätte von neuem weinen müssen, richtete Lydia sich auf, gab dem Sklaven einen Wink und zwang sich, zur Stadt hinunter und in das Geschäft zu gehen. Sie wünschte sich, etwas von der Wärme der Sonne, die sie jetzt wieder empfand, als sie aus dem Schatten der Bäume getreten war, könne auch in ihr Herz hineinleuchten und es erwärmen. Doch sie konnte sich nicht vorstellen, daß sie jemals wieder anders fühlen könnte, als in diesem Augenblick — einsam, ängstlich und hoffnungslos.

*

Lydia schreckte erst aus ihren Gedanken auf, als sie unter die Stoa, eine Art offenem Vorbau, ihres Geschäfts trat, die an der Hinterseite von der Hausmauer und vorn von den Kolonnaden, die den Zentralplatz der Stadt umgaben, abgeschlossen wurde. Das eigentliche Geschäft sowie der Lager- und Zuschneideraum befanden sich innerhalb des Hauses. Doch Aurelius hatte gewöhnlich mit den meisten seiner Kunden hier in der offenen Stoa verhandelt, wo deshalb auch ein kleiner Tisch und mehrere Stühle standen. „Hier also werde ich in Zukunft die Geschäfte so führen müssen, wie Aurelius es getan hat", dachte sie. „Hier muß ich freundlich und selbstsicher den Kunden begegnen, ganz gleich, ob es nun Adlige oder Sklaven, Soldaten oder Bürger sind, Römer, Griechen oder Juden."

„Frau Lydia". Rubens Stimme klang überrascht und doch zugleich freudig. „Ich habe dich nicht erwartet. Das heißt — nicht so bald schon." Der alte Mann kam zu ihr gelaufen, um sie zu einem der Stühle zu führen. „Bitte", sagte er, „nimm Platz. Der Raum wird dir dunkel erscheinen, da du ja aus der Sonne kommst. Kann ich etwas für dich tun?"

Wäre Ruben nicht so alt, überlegte Lydia bedauernd, müßte ich nicht in das Geschäft kommen. Er hatte mehr als 20 Jahre mit Aurelius gearbeitet und kannte alles, was mit dem Geschäft zusammenhing, besser als jeder andere. Doch er war schon hoch in den mittleren Lebensjahren gewesen, als er hier zu arbeiten begann; und nun wurde er alt und vergeßlich. Aurelius hatte in der letzten Zeit oft erwähnt, daß der alte Mann nicht mehr in der Lage sei, so mit den Kunden zu verhandeln wie früher.

„Ich bin gekommen, um zu arbeiten", sagte Lydia einfach. „Jemand muß doch das Geschäft weiterführen." Sie saß aufrecht auf dem Hocker und wünschte sich, es gäbe hier einen bequemen Lehnstuhl. Ich werde einen von daheim herbringen lassen, überlegte sie. Dies würde in Zukunft ja nun ihr Geschäft sein.

„Aber Frau Lydia", Rubens Stimme klang ein wenig aufgeregt und seine Hände zitterten leicht, „es ist doch noch zu früh für dich. Du bist sicherlich noch zu sehr mit Aurelius Tod beschäftigt, um dich um die schwierigen geschäftlichen Angelegenheiten zu kümmern."

Die Freundlichkeit in seinem Gesicht und seiner Stimme war fast schwerer zu ertragen als Ditus' Trotz und Ungezogenheit. Am liebsten hätte Lydia ihr Gesicht an der Brust des alten Mannes geborgen und ihren Tränen freien Lauf gelassen. „Gewiß", nickte sie und bemühte sich, ihre Stimme unter Kontrolle zu halten, „ich bin noch müde und traurig, doch deshalb bin ich nicht hilflos. Und außerdem kann ich mich doch sicher auch auf dich verlassen, Ruben? Aurelius sagte immer, ich gäbe einen ausgezeichneten Purpurverkäufer ab, wenn ich ein Mann wäre. Nun muß ich eben..." Sie spürte, wie ihr die Stimme nun doch versagte, schüttelte den Kopf und versuchte zu lächeln.

„Ich fürchte, daß ich nicht mehr sehr nützlich sein

kann", meinte Ruben bescheiden. „In meinem Alter ist man nicht mehr zu viel zu gebrauchen. Aurelius hatte die Absicht, mich in den Ruhestand gehen zu lassen."

„Das soll ganz sicher geschehen", erwiderte Lydia und versuchte, ihre Worte mutig klingen zu lassen, obwohl sie nun doch weinen mußte. „Du hast dir den Ruhestand redlich verdient und sollst dazu noch einen guten Geldbetrag von mir erhalten, so daß du ohne Sorgen in der Sonne sitzen und deine alten Jahre genießen kannst. Doch halte jetzt bitte noch ein wenig bei mir aus, mein lieber alter Freund. Stehe mir noch einige Monate bei... nur einige wenige Monate..."

„Ach, ich würde noch Jahre bei dir aushalten", rief Ruben eifrig, „aus Respekt und Liebe für euch beide – für Aurelius und für dich." Sein Mund bebte, und auch seine Augen füllten sich nun mit Tränen.

Im Alter schämt man sich seines Kummers wohl nicht mehr so sehr, dachte Lydia dankbar. Sie ergriff seine Hände, drückte sie kräftig und murmelte: „Vielen Dank." Dann bemühten sich beide, die Tränen aus den Augen zu wischen und den Kummer beiseitezuschieben.

„Ditus wird auch bald hier sein", sagte Lydia endlich. „Eines Tages wird das ganze Geschäft doch ihm gehören, da soll er gleich anfangen, es von Grund auf kennenzulernen. Er muß die einzelnen Qualitäten der Stoffe und die Fabrikationsarten unterscheiden können und muß wissen, ob der Stoff mit echter Purpurfarbe von Purpurschnecken gefärbt wurde oder ob es sich nur um Ersatzfarben aus Wurzeln handelt. Er muß wissen, wie man mit den einzelnen Stoffarten umgeht, wo und wie man sie bestellt und zuschneidet." Lächelnd fügte sie hinzu: „Er ist natürlich überzeugt davon, daß er dies alles jetzt schon kann, aber er ist doch noch sehr jung. Was meinst du, Ruben, wird

Marin weiter bei uns arbeiten; und wird er meinen Sohn als Lehrling annehmen?"

„Marin ist ein Sklave", erklärte Ruben ein wenig verächtlich. „Er kann nicht bestimmen, ob er dem jungen Herrn alles lehren will oder nicht."

„Aber manchmal sind Sklaven auch schon davongelaufen", bemerkte Lydia nachdenklich. „Es mag für ihn recht schwer sein, für eine Frau zu arbeiten und auch noch einen arroganten Jungen als Lehrling zu haben."

Ruben lachte, doch war auch ein wenig Bitterkeit zu spüren, als er bemerkte: „Es wird schwer; doch wir werden es schaffen, Lydia. Wir beide gemeinsam werden es schaffen. Und Marin wird tun, was ich ihm sage."

Keinem von beiden war bewußt geworden, daß er die förmliche Anrede „Frau" oder „Herrin" fallen gelassen hatte. Es schien in der augenblicklichen Situation ganz natürlich zu sein. In den nächsten Monaten würde er für Lydia vielleicht mehr ein Vater als ein Angestellter sein.

Ruben ging, um Wein mit warmem Wasser zu mischen, das er immer bei kleiner Glut in einer Kohlenpfanne im Arbeitsraum bereit hielt. Es ist seltsam, überlegte Lydia, eigentlich weiß ich sehr wenig über den alten Mann. Aurelius hatte erzählt, Ruben sei von Jerusalem gekommen, als er noch jung war, und zwar nicht als ein Flüchtling, sondern als einer, der es für sein weiteres Leben am besten fand, sein eigenes Land zu verlassen. Er war Jude, und Aurelius hatte erwähnt, er habe einige seltsame Ideen. So weigere er sich zum Beispiel beharrlich, am letzten Tag der Woche zu arbeiten. Doch während der anderen sechs Tage arbeitete er so fleißig, daß Aurelius sich nie zu beklagen hatte. Außerdem gab es auch bei den Römern und Griechen immer wieder heilige Tage, die zu beachten waren. Und obwohl Aurelius selbst keiner Religion anhing, war er doch stets bereit, die religiösen Vorschriften und Gefühle anderer Menschen zu respektieren. „Wir haben dadurch mehr Zeit für uns, um zusammen zu sein“, pflegte er zu Lydia zu sagen.

Ich muß endlich aufhören, mich immer wieder mit der Vergangenheit zu beschäftigen, ermahnte Lydia sich selbst, und muß beginnen, mich in die Angelegenheiten des Geschäfts zu vertiefen.

Ruben kam mit einem Becher warmen, verdünnten Weins zurück, reichte ihn Lydia und drängte: „Trink das, danach wirst du dich gleich besser fühlen. Anschließend können wir, wenn du möchtest, mit der Arbeit beginnen.“

Kapitel 2

Ein Schatten legte sich quer über den Fußboden. Lydia blickte von den Büchern auf und sah Valleius Tatinius im Eingang stehen. „Frau Lydia", sagte er höflich und neigte den Kopf in der römischen Art des Grußes.

„Valleius Tatinius", erwiderte sie zurückhaltend, aber mit warmem Lächeln. „Komm doch herein. Es ist schon geraume Zeit her, seit du das letzte Mal in unserem Geschäft warst. Ich glaube, seit dem Tod meines Mannes habe ich dich noch nicht gesehen."

Sie wunderte sich, wie gefaßt sie schon vom Tod ihres Mannes reden konnte. Ruben hatte wohl recht gehabt, als er sagte, daß die Zeit und die Arbeit im Geschäft die Wunden langsam heilen lassen würden. Gewiß, des Nachts weinte sie sich oft noch in den Schlaf. Doch sie war wenigstens schon in der Lage tapfer zu sein und zu lächeln, wenn Kunden in das Geschäft kamen.

Valleius meinte bedauernd: „Ich habe gezögert zu kommen. Ich habe deinen Mann so sehr geschätzt, daß ich nicht wußte..., ja nun, mir war nicht klar, wie das Geschäft ohne ihn weitergehen sollte."

„Du meinst, du wußtest nicht, wie eine Frau damit

fertig werden könnte?“ kam ihm Lydia zu Hilfe. Auch ihr Lächeln zeigte einen Anflug von Bedauern.

„Nun ja, es ist eine recht ungewöhnliche Situation“, gab Valleius kopfnickend zu. „Aber ich habe Stoff für neue Togas bestellt und benötige dazu auch Purpurstoff. Hast du etwas besonders Gutes im Hause?“

„Ich denke schon“, antwortete Lydia. „Ich glaube wenigstens, daß dieser Purpur der hohen Ehre würdig ist.“

Ihrer Stimme war keinerlei Spott anzuhören. Sie hatte ihre Bemerkung auch völlig ernst gemeint, da sie wußte, mit welchem Stolz der Saum aus Königspurpur getragen wurde. Es war das sichtbare Zeichen von Mut und der Pflichterfüllung gegenüber Rom. „Komm mit in den Verkaufsraum“, lud sie Valleius ein. „Ich kann dir dort verschiedene Purpurware zeigen, die erst kürzlich von Thyatira eingetroffen ist.“

Doch der hochgewachsene Römer blieb immer noch zögernd stehen. „Hättest du etwas dagegen, wenn mein Sklave und meine Wahrsagerin hereinkommen, damit sie nicht in der Sonne stehen müssen?“ fragte er.

„Sie hat den ganzen Vormittag Prophezeiungen von sich gegeben. Jetzt ist sie sehr erhitzt und aufgeregt. Vielleicht könnte sie hier ein wenig im Schatten auf dem Fußboden sitzen?“

„Aber das ist doch selbstverständlich“, rief Lydia. „Bringe sie herein, sie sind willkommen.“

Valleius steckte seinen Kopf aus der Stoa hinaus und sagte einige scharfe Worte. Sofort trat ein großer schwarzer Sklave ein, der eine kurze Tunika trug und ein schlankes, sich sträubendes Mädchen hinter sich herzog.

„Sie ist ja gebunden“, rief Lydia mit Empörung in der Stimme. „Das solltest du aber nicht mit ihr tun.“

„Sie gebärdet sich heute total verrückt", versuchte Valleius zu erklären. „Meistens bereitet es keine Schwierigkeiten, sie ungefesselt herumlaufen zu lassen. Doch heute war es besonders schlimm. Sie ist so unruhig und könnte sich in diesem Zustand leicht selbst verletzen."

In den Augen des Mädchens lag Entsetzen, als sie sich im Geschäft umschaute. „Der Tod ist hier", rief sie mit hoher Stimme.

Der Sklave legte ihr sanft aber fest die Hand auf den Mund. „Sei still", sagte er. „Das ist nicht der richtige Ort für dich, um etwas zu sagen. Setz dich, und versuche dich zu beruhigen." Dann blickte er mit seinen schwarzen Augen auf Lydia. „Vergib uns, Herrin, sie ist überarbeitet."

Das Mädchen drehte ihre Hände in den Fesseln hin und her und zerrte daran. Lydia konnte sehen, wie die Stricke tief in das junge Fleisch schnitten. „Darf ich ihr einen Schluck kaltes Wasser anbieten?" wandte sich Lydia an Valleius. „Sie scheint sehr aufgeregt zu sein; und die Stricke machen ihr zu schaffen."

„Vielen Dank", erwiderte der Römer. „Nuba, halt sie ruhig. Ich mag ihre Stimme jetzt nicht mehr hören."

Lydia blickte den Sklaven so besorgt an, daß Valleius zu lachen begann. „Mache dir keine Sorgen, Frau Lydia. Nuba wird immer freundlich zu ihr sein. Sie ist hundertmal mehr wert als er; und er weiß ganz genau, was mit ihm geschieht, wenn er sie verletzen würde."

Lydia ging in den Lagerraum, wo Ditus am Zuschneidetisch arbeitete. Da kein Sklave anwesend war, bat Lydia ihn, er möge Wasser für das Mädchen holen. „Ich bin kein Sklave", murrte er, ging aber doch und erfüllte die Bitte seiner Mutter.

Lydia kehrte in die Stoa zurück. „Mein Sohn wird ihr Wasser bringen", erklärte sie. „Nun, mein Herr Valleius, darf ich dir die Purpurstoffe zeigen?"

Valleius folgte ihr in das Geschäft. Innerhalb weniger Minuten unterhielten sie sich so angeregt über die Farbschattierungen und das Gewebe der verschiedenen Stoffe, daß Lydia gar nicht bemerkte, daß Ditus in der Stoa geblieben war. Erst, als sie in den Lagerraum ging, um ein weiteres Stoffmuster zu holen, bemerkte sie, daß er nicht mehr an dem Zuschneidetisch arbeitete. „Ditus“, rief sie, „wo bist du?“

Der Junge kam langsam und zögernd in den Raum zurück. „Ja?“ fragte er. Doch Lydia spürte, daß seine Gedanken sich mit etwas anderem beschäftigten.

„Kannst du für den römischen Offizier bitte etwas von der neuen Purpurwolle bringen? Ich meine das Material, das in Streifen gewebt wurde. Es muß irgendwo weiter hinten liegen. Ruben wird es wissen.“

Der Junge schien erst jetzt zur Wirklichkeit zurückzufinden. „Ich weiß, wo es ist“, antwortete er mit kalter Stimme.

Als Lydia in den vorderen Raum zurückkehrte, bemerkte Valleius amüsiert: „Dein Sohn hält nicht viel von weiblicher Autorität. Es fällt ihm schwer zu gehorchen, wie?“

Lydia zuckte mit den Schultern. „Er ist noch zu jung, um das Geschäft zu übernehmen. Und meine Tochter ist noch jünger. Für mehrere Jahre – so lange wie nötig – wird er sich meiner Autorität noch beugen müssen, so demütigend ihm das auch manchmal erscheinen mag.“

„Erwachsen werden ist genauso schwer, wie in einer Schlacht zu kämpfen“, bemerkte Valleius verständnisvoll. „Es ist zu schade, daß der Junge keinen Mann hat, der ihm dabei helfen könnte.“

„Das ist eben eine weitere Sache, mit der ich fertig werden muß“, sagte Lydia ein wenig verärgert und deshalb schärfer als gewollt.

„Natürlich“, nickte Valleius. „Vergib mir. Ich wollte mich nicht in deine persönlichen Angelegenheiten mischen."

Lydia versuchte zu lächeln. „Eigentlich bin ich es, die sich entschuldigen sollte. Denn ich habe mich in deine Dinge gemischt, als ich es nicht recht fand, daß dieses Mädchen gefesselt ist."

„Erosa?" Valleius Stimme klang so überrascht, als habe er den Vorfall von vorhin in der Stoa schon vergessen. „Sie ist eine großartige Einkommensquelle für mich. Du brauchst dir wegen ihr keine Sorgen zu machen, Nuba wird sie notfalls unter Einsatz seines eigenen Lebens beschützen. Niemand wird ihr Schaden zufügen. Manchmal scheint sie ganz verrückt zu sein, aber sie kann in die Zukunft sehen." Als er Lydias skeptisches Gesicht bemerkte, fügte er hinzu: „Wirklich, das kann sie. Und viele Leute sind bereit, viel Geld dafür zu bezahlen, wenn sie etwas über ihre Zukunft erfahren können."

„Aber sie ist sehr schön." Erstaunt blickten Lydia und Valleius auf Ditus. Sie hatten gar nicht bemerkt, daß er mit dem gewünschten Stoff eingetreten war. Ditus warf die Stoffrolle auf den Tisch und fuhr fort: „Kommt es nicht auch dir seltsam vor, Herr Valleius, daß Erosa so schön ist und gleichzeitig verrückt sein soll? Ob hier nicht ein Fehler gemacht worden ist?"

Valleius runzelte die Stirn. „Das sind ziemlich tiefschürfende Fragen für einen noch so jungen Mann", meinte er. „Mir scheint, Frau Lydia, du hast einen kommenden Philosophen in der Familie, und gleichzeitig einen Bewunderer von Schönheit."

Lydia bemerkte, wie Ditus' Gesicht vor Ärger rot anlief. Deshalb antwortete sie schnell: „Ach, Philosophie war doch eines von Ditus' Studienfächern, deshalb ist es auch nicht verwunderlich, wenn sein Denken davon beeinflußt wird. Und was die Schönheit angeht? Ich denke, da braucht man keine besondere Ausbildung, um sie schätzen zu können."

„Besonders dann nicht", nickte Valleius lächelnd, „wenn man von Geburt an damit in Berührung gekommen ist." Dabei blickte er Lydia auf eine solche Weise an, daß sie recht gut verstehen konnte, was er meinte.

Lydia fühlte, wie jetzt ihr vor Verlegenheit das Blut in die Wangen stieg. Doch sie hielt seinem Blick stand. „Vielen Dank", antwortete sie. „Obwohl ich meine, Ditus wird Schwierigkeiten haben zu glauben, daß die gleiche Beschreibung auf seine müde alte Mutter genauso zutreffen könnte wie auf das geplagte junge Mädchen."

„Sei nicht töricht", widersprach Valleius. „Du bist nicht alt, und meiner Meinung nach auch durchaus nicht müde. Es macht dir Freude, dieses Geschäft zu führen." Er wandte sich Ditus zu und fuhr fort: „Erwarte nicht, daß sie es zu bald abgibt, junger Freund. Sie blüht darin richtig auf. Tröste dich einstweilen mit deinen philosophischen Gedanken."

Ganz plötzlich wandte er sich wieder voll dem Purpurkauf zu. „Mir gefällt dies", erklärte er barsch und zeigte auf die Rolle, die Ditus hereingebracht hatte. „Schneide mir so viel davon zurecht, daß es für zwei Togas reicht. Nein, für drei. Wer weiß, wann du wieder einmal solch wertvollen und schönen Stoff im Hause hast. Was ist der Preis?"

Mit einer Handbewegung forderte Lydia ihren Sohn auf, die genügende Menge Purpur abzumessen und zu schneiden. Dann folgte sie Valleius in die Stoa zum Abschluß des Geschäfts. Der Handel um den Preis ging ohne persönliche Kommentare vor sich. Als er abgeschlossen war, lehnte sich Valleius bequem zurück und lächelte: „Es ist mühsam, mit dir zu handeln."

Ruhig erwiderte sie mit freundlicher Miene: „Ich nehme nur, was die Ware wert ist. Und dieser Stoff ist ganz besonders kostbar."

Valleius schwieg einige Augenblicke und sagte dann ohne Umschweife: „Meine Frau hat dich einige Male erwähnt. Sie würde dich gern näher kennenlernen.“

„Ich glaube, wir kennen uns schon“, meinte Lydia nachdenklich. „Als ich einmal die Bibliothek besuchte, um dort einer öffentlichen Schauspiel-Vorlesung zuzuhören, war sie auch anwesend mit einer Frau, die auch mir bekannt ist.“

„Damals seid ihr euch nur sehr flüchtig begegnet. Sie meint aber, du seist eine Frau mit vielen Fähigkeiten und großem Mut. Würdest du einmal zu uns zum Essen kommen?“

„O ja, sehr gern“, stimmte Lydia erfreut zu. „Seit mein Mann gestorben ist, habe ich mich völlig der Arbeit im Geschäft und meinen Kindern gewidmet. Es wäre sicherlich eine angenehme Abwechslung, mit dir und deiner Frau zu speisen.“

Man konnte Valleius seine Freude ansehen. „Das ist fein“, rief er. „Wäre es dir in zwei Tagen recht? Wir essen immer eine Zeit vor Sonnenuntergang. Soll ich dir Nuba schicken, oder ziehst du es vor, deine eigenen Sklaven mitzubringen?“

„Bemühe dich nicht“, antwortete Lydia, „ich habe meine eigenen Sklaven. Vielleicht bringt mich sogar Ditus, wenn er nichts anderes vorhat, und holt mich später wieder ab.“

„Er ist willkommen, den Abend über bei uns zu bleiben.“

„Er würde sich bei der Unterhaltung von uns Älteren sehr langweilen“, meinte Lydia lächelnd. Sie hatte mit einem flüchtigen Blick bemerkt, wie ihr Sohn gerade am Eingang vorüberging und wußte, daß er zuhörte. „Nochmals vielen Dank. Es wird aber doch besser sein, wenn ich ohne ihn komme. Bitte, richte auch deiner Frau aus, wie sehr ich die Einladung schätze.“

Valleius erhob sich. „Wir sind es, die sich geehrt fühlen, weil du bereit bist, uns zu besuchen. Komm, Nuba, weck das Mädchen auf und laß uns gehen.“

Die kleine Wahrsagerin war auf dem Fußboden eingeschlafen. Ihr Gesicht hatte den gequälten Ausdruck verloren und ihr gelocktes dunkles Haar hüllte sie wie eine Kappe ein. Wenn sie einen so entspannten Eindruck machte wie jetzt, war sie wirklich so schön, wie Ditus behauptet hatte. Der schwarze Sklave beugte sich schweigend zu ihr hinunter und nahm den schmächtigen Körper vorsichtig in seine starken Arme. Er trug sie wie einen kostbaren Schatz, der wohl behütet werden mußte. Das Mädchen machte jetzt den Eindruck eines Kindes. Doch Lydia wußte, daß es anders war. Die Körperformen, die sich unter der cremefarbenen Tunika abzeichneten, waren die einer Frau.

„Vielleicht ist sie an dem Abend, an dem du uns besuchst, wach und frisch genug“, sagte Valleius und warf seinem Sklaven einen beiläufigen Blick zu. „Sie könnte dir dann etwas über deine Zukunft sagen, wenn du es möchtest.“

Lydia lachte. „Es wäre ganz interessant zu wissen, ob unsere Bücher am Jahresende einen Gewinn verzeichnen werden.“

„Dann also, bis du unser Haus beehrst“, sagte Valleius und verbeugte sich knapp. Er wandte sich um und trat auf die Straße, gefolgt von dem großen Sklaven, der das schlafende Mädchen trug.

*

„Ich hoffe, du glaubst nicht im allergeringsten an das, was dieses Mädchen sagen wird.“

Lydia drehte sich überrascht um, als sie den grollenden Ton in Rubens Stimme vernahm. Jede Woche hatte sie sich vorgenommen, ihn endlich in den Ruhestand gehen zu lassen; doch in jeder Woche waren auch noch andere Umstände eingetreten, die seine Hilfe nötig machten. Es stimmte, was Aurelius gesagt hatte: Der alte Mann war launenhaft und manchmal auch sehr vergeßlich. Doch er besaß in diesem Geschäft ein großes Wissen und war schlau. Außerdem fühlte sich Lydia auf eine seltsame Art zu ihm hingezogen.

„Und ich hoffe, du wirst auf sie hören", mischte sich Ditus hitzig ein. Es war offensichtlich, daß beide dem Gespräch zugehört hatten und sich mit Valleius' Angebot der Wahrsagerei beschäftigten.

„Für den Herrn, den großen Gott, sind solche falschen Prophezeiungen ein Greuel", sagte Ruben ernst. Je älter er wurde, um so mehr schien er seine Zurückhaltung aufzugeben, mit der er seine privaten Ansichten bisher für sich behalten hatte. Oder vielleicht war da etwas in Lydias Zuneigung zu ihm, das ihn ermutigte. Dies war schon das zweite Mal in den letzten beiden Tagen, daß er von seinem Gott gesprochen hatte.

„Unsinn", empörte sich Ditus.

„Du wirst dich sofort entschuldigen", schimpfte Lydia. „Du weißt genau, daß du nicht in solcher Weise zu älteren Menschen reden darfst."

Zu Lydias Überraschung war es Ruben, der das Wort ergriff: „Ditus ist ein Mann, zumindest den Jahren nach. Er hat ein Recht auf seine eigene Meinung", erklärte er beruhigend.

„Ich kann euch beide nicht mehr verstehen", sagte Lydia hilflos. „Ihr bedrängt mich von entgegengesetzten Seiten, wollt mir aber dann nicht gestatten, die Dinge wieder geradezubiegen."

„Ein junger Mann muß seine Eltern achten", erklärte Ruben. „Doch ich bin nicht sein Vater. Deshalb braucht er mir nicht zuzustimmen."

„Zustimmen muß er dir nicht“, bestätigte Lydia. „Aber respektieren muß er dich. Das kann man von ihm erwarten.“

Ruben sah den Jungen lächelnd an: „Also — hast du die Absicht, mir zu sagen, daß es dir leid tut?“

Ditus mußte nun auch grinsen. „Ruben, du bist ein ganz Schlauer“, gab er zu. „Du weißt dich aus jeder Situation gut herauszuwinden. Ist es dein Gott, der dir so schlaue Gedanken gibt?“

In der jungen Stimme lag ein spöttischer Unterton. Doch Ruben überhörte ihn. „Du bist noch zu unwissend, um zu erkennen, was mein Gott tut oder nicht tut, deshalb werde ich auch keine Worte an dich verschwenden. Es wäre, als würde man die Perlen vor die Schweine werfen. Aber bei dir ist es anders, Frau Lydia.“ Er wandte sich jetzt ihr zu, und in seinen Augen strahlte ein tiefes Licht. „Wenn dir diese törichten Dinge, wie die Launen der Sterne oder die verrückten Sprüche der Wahrsager, überdrüssig sind, dann komme zu mir und frage mich nach dem Herrn, unseren Gott Jahwe, geheiligt sei Sein Name.“

Irgendwie war Lydia, als würde ihr Herz in einer seltsamen Weise berührt, und ihr war ein ganz klein wenig ängstlich zumute. Es gelang ihr nicht, ihre Augen von Ruben abzuwenden, und sie fand auch keine, ihr passend erscheinende Antwort. Es war Ruben, der zur Seite sah und dabei murmelte: „Wir wollen es genug sein lassen. Die rechte Zeit scheint noch nicht gekommen zu sein. Du bist noch nicht bereit für die Wahrheit. Ich werde es wissen, wenn es soweit ist.“

„Mutter, hör mir zu.“ Ditus griff nach ihrem Arm. „Rubens Gott ist sicher nicht anders als all die anderen Götter. Aber dieses Mädchen — ich meine das Mädchen von Valleius, in ihr ist etwas anderes. Sie hat mich heute angeschaut, und mir war, als würde ich dabei in das Zentrum der Sonne blicken. Höre ihr gut zu. Wir könnten für unser Leben einige gute Prophezeiungen gebrauchen."

Ruben brummte nur unwillig und begab sich wieder in den Lagerraum. Doch Lydia blieb stehen und blickte ihren Sohn lange an. Endlich sagte sie: „Du scheinst wirklich zu glauben."

„Was zu glauben?" fragte er ärgerlich, doch seine Stimme klang unsicher. „Ich denke nur, daß es irgend etwas Besonderes mit diesem Mädchen auf sich hat. Das ist alles."

„Wir werden ja sehen", murmelte sie. „Jetzt mach dich wieder an die Arbeit und schneide den Purpur. Und dann — nun, wir werden sehen."

Kapitel 3

Lydias Umkleideraum lag auf der Schattenseite des Hauses. Deshalb spürte sie auch schon den ersten kühleren Hauch des Abendwindes durch das Fenster streichen, als sie sich fertig machte, um Valleius' Einladung nachzukommen. Sie saß vor einem metallenen Spiegel, während eine Sklavin ihr Haar in Locken legte und zu einer hohen schimmernden Krone aufsteckte.

Im Spiegel sah Lydia, wie ihre Tochter Minta den Raum betrat und sich auf den Bettrand hockte. Sie zog ihre Knie bis unter das Kinn und umklammerte mit den Armen ihre Beine. Minta war in dem verdrehten Alter, in dem einem Mädchen klar wird, daß sie eine Frau werden wird, wo sie aber noch keine Frau ist. Seufzend beklagte sie sich jetzt: „Ich werde nie so schön sein wie du."

„Unsinn", sagte Lydia streng. „Du bist schon jetzt ein recht hübsches Mädchen. Und außerdem solltest du deiner Mutter nie erzählen, sie sei schön. Es könnte ihr sonst vielleicht in den Kopf steigen."

„Aber es ist doch wahr", wiederholte das Mädchen ein wenig schüchtern. „Sicher hat Vater dir das immer wieder gesagt."

Lydia mußte sich anstrengen, ihrer Stimme einen festen Klang zu geben. „Dein Vater war immer sehr lieb zu mir", erklärte sie. Zur Sklavin gewandt fuhr sie fort: „Hier, Kora, gib auf diese Haarsträhne acht, sie rutscht herunter."

„Aber heute hast du niemand mehr, der dir das noch sagt", beharrte Minta, „deshalb wirst du es vermissen. Ich wünsche mir, die Leute würden mir erzählen, ich sei hübsch."

Lydia drehte sich zu ihrer Tochter um. „Du bist hübsch, Minta. Du bist so hübsch, wie ein dreizehn Jahre altes Mädchen nur sein kann. Wenn du noch ungefähr ein Jahr älter bist, wirst du auch beginnen, langsam rundere Formen zu bekommen und wirst nicht mehr so eckig sein. Ich kann mich noch gut erinnern: Als ich dreizehn war, bestand ich auch aus nichts anderem, als aus Knochen und Ecken."

„Wirklich, Mutter?"

Lydia mußte lächeln. „Ja, ganz bestimmt."

„Aber Ditus sagt immer, ich sei häßlich — wie ein gerupftes Huhn", beklagte sie sich.

„Ditus wird noch viel über Diplomatie und Freundlichkeit lernen müssen", erwiderte Lydia. „Doch im Augenblick ist das Leben für ihn recht schwierig, deshalb müssen wir geduldig mit ihm sein."

„Warum ist es für ihn so schwierig? Er muß doch nicht mehr zur Schule gehen. Und da er glaubt, er versteht so viel vom Geschäft, sollte er sich freuen, dort mitarbeiten zu können."

„Aber er ist jetzt nur ein Lehrling dort", erinnerte Lydia sie. „Und seine Mutter ist seine Chefin. Das ist recht schwierig für einen jungen Mann."

„Junger Mann?" rief Minta empört. „Er ist doch nur zweieinhalb Jahre älter als ich."

„Warte nur noch zweieinhalb Jahre", sagte Lydia. „Du wirst überrascht sein, wie alt du dich dann fühlst."

Sie drehte sich wieder dem Spiegel zu und beobachtete kritisch, wie Kora mit einer goldenen Nadel jetzt ihr Haar befestigte. Noch lieber hätte sie die silberne Nadel genommen, da diese besser zu der Stola paßte, die sie an diesem Abend trug. Doch das Silber hätte nur den leichten grauen Anflug unterstrichen, den ihr Haar hier und da schon bekam. Und sie wollte sich an diesem Abend jung fühlen — jung und sorglos. Sie wollte nicht daran denken, daß sie eine Witwe war, und eine Geschäftsfrau und eine Mutter.

„Warum gehst du heute aus?" Mintas Stimme klang jetzt verdrießlich. „Du bist fast jeden Tag fort, deshalb solltest du an den Abenden daheim bleiben."

Lydia hatte diese Frage erwartet, seit sie ihre Absicht verkündigt hatte, an diesem Abend in das Haus von Valleius Tatinius zu gehen, deshalb hatte sie ihre Antwort bereit: „Ich gehe doch nicht von dir fort", argumentierte sie. „Du bist den ganzen Tag in der Schule, und ich bin gewöhnlich früher daheim als du. Und außerdem bist du ja an diesem Abend nicht allein. Du und Sidri, ihr verbringt doch eure Abende gewöhnlich kichernd in deinem Zimmer. Ganz selten fragst du da einmal nach meiner Gesellschaft."

„Aber Sidri ist nur eine Sklavin", protestierte Minta.

„Mach dich bitte nicht lächerlich", erwiderte Lydia jetzt streng. „Das hast du in deinem ganzen Leben noch nicht über Sidri gesagt. Und sie ist jetzt schon bei uns, seit ihr beide noch Babys wart."

„Na und? Sie ist trotzdem nur eine Sklavin", beharrte Minta.

Lydia erhob sich, ihre Stimme klang jetzt kühl: „Also gut, wenn sie dir nicht mehr zusagt, dann sollten wir sie vielleicht verkaufen und uns nach jemand anders umsehen."

Minta riß vor Erstaunen und Schreck die Augen weit auf. „Mutter!" rief sie überrascht.

Lydia lächelte. „Siehst du, ich wußte, daß du es nicht so meinst, wie du es sagtest. Höre jetzt also bitte auf, dich so närrisch zu benehmen, nur weil ich einen Abend ausgehe. Ich brauche eben einmal ein wenig Abwechslung, Zerstreuung und Entspannung. Ich dachte, du würdest das verstehen können."

Minta war jetzt beschämt. „Sicher, Mutter, ich verstehe es. Ich war nur ein klein wenig eifersüchtig. Manchmal wünsche ich mir, ich könnte auch schon ausgehen und die halbe Nacht wegbleiben, so wie Ditus es tut. Wenigstens ein einziges Mal", fügte sie hastig hinzu, als sie den veränderten Gesichtsausdruck ihrer Mutter bemerkte.

Doch Lydias Überraschung hatte eigentlich nichts mit Mintas kindlichen Wünschen zu tun. Sie entließ Kora mit einem Kopfnicken und überlegte sich sehr sorgfältig ihre nächsten Worte. „Ich habe noch gar nicht bemerkt, daß Ditus..., nun ja, daß er die halbe Nacht wegbleibt, wie du sagst", begann sie vorsichtig.

Zu spät wurde Minta bewußt, daß sie ihren Bruder jetzt wohl unabsichtlich verpetzt hatte. Schuldbewußt schlug sie die Augen nieder und versuchte mit den nächsten Worten einiges wieder gutzumachen. „Nein, natürlich nicht die halbe Nacht", rief sie eifrig. „Du weißt doch, wie ich manchmal übertreibe. Aber immerhin ist er frei, zu gehen wohin er will."

„Erstens ist Ditus ein Junge, und zweitens auch schon sechzehn Jahre alt", erklärte Lydia. „Du bist noch längst nicht so alt; und außerdem ein Mädchen." Sie versuchte, ihrer Stimme einen eher beiläufigen Ton zu geben, als sie hinzufügte: „Was tut Ditus, wenn er so lange ausbleibt? Weißt du das?"

Doch Minta war jetzt sehr vorsichtig. „Ich weiß es nicht, und ich wäre wohl auch die Letzte, die er ins Vertrauen zieht."

Lydia blickte ihrer Tochter fest in die Augen.

Doch sie wußte auch, daß weiteres Fragen nicht viel Zweck hatte. Die Kinder hatten von klein auf zusammengehalten und sich nie gegenseitig verraten. Da würde ein strenges Verhör auch nichts einbringen. Minta würde nur noch zurückhaltender werden. „Na, ich bin sicher, daß ich mir über diese Sache keine Sorgen zu machen brauche“, sagte Lydia ruhig. „Schau mich einmal an, Tochter, kann ich mich so sehen lassen?“

„Du siehst großartig aus“, antwortete Minta, und man konnte ihr anhören, daß sie es so meinte. „Wie machst du es nur, daß dein Haar diese Form behält? Ich schaffe das mit meinem nie.“

„Du hast das Haar deines Vaters“, tröstete Lydia, „dick, glänzend und glatt. Doch es wird nicht immer bei der jetzigen Mode bleiben, daß man gekräuseltes Haar wie eine Krone trägt. Eines Tages wird dein Haar genau das richtige für einen neuen und einfacheren Stil sein. Und dann werde ich lächerlich aussehen.“

Mintas Wangen röteten sich. Sie streckte eine Hand aus und strich damit leicht über Lydias elfenbeinfarbene Stola. „Wird Ditus dich in das Haus des Tatinius bringen?“

„Nein, einer der Sklaven wird mich begleiten. Aber Ditus kommt vielleicht später und holt mich ab. Du könntest ihn daran erinnern, wenn die Wasseruhr anzeigt, daß es dafür Zeit ist.“

„Wenn Ditus im Hause ist, werde ich es tun“, versprach Minta.

Lydia überhörte die Möglichkeit, daß Ditus nicht im Hause sein könnte. Der Sklave, der sie begleitete, konnte sie ebensogut zurückbringen. Es war nicht sinnvoll, sich jetzt über Ditus' offensichtliche Verantwortungslosigkeit aufzuregen, vor allem nicht seiner jüngeren Schwester gegenüber. Doch Mintas Worte über Ditus' nächtliche Abwesenheit waren etwas, worum sie sich noch näher kümmern würde. Ach, könnte sie doch noch auf Aurelius' kluges Urteilsvermögen und seinen klaren Blick für das, was richtig und was falsch war, zurückgreifen. Gewiß, sie sehnte sich auch nach Aurelius' Berührungen, doch Aurelius' Weisheit war etwas, das sie noch viel dringender benötigte. Und da sie von Aurelius nie mehr die nötige Festigkeit und den rechten Scharfblick bekommen konnte, mußte sie jemand oder etwas finden, von dem sie die Kraft und Weisheit erhielt, die sie brauchte.

*

Das Tatinius-Haus war groß und, wie Lydias Haus ebenfalls, im römischen Stil gebaut. Das Atrium öffnete sich nach einem Arbeitszimmer und nach einem Säulengang mit lieblichen Garteneffekten hin. Valleius begrüßte Lydia an der Tür und führte sie ins Haus zu seiner Frau.

Fulvia Tatinius war eine stattliche und charmante Frau mit dunklem Haar, das sie im gleichen Stil trug wie Lydia. Ihre mit Sorgfalt umgelegte Stola war karminrot. Sie lächelte warm und freundlich, doch ihre Augen blickten zurückhaltend. „Ich habe unsere kurze Bekanntschaft schon lange erneuern und vertiefen wollen", sagte sie mit einer etwas heiseren Stimme. „Die von dir an jenem Tag in der Bibliothek geäußerten Ansichten interessieren mich, und außerdem bin ich davon beeindruckt, daß eine Frau den Mut hat, die Geschäfte ihres Mannes weiterzuführen."

Ehe Lydia antworten konnte, mischte sich Valleius mit leichtem Lachen ein. „Fulvia ist überzeugt davon, daß Frauen die Männer auf allen Gebieten des Lebens übertreffen können. Sie findet, daß die Führung eines Haushalts eigentlich nur Kinderspiel ist. Ich glaube, sie würde viel lieber Armeen kommandieren oder riesige Paläste bauen."

Lydia fragte sich, ob aus den etwas spöttischen Worten nicht ein Unterton von Verärgerung herauszuhören war. Doch als sie ihren Gastgeber anblickte, sah sie, daß seine Augen ebenfalls mitlachten.

Seine Frau machte eine spaßig zu verstehende Geste das Tadels und lächelte ihren Gast an. „Männer geben vor, sie seien von der Hilflosigkeit der Frauen überzeugt, um damit ihre eigene Eitelkeit zu stärken. Im stillen wissen sie, daß wir ihnen überlegen sind und fürchten sich deshalb."

„Na, ganz so ist es wohl nicht", protestierte Lydia lächelnd. „Aurelius, mein verstorbener Gatte, hat immer großen Wert darauf gelegt mir klarzumachen, was auch schon meines Vaters Ansicht war: Frauen sollten nur dann ihre Klugheit zeigen, wenn sie es mit Charme tun können."

Jetzt begannen auch Fulvias Augen zu lächeln. „Und tust du es charmant genug?" fragte sie.

„Charmant – was?"

„Nun, dein Geschäft mit soviel Klugheit und doch auch Charme führen, daß du die Männer nicht deshalb eifersüchtig machst, so daß sie sich weigern, bei dir zu kaufen?"

Lydia antwortete mit sachlicher Stimme: „Ich muß mit Männern Geschäfte machen; deshalb wäre es töricht von mir, ihnen feindselig zu begegnen, ganz gleich, in welcher Weise. Ich könnte mein Geschäft gar nicht führen, wäre ich nicht von meinem Gatten, als er noch lebte, in all die Probleme und Schwierigkeiten eingewiesen worden. Und außerdem verlasse ich mich sehr auf den guten und treuen Dienst von Ruben, einem älteren Mann, der schon viele Jahre mit Aurelius gearbeitet hat. Du siehst also, daß ich auf Männer angewiesen bin."

„Dieser Ruben ist wirklich ein schlauer alter Mann“, warf Valleius ein. „Doch du wärst gut beraten, wenn du ihn nie in Konflikt zwischen seiner Treue zu seinem Gott und seiner Treue zu dir bringen würdest. Auf religiösem Gebiet ist er ein Extremist.“

„Ich würde nicht sagen, er ist ein Extremist“, widersprach Lydia. „Sicher, er ist ganz gewiß ein Mann mit festen Überzeugungen — aber ist das so falsch?“

„Komm“, bat Fulvia jetzt. „Wir stehen hier herum, als gäbe es in unserem Haus keine Sitzplätze. Nimm auf der Couch hier Platz, Frau Lydia. Wir haben keine weiteren Gäste eingeladen, weil ich mich wirklich auf dich gefreut habe und mich ganz auf die Gesellschaft mit dir konzentrieren möchte.“

Lydia setzte sich auf die angebotene Couch und blickte ihre Gastgeberin an. „Es gibt nichts so Peinliches wie eine alleinstehende Frau“, bedauerte sie. „Würde mein Mann noch leben, könnten die Männer jetzt zusammen essen, und wir Frauen könnten uns unterhalten und dabei ebenfalls gemeinsam essen.“

„Aber nicht in meinem Haus“, sagte Fulvia bestimmt. Lydia sah an Valleius' Augen, wie er sich amüsierte. „Wir haben natürlich manchmal auch nur Männer als Gäste, und dann ziehe ich mich zurück, wie es sich gehört. Doch wir mögen auch gern eine gemischte Gesellschaft — Männer und Frauen zusammen. Wir sind auf diesem Gebiet nicht so altmodisch.“

„Altmodisch ist nur ein anderes Wort für Unbeweglichkeit“, sagte Valleius. „Ich danke den Göttern, daß meine Frau Mut hat und unternehmungslustig ist und nicht zu viel danach fragt, was andere Leute denken.“

„Den Göttern?“ staunte Fulvia. „Seit wann fragst du schon danach, was die Götter denken? Du bist doch ein Heide; und darauf bist du auch noch stolz.“

„Na, nicht gerade ein Heide“, protestierte er voller Humor. „Wir Römer sind gern bereit, die Existenz vieler Götter, meinetwegen aller Götter, anzuerkennen. Doch die meisten von uns mögen gern ein wenig Abstand von ihnen einhalten. Manche Praktiken bei den verschiedenen Gottesdiensten scheinen mir auch mehr eine Art Unterhaltung zu sein als der Ausdruck von Ehrfurcht.“

„Wie die Gottesdienste des Dionysius zum Beispiel?“ fragte Lydia leichthin. Sie war sicher, ihren Gastgeber mit dieser Frage nicht zu verärgern. Bei seiner Einstellung lehnte er bestimmt die Orgien, die zu Ehren dieses griechischen Gottes gefeiert wurden, ab. Manchen Römern gefielen diese religiösen Ausschweifungen zwar, aber ein Mann, der ebenso dachte wie Aurelius, wollte sicher mit dieser Art Blutvergießen und der religiösen Prostitution nichts zu tun haben.

Valleius bog sich vor Lachen. „Meine Frau würde mir nicht erlauben, solche...hm – Feierlichkeiten überhaupt nur zu besuchen“, rief er.

„Wann hättest du jemals nach einer Erlaubnis von mir gefragt?“ staunte Fulvia.

„Sicher“, beharrte Valleius. „Sag, Frau Lydia, gab es da nicht auch bei euch Dinge, die du deinem Mann erlaubt oder auch nicht erlaubt hast, je nachdem, worum es sich handelte?“

Lydia erwiderte lachend: „Ich bin sicher, Aurelius würde das auch behauptet haben. Obwohl ich immer davon überzeugt war, eine gehorsame Frau zu sein.“ Daß sie auf einmal so leicht von Aurelius reden konnte, versetzte Lydia einen kleinen Stich ins Herz. Auf der anderen Seite war sie erleichtert, von ihm sprechen zu können, ohne Kummer zu empfinden oder die formale Trauer zeigen zu müssen.

„Aurelius war ein großer Mann“, sagte Valleius ruhig. „Ich kannte ihn gut genug, um dies sagen zu können.“ Er wandte sich seiner Frau zu: „Komm, meine Liebe, sicher sind die Sklaven soweit, das Essen zu servieren.“

„Gewiß“, nickte Fulvia. „Komm, Frau Lydia, hier gehts zum Eßzimmer.“

Das Mahl war köstlich. Es wurde auf niedrige Tische serviert, an denen Couchen standen. Da sie nur zu dritt waren, hatte jeder eine Couch für sich allein. Lydia war angenehm überrascht davon, daß ihr Gastgeber durchaus damit zufrieden zu sein schien, nur mit zwei Frauen zu speisen. Sein Benehmen war manchmal ein wenig spöttisch, und dann wieder gönnerhaft und herablassend. Doch die meiste Zeit schien er die Unterhaltung interessant und angenehm zu empfinden. Lydia entdeckte, daß sie sich seit Aurelius' Tod noch nicht wieder so wohl gefühlt hatte.

Als die Mahlzeit beendet war, begaben sich Lydia und Fulvia zurück in den großen Salon. Valleius hatte sich mit einigen Worten entschuldigt und war im hinteren Teil des Hauses verschwunden. Fulvia lachte nachsichtig. „Jetzt muß er nach seiner kostbaren Erosa sehen“, erklärte sie. „Er möchte, daß sie für dich wahrsagt. Aber wenn sie zu aufgeregt ist, wird gewöhnlich nicht viel daraus. Und ich glaube, er möchte dich beeindrucken.“

„Bei mir Eindruck machen?“ Lydia lachte leicht. „Das kann ich fast nicht glauben.“

„Mein Mann bewundert mutige Menschen“, sagte Fulvia. „Außerdem braucht er einen Purpurhändler in seiner Stadt. Er würde sich ärgern, müßte er bis nach Neapolis fahren, um Stoff für die Purpursäume seiner Toga zu bekommen. Den anderen, denen es gestattet ist, die Purpurfarbe zu tragen, würde es ähnlich gehen. Dein Gewerbe ist in einer römischen Garnisonstadt absolut notwendig, mußt du wissen.“

„Und die römischen Offiziere und Beamten sind

notwendig für mein Geschäft“, gab Lydia zu. „Ich würde ohne sie das Geschäft kaum beibehalten können.“

Fulvia zuckte mit den Schultern. „Dann wollt ihr euch vielleicht gegenseitig beeindrucken. Das scheint mir ganz natürlich zu sein. Da Erosa sein kostbarster Besitz ist, glaubt er, mit ihr immer den meisten Eindruck machen zu können.“

„Sein kostbarster Besitz nach seiner Familie, meinst du sicher“, protestierte Lydia.

„Ich bringe ihm nur Vergnügen“, sagte Fulvia unbewegt, „aber Erosa bringt ihm Geld und Ansehen. Wer hat schon noch einen Sklaven, der die Zukunft richtig voraussagen kann? Und sie ist keine Schwindlerin, Frau Lydia. Ich hoffe, sie hat dir nur gute Dinge zu sagen.“

Lydia machte eine Bewegung des Widerspruchs, doch Fulvia verstand sie offensichtlich falsch. „Wenn sie in der Lage ist zu wahrsagen, wird es Valleius ein Vergnügen und ein Vorrecht sein, sie in deine Zukunft schauen zu lassen. Bitte, beleidige ihn nicht, indem du ihm dafür Bezahlung anbietest.“

„Das ist es nicht“, antwortete Lydia bedächtig. „Aber Ruben, der alte Mann in unserem Geschäft, sagte mir, es sei falsch, der Wahrsagerin zuzuhören. Er hat mich so eindringlich ermahnt, daß ich mich bei dieser Sache einfach ein wenig ungemütlich fühle.“

Fulvias Augen zeigten Interesse: „Was meinst du damit — es sei falsch?“

Lydia schüttelte unsicher den Kopf. „Ich weiß es auch nicht genau. Jedenfalls sagte er, solche Dinge seien für seinen Gott ein Greuel.“

Fulvia lachte nicht, sondern erwiderte ernst: „Es würde uns Menschen eine Art Befriedigung und Sicherheit bringen, wenn man einen Gott hätte, der klar sagt, was richtig und was falsch ist. Meinst du nicht auch? Wenn ich mich für eine Religion entscheiden würde, dann müßte sie einen solchen Gott haben. Es müßte ein Gott sein, der sagt: Ja, du darfst, oder: Nein, du darfst nicht, und der seine Meinung dann nicht wieder ändert, wie die Sterne das immer tun."

Lydia blickte ihre Gastgeberin erstaunt und interessiert an. War dies nicht genau das, was auch sie immer wieder in dieser Sache empfand? Hatte sie nicht auch die Notwendigkeit empfunden, jemand zu kennen, der ihr Richtlinien für ihr Leben gab? Doch der Gedanke, daß dies ein Gott sein könnte, war ihr noch nicht gekommen. Sie hatte dabei hauptsächlich an Aurelius gedacht, der scheinbar immer so sicher war in dem, was er zu tun hatte.

Valleius kehrte in den Raum zurück. Hinter ihm erschien der große schwarze Sklave, der Erosa führte. An diesem Abend war keine Aufregung oder Verrücktheit bei dem Mädchen zu erkennen. Ihre Gesichtszüge waren ruhig und die Augen blickten schläfrig. Valleius' Worte klangen herzlich und wohlgefällig, als er sagte: „Nun, Frau Lydia, wir haben Glück. Erosa ist in ihrer besten Stimmung. Komm, laß es zu, daß sie deine Hand nimmt und dir erzählt, was die Sterne für dich in der Zukunft bereitliegen haben."

Die Sklavin richtete ihre schläfrigen Augen auf Lydia und streckte ihre Hand nach ihr aus. „Herrin", sagte sie mit schmeichelnder Stimme, „soll ich dir deine Zukunft voraussagen?"

Mit innerer Zurückhaltung, die sie selbst nicht erwartet hatte und auch nicht hätte erklären können, wartete Lydia auf das Mädchen, das mit ausgestreckter Hand auf sie zuschritt.

Kapitel 4

Lydia erschauerte innerlich, als Erosa ihre Hand ergriff, denn die Hand der Sklavin war kalt und leblos, wie die einer Leiche. Sie hatte sich früher schon von anderen Wahrsagern prophezeien lassen, doch deren Hände waren stets normal und warm gewesen.

„Du fürchtest dich vor mir, Herrin", sagte das Mädchen ruhig. „Herr, ich kann nicht in die Zukunft dieser Frau sehen, denn sie versteckt sich vor mir hinter ihrer Furcht."

„Unsinn", widersprach Lydia. „Warum sollte ich Angst haben?" Sie zwang sich, ihre Hand ruhig zu halten. Dies war doch, genau betrachtet, nichts anderes als eine Unterhaltung — eben ein Spiel. Warum ließ sie es dann aber zu, daß Rubens Warnung sie so beunruhigte?

„Wenn es dir unangenehm ist, Frau Lydia", sagte Valleius höflich, „dann brauchst du ihr natürlich nicht zuzuhören. Auf manche Menschen macht Erosa eben einen etwas unheimlichen Eindruck, und sie werden deshalb nervös."

Wollte Valleius sie auf die Probe stellen, fragte sich Lydia? Wollte er herausfinden, wieviel Mut sie wirklich besaß? Und, so überlegte sie, wieviel Mut hatte sie tatsächlich? Mit Menschen umzugehen, die bei ihr etwas kaufen wollten, war eine Sache, aber einem Mädchen zu begegnen, das nicht normal war und dazu noch in die unbekannte Zukunft schauen konnte, eine ganz andere. Und außerdem, das wurde ihr plötzlich klar, fehlte ihr Rubens beruhigende und zuverlässige Gegenwart. Bis jetzt war ihr noch nicht bewußt geworden, wie sehr sie sich in vielen Dingen auf ihn verließ. Sie nahm sich zusammen und sagte zu ihrem Gastgeber: „Es ist mir nicht unangenehm. Laß das Kind sagen, was immer sie will."

„Ich bin kein Kind", empörte sich das Mädchen mit unerwartetem Nachdruck. „Ich bin eine Wahrsagerin, eine Zauberin und eine Prophetin." Sie wandte sich Nuba zu. „Bring sie dazu, daß sie mir Respekt zollen, Nuba", forderte sie.

Das schwarze Gesicht blieb ausdruckslos, doch seine Stimme war weich und schmeichelnd. „Sie respektieren dich ja, meine Herrin", versuchte er sie zu beruhigen. Seine dunklen Augen sahen beim Gebrauch dieses Titels Fulvia und Lydia wie um Verzeihung bittend an. „Ganz gewiß respektieren sie dich. Sie hungern ja nach deinen Worten."

„Sicher, so ist es", bestätigte Lydia freundlich. „Dein Herr hat mir versprochen, daß du in meine Zukunft schauen wirst. Jeden interessiert es doch, was die kommende Zeit ihm bringt."

Erosas brennende Augen schienen sich an Lydias Gesicht festzusaugen. Langsam senkten sich die Lieder über die Pupillen, bis das Mädchen wieder den schläfrigen Eindruck von vorher machte. „Du hast großes Leid erlebt", begann sie mit eintöniger Stimme. „Aber dein Kummer ist noch immer nicht beendet. Du wirst noch viel Gram und viele Sorgen erleben, und dein Geschäft wird bedroht von…von…." Sie schwieg. Stille breitete sich im Raum aus.

„Von was?“ fragte Lydia endlich. Doch eine Handbewegung ihres Gastgebers deutete ihr an, daß sie das Mädchen nicht stören sollte.

Unruhig bewegte Erosa ihren Kopf hin und her, als wäre ihr etwas unangenehm. „Ich kann es nicht sehen“, wimmerte sie dann. „Da ist etwas... Etwas ist da, das mir die Sicht verwehrt.“

„Kannst du denn überhaupt keine guten Dinge für mich sehen? Keinen Erfolg und kein Glück?“ wollte Lydia wissen.

„Ich weiß es nicht“, stöhnte die kleine Sklavin und drehte ihren Kopf weiterhin in einer solchen Weise hin und her, als würde sie Schmerzen verspüren. „Ich kann es nicht sehen. Etwas blockiert mich. Es ist etwas sehr Großes und sehr Helles — etwas, das meinen Augen weh tut, wenn ich darauf schaue.“

Valleius wandte sich an den schweigenden Nuba. „Bring sie weg“, sagte er. „Ich glaubte, sie sei in der richtigen Stimmung, aber es scheint nicht so zu sein.“

„Komm, Erosa.“ Nuba ergriff ihre Hand. Doch das Mädchen riß sich wieder los. „Nein“, schrie sie, „ich bin in der richtigen Stimmung. Und ich kann in die Zukunft schauen! Bei dir, Herr, kann ich genau sehen. was kommen wird. Wirklich, es ist so.“ Sie hatte sich vor Valleius gestellt und ihren Kopf zurückgelegt. „Ich kann auch sehen, daß etwas meine Herrin verändern wird — etwas, das mit ihr zusammenhängt.“ Dabei wies sie mit einer spöttischen Geste auf Lydia. „Und du wirst nichts daran ändern können“, fügte sie bekümmert hinzu.

Valleius versuchte sie zu beruhigen. Auch Fulvia schien sich jetzt ungemütlich zu fühlen. Doch das Mädchen reagierte nicht auf die beiden, sondern wandte sich wieder Lydia zu und rief: „Es ist nur dein Leben, in das ich nicht hineinschauen kann.“

Lydia war, als würde ihre Hand schmerzen, als sie

jetzt wieder von Erosas kalter Hand gepackt wurde. Sie versuchte ihre Hand zurückzuziehen und sagte: „Es tut mir leid, daß ich so ein schlechtes Objekt für Erosa bin. Vielleicht ist es noch zu früh, seit Aurelius..."

„Es ist nicht Aurelius", wurde sie von dem Mädchen unterbrochen. „Aurelius ist tot. Was sollte er also von den Dingen wissen, die dir noch begegnen werden?"

Sie wußte nicht, ob das Mädchen sie losgelassen hatte, oder ob ihre eigene Kraft zunahm. Lydia wußte nur, daß sie plötzlich frei war und so zwei Schritte von der kleinen Sklavin zurücktreten konnte. „Ich habe den Eindruck, daß deine kleine Wahrsagerin ziemlich müde ist", sagte sie zu Valleius, und wunderte sich selbst, daß ihre Stimme so nüchtern klang.

Nuba ergriff Erosa wieder beim Arm. Doch das Mädchen trat nach ihm und versuchte ihn zu kratzen. „Ich möchte noch mehr zu ihr sagen", schrie sie. „Ich möchte ihr sagen, was der alte Mann..."

Doch was der alte Mann wollte oder wer er war, wurde nicht mehr klar. Die Stimme des Mädchens brach so plötzlich ab, daß man glauben konnte, jemand habe sie mit einem Ruck erdrosselt. Doch es war keine menschliche Hand, die sie zum Schweigen brachte. Sie fiel, wie vom Blitz getroffen, zu Boden, wo sie mit Schaum vor dem Mund zuckend und sich krümmend liegen blieb.

Nuba blieb ganz ruhig. Sicher und gewandt kümmerte er sich um sie. Er hob ihren Kopf leicht an und sorgte dafür, daß sie nicht an ihrer eigenen Zunge und dem Schaum erstickte. In wenigen Augenblicken war das Mädchen ruhig. „Es tut mir leid, Herr", sagte Nuba mit ausdrucksloser Stimme. „Der Dämon, der in ihr wohnt, ist erzürnt worden."

„Es macht nichts", bemerkte Valleius. Er war sichtlich bemüht, die Sache leicht zu nehmen. „Dies ist wirklich nicht die glücklichste Art gewesen, mit der wir Frau Lydia unterhalten konnten. Bring sie jetzt zu Bett, und sieh zu, daß sie es warm hat."

„Ja, Herr." Wieder nahm Nuba den schlanken Mädchenkörper in seine mächtigen Arme und trug sie fort, als wäre sie eine Puppe.

Valleius zuckte mit den Schultern und blickte auf seinen Gast. „Ich dachte, dich damit erfreuen zu können. Nun tut es mir leid, daß alles so unglücklich geendet hat."

„Vielleicht hat es gar nicht so unglücklich geendet wie wir denken", bemerkte Fulvia. Ihre Stimme klang ein wenig lauter als gewöhnlich. „Vielleicht war da wirklich etwas um Frau Lydia, wodurch das Mädchen gehindert wurde, in ihre Zukunft zu sehen."

„Ich könnte mir allerdings nicht denken, was das sein sollte", meinte Lydia nüchtern. „Vielleicht habe ich einfach nicht genug an diese Wahrsagerei geglaubt."

„Vielleicht?" Es war Valleius anzusehen, daß er sich mit etwas anderem beschäftigte. „Bitte, entschuldigt mich für einen Augenblick. Nuba kann ausgezeichnet mit dem Mädchen umgehen, aber manchmal... na, manchmal ist es eben besser, wenn ich mich darum kümmere."

„Natürlich", nickte Lydia und beobachtete ihn, als er den Raum verließ. Dann wandte sie sich um und sah, daß Fulvia sie aufmerksam betrachtete.

„Darf ich ganz offen sprechen?" fragte Fulvia und wies auf eine Couch, wo sie beide wieder Platz nahmen.

„Gewiß", ermutigte Lydia sie. „Hat dir das, was das Mädchen zu deinem Mann sagte, Sorgen gemacht?"

Fulvia verzog den Mund ein wenig geringschätzig. „Nein, eigentlich nicht. Es ist ja durchaus möglich, daß ich mich ändere und daß du der Anlaß dazu bist. Durch Freundschaften werden Menschen verändert. Und ich denke, wir könnten gute Freundinnen werden. Außerdem hat Valleius mich nie daran hindern können, meine eigenen Gedanken zu haben — und manchmal auch zu tun, was ich wollte. Nein, ich war nicht besorgt. Und ich bin sicher, er war es auch nicht."

„Aber er glaubt doch an das, was Erosa sagt?" fragte Lydia.

Fulvia nickte. „Ja, das tut er. Und ich übrigens auch. Deshalb wollte ich dich ja fragen: Warum konntest du ihr widerstehen. Was, glaubst du, hat sie gemeint, als sie von dem Licht sprach?"

„Ich weiß es nicht", antwortete Lydia nachdenklich.

„Vielleicht sind es die Götter, zu denen du betest...", überlegte Fulvia.

„Wenn ich in meiner Kindheit einige Götter verehrt haben sollte", antwortete Lydia, „dann hat der praktische Sinn meines Gatten diesen Glauben ausgelöscht. Er brauchte keine Götter, sondern war ein Heide. Und so bin ich auch geworden."

„Was ist mit dem alten Mann in deinem Geschäft?" fragte Fulvia. „Und wie verhält es sich mit seinem Gott?"

„Was soll das wohl mit mir zu tun haben?"

„Ich weiß es auch nicht. Nur...ich meine, ich wünschte mir, daß es wirklich etwas in der Welt gäbe, oder vielleicht auch im Himmel, das uns Kraft geben und belehren könnte. Etwas Festes, woran man sich halten und von dem man geführt werden könnte."

„Vielleicht findest du das, wenn du in den Sternen forschst", sagte Lydia, allerdings mehr aus Höflichkeit als aus Überzeugung.

Doch Fulvia schüttelte ärgerlich den Kopf. „Ich

habe sie studiert. Ich habe viel über die Religionen der verschiedenen Götter gelesen. Und mein ganzes Leben lang habe ich gesucht. Doch die Götter haben nichts zu bieten — keinen Trost — und keine Hoffnung. Hast du das nicht auch schon empfunden?"

Lydia war für eine Minute still. „Ja", räumte sie endlich ein. „Als Aurelius noch lebte, war es noch nicht so schlimm. Er war ein so guter und weiser Mann, daß ich keinen anderen Gott benötigte."

„So gut ist Valleius nicht — oder so weise", vertraute Fulvia ihr an. „Er ist habgierig. Und ich habe den Verdacht, daß er, wie die meisten Männer, manchmal auch untreu mir gegenüber ist. Aber das macht mir nicht viel aus. Aber ich brauche etwas..., wie soll ich sagen? Etwas Starkes und Gutes."

Lydia blickte ihre neue Freundin ein wenig verwundert an. Eine solche Offenheit war ihr noch selten begegnet, und sie war davon wirklich bewegt. „Du beschämst mich, Frau Fulvia", sagte sie endlich. „Ich bin zwar vom Studium der Sterne ebenfalls enttäuscht worden, habe aber noch nicht daran gedacht, nach etwas anderem zu suchen, das wirklich Antwort geben könnte. Ich glaube, ich bin da ziemlich gleichgültig gewesen."

Fulvia lächelte. „Das verstehe ich. Aber ich hatte während der letzten Monate nichts anderes, womit ich mich hätte beschäftigen müssen. Meine Kinder sind alle erwachsen. Der Jüngste ist vor einiger Zeit zur militärischen Ausbildung nach Rom gegangen. Ich habe also nichts weiter zu tun und kann deshalb über manches nachdenken. Dein Leben dagegen ist von vielen Dingen in Anspruch genommen und ausgefüllt."

Nun mußte Lydia ebenfalls lächeln. Wie in einer Geste der Verlegenheit bewegte sie ihre geöffneten Hände leicht hin und her. Fulvia mag recht haben, dachte sie dabei, aber ganz entschuldigt mich das doch nicht.

Fulvia hob ihren Kopf ein wenig und lauschte den sich nähernden Schritten ihres Gatten. „Wenn du etwas herausfindest... — ich meine über den alten Mann und seinen Gott — wirst du es mir mitteilen?" fragte sie schnell.

Lydia konnte gerade noch mit dem Kopf nicken, denn schon betrat Valleius wieder den Raum. „Das Mädchen hat sich beruhigt", sagte er. „Mein erster Versuch, dich zu unterhalten, war ja ein ziemlicher Fehlschlag, Frau Lydia. Deshalb sag mir bitte, womit wir dich erfreuen könnten?"

„Mit nichts weiter. Vielen Dank", antwortete Lydia. „Ich muß jetzt wirklich gehen. Meine Tochter ist noch jung, wie du weißt. Meine Sklaven sind zwar recht zuverlässig, aber ich fühle mich doch nicht recht wohl, wenn es spät wird und ich bin noch nicht daheim. Ich hoffe, ihr werdet es mir deshalb nicht übelnehmen, wenn ich nicht noch länger bleibe."

Ehe Valleius antworten konnte, meinte Fulvia warm: „Das verstehen wir. Uns würde es unter solchen Umständen genauso gehen. Doch, Frau Lydia, da wir uns nun ein wenig näher kennengelernt haben, werden wir uns doch sicher wiedersehen?"

„Das hoffe ich auch sehr", bestätigte Lydia. „Wir halten unser Geschäft am letzten Tag der Woche stets geschlossen. Es ist eine Marotte von Ruben, aber wir fanden es so gut, daß wir es übernommen haben. Unsere Kunden haben sich daran gewöhnt. Außerdem bin ich an den Abenden immer frei, und manchmal sind auch die Nachmittage im Geschäft recht ruhig. Ich werde also eure so freundliche Einladung bald erwidern und hoffe, daß ihr mich dann in meinem Haus besucht."

Valleius machte einen sehr zufriedenen Eindruck, als er erwiderte: „Es war also richtig, euch zwei zusammenzubringen. Ich dachte mir, daß ihr euch verstehen würdet."

Lydias Sklave wurde gerufen und die üblichen Abschiedsworte gewechselt. Fulvia begleitete ihre neue Freundin noch bis zum Tor. Dort ergriff sie noch einmal ihre Hand und sagte bittend: „Du wirst es nicht vergessen?"

„Ich vergesse es nicht", erwiderte Lydia freundlich. Fest drückten sich die beiden Frauen die Hand. Ich habe eine neue Freundin gefunden, überlegte Lydia dankbar, als sie sich auf den Heimweg machte. Eine Frau, die mich versteht und von der ich sicherlich noch viele Anregungen erhalten werde. Es wird gut sein, jemand zu haben, mit dem man sich aussprechen kann.

Erst als sie ihr eigenes Haus erreichte, erinnerte sich Lydia daran, daß Ditus sie doch eigentlich hatte abholen sollen. In seinem Zimmer brannte kein Licht, und auch sonst war er im ganzen Haus nicht zu finden. Kurz blickte sie in Mintas Raum. Doch ihre Tochter lag zusammengerollt im Bett und schien fest zu schlafen.

Lydia zögerte. Sie fragte sich, ob es klug sei, Minta zu wecken und nach Ditus zu fragen? Sie war unsicher, ließ es aber dann doch sein. Aurelius wüßte, was er zu tun hätte, dachte sie. Die Erinnerung an Erosas Prophezeiung von Kummer und Sorge belastete sie ebenfalls und ließ sie noch unruhiger werden.

Obwohl der Abend so schön gewesen war, verließ sie jetzt mit einem Gefühl der Verzweiflung das kleine Zimmer ihrer Tochter und begab sich in die Stille und Einsamkeit ihres eigenen Raumes.

Kapitel 5

Ehe sie einschlief, hörte Lydia noch, wie Ditus kam und leise zu seinem Zimmer schlich. Sie überlegte, ob sie ihn gleich stellen und fragen sollte, wo er so spät noch gewesen war. Doch sie erinnerte sich, daß sie es nicht mehr mit einem Kind zu tun hatte und daß er während seiner Schulzeit schon für mehrere Jahre von daheim fort war. Sicherlich waren genug von seines Vaters Qualitäten in ihm, um ihn von leichtfertigen Abenteuern abzuhalten. Sie beschloß also, erst am nächsten Morgen mit ihm zu sprechen.

Beim Frühstück schien Ditus gute Laune zu haben. So lange Minta mit ihnen am Tisch saß, ging Lydia auf den leichten Ton ihres Sohnes ein. Doch als Minta sich aufmachte, in die Schule zu gehen, die für die Töchter der Kaufleute und anderer reicher Bürger der Stadt eingerichtet war, beschloß Lydia, das leidige Thema nun anzuschneiden.

„Ich mache mich besser auch auf den Weg", erklärte Ditus. „Marin hat in letzter Zeit häufig schlechte Laune, da mag es besser sein, wenn ich vor ihm im Geschäft bin."

„Marin kann warten", unterbrach Lydia. „Ich werde ihm deine Verspätung erklären." Sie bemerkte das nervöse Zucken seiner Schultern und wußte, daß er sagen wollte, er brauche keine Frau für Entschuldigungen. Doch sie fuhr entschlossen fort: „Ich möchte mit dir über letzte Nacht reden – und andere Nächte auch, nehme ich an."

Ditus' Gesicht nahm einen so erstaunten Ausdruck an, daß sie, hätte sie es nicht besser gewußt, angenommen hätte, er habe seit Sonnenuntergang in seinem Bett gelegen und geschlafen. „Versuche mir nichts vorzumachen", sagte sie scharf. „Ich lasse mich von dir nicht zum Narren halten. Du bist, nachdem ich mich in mein Zimmer zurückgezogen habe, fast jeden Abend weggegangen. Ich möchte gern wissen wohin?"

Seine Stimme klang mürrisch. „Ich bin einfach nur ausgegangen. An keinen bestimmten Platz."

„Unsinn! Du läufst doch nicht die halbe Nacht einfach auf den Straßen herum. Du gehst doch sicher mit irgend jemand zu einem bestimmten Ort."

Er blickte sie nicht an und preßte seine Lippen fest zusammen. „Ist es ein Mädchen?" forschte Lydia.

Jetzt rötete sich sein Gesicht. Der Ton seiner Stimme sagte ihr, daß es Zorn war und nicht Scham, der die Farbe in seine Wangen brachte. „Ich nehme an, das ist alles, woran du denken kannst", empörte er sich. „Es sind gewöhnlich nicht die jungen Menschen, die üble Gedanken haben, sondern ihre Eltern."

Jetzt rötete sich Lydias Gesicht vor Zorn ebenfalls. „Wie kannst du mich schmutziger Gedanken beschuldigen", zürnte sie.

„Du hast mich ja zuerst beschuldigt."

„Das habe ich nicht, sondern ich habe dir eine vernünftige Frage gestellt."

„Aber mit versteckten Beschuldigungen darin", erwiderte er.

„Aber offensichtlich hast du Angst, die Frage zu beantworten", bemerkte sie.

Das traf ihn. „Ich habe keine Angst", sagte er hitzig. „Und die Antwort lautet: nein. Ich habe mich mit keinem Mädchen getroffen. Bist du nun zufrieden?"

„Nein, nicht ganz. Du hast meine erste Frage immer noch nicht beantwortet. Ich glaube, ich habe ein Recht, zu wissen, wohin du gehst."

Er atmete tief ein. Lydia bemerkte, daß er versuchte, sein Temperament zu zügeln. Ehe er sprechen konnte, fuhr sie in beschwichtigendem Ton fort: „Ich schnüffle nicht hinter dir her, Ditus. Ich möchte dir vertrauen und entschuldige mich für die Frage nach einem Mädchen. Doch wir können nicht froh und vertrauensvoll zusammen leben, wenn du dich hinter meinem Rücken aus dem Hause schleichst."

Steif erwiderte er: „Mir war nicht bewußt, daß ich etwas hinter deinem Rücken tue. Ich glaubte nicht, daß ich für jeden Schritt, den ich gehe, Rechenschaft ablegen muß."

Sie bemühte sich, weiterhin ruhig zu sprechen. „Als du in der Schule warst, Ditus, bist du dann weggegangen, ohne jemand zu sagen wohin du gehst?"

„Nein", murmelte er.

„Niemals?"

„Na, außer ein oder zweimal, vielleicht."

„Und als du das getan hast, hattest du da das Gefühl, dich hinter dem Rücken der Aufsichtspersonen davonzuschleichen?"

Wieder war Ditus betroffen und senkte verlegen die Augen. Seine gemurmelte Antwort war nicht deutlich zu verstehen, doch sie wußte, daß es keine Verneinung war. Sie fragte: „Warum glaubst du denn, daß es mit mir anders sein könnte?"

Beide schwiegen jetzt. Doch Lydia bemerkte, wie Ditus mit sich kämpfte. „Ich gehe hinunter in die Kaserne", stieß er plötzlich hervor.

„In die Kaserne?" Ihr Gesicht war ein einziges Fragezeichen, und auch der Stimme hörte man das Staunen an. „Hast du etwa den Ehrgeiz, ein Soldat zu werden? Du bist ein römischer Bürger, also bestünde für dich die Möglichkeit dazu, wenn du es möchtest.“

„Ich möchte ein Purpurhändler werden“, antwortete er. „Das weißt du doch.“

„Aber warum gehst du dann in die Kaserne, Ditus? Und warum bis in die Nacht hinein?“

„Darf ich ganz offen mit dir reden?“

„Gewiß, das sollst du sogar. Warum fragst du so etwas?“

„Weil meine Antwort dich zornig machen wird.“

Sie lehnte sich ein wenig im Stuhl zurück und blickte ihn abwartend an.

Ditus suchte nach Worten. „Ich brauche einfach den Umgang mit Männern“, begann er endlich zögernd. „In der Schule waren wir nur Jungen und Männer. Aber hier daheim habe ich nur Minta und dich. Alles ist hier so weich und riecht irgendwie süß. Ich brauche zur Abwechslung eine Unterhaltung mit rauheren Wörtern und den Geruch von Schweiß.“

Lydias Gesicht war anzusehen, daß sie genau so reagierte, wie Ditus es befürchtet hatte. Steif und ein wenig vorwurfsvoll fragte sie: „Brauchst du denn so gewöhnlichen und ungehobelten Umgang?“

„Ich wußte ja, du würdest dich ärgern.“

Jetzt senkte Lydia den Kopf und kämpfte um ihre Fassung. „Und hast du Freunde dort“, fragte sie endlich, „die dir den Geruch von Schweiß bieten können?“

Der Gebrauch seiner eigenen Erklärung schien ihm nicht zu gefallen. Doch auch er gab sich Mühe, ruhig zu bleiben. „Ja, ich habe Freunde. Es gibt Männer dort, die ich bewundere und respektiere. Einer, Clement, ist mir ein besonderer Freund geworden.“

„Ist es ein Junge in deinem Alter?“

„Nein, sondern ein Mann im Alter meines Vaters. Er hat auch einen Sohn in meinem Alter, der ebenfalls mein Freund ist."

Beide schwiegen wieder. Dann stand Lydia plötzlich auf. Es schien ihr nicht möglich zu sein, die Unterhaltung mit ihrem Sohn jetzt fortzuführen. Sie würde sich erkundigen, wer dieser Clement war. Vielleicht wußte Valleius etwas. „Wir wollen es jetzt genug sein lassen", erklärte sie. „Es wird für uns beide Zeit, in das Geschäft zu gehen. Doch ich würde es sehr schätzen, wenn du mich in Zukunft über deine Absichten informieren würdest, besonders wenn sie sich den ganzen Abend und bis in die Nacht hinein hinziehen."

Ditus' Stimme klang noch entschlossener als die ihre: „Und ich würde es schätzen, wenn du mir mehr vertrauen würdest."

Es war das erste Mal, daß sie auseinander gingen, ohne daß der Streit durch eine Entschuldigung entschärft worden wäre.

Ziemlich verzweifelt machte sich Lydia, begleitet von zwei kräftigen Sklaven, auf den Weg ins Geschäft. Sie war so in Gedanken, daß ihr die Geschäftigkeit und Schönheit der kleinen Stadt, die sie so sehr liebte, gar nicht bewußt wurde. Immer wieder dachte sie über die Einzelheiten des Gesprächs nach, das sie soeben mit Ditus geführt hatte. Ein römischer Junge hatte gelernt, seinem Vater zu gehorchen und seine Mutter zu lieben, dachte sie bekümmert. Und bis vor kurzem war Ditus auch immer ein gehorsamer und liebevoller, wenn auch manchmal etwas dickköpfiger Junge gewesen. Was hatte sie nur falsch gemacht?

Eine Gruppe von Männern, die sich prahlerisch unterhielten und laut lachten, kam ihr entgegen. Einer rempelte sie an der Schulter. „Oh, ich bitte um Entschuldigung!" rief er, während er Lydia anerkennend mustert. „Bist du deines Mannes wegen so traurig, schöne Frau?“ flüsterte er mit einem gemeinen Augenzwinkern. „Du brauchst es mir nur zu sagen. Ich werde dir schon Freude bereiten.“

Lydias Sklaven waren herangekommen und stellten sich schützend rechts und links neben sie. Sie selbst starrte dem Fremden kalt und abweisend ins Gesicht. Solche Zwischenfälle kamen schon einmal vor und hatten nichts zu bedeuten. Doch früher war Aurelius immer dagewesen und hatte sie wegen der Frechheit anderer Männer getröstet und ihr versichert, er werde sie stets beschützen. Doch nun hatte sie niemand mehr. Ach Aurelius, seufzte sie innerlich, weil ihr wieder bewußt wurde, wie einsam sie war. Als der grinsende Fremde die beiden kräftigen Sklaven betrachtete, zuckte er nur mit den Schultern, wandte sich um und ging davon.

„Ist alles in Ordnung, Herrin?“ fragte einer der Sklaven.

„Ja, vielen Dank“, antwortete sie. Doch ohne Aurelius würde eigentlich nie mehr alles in Ordnung sein, dachte sie. Nie mehr.

Im Geschäft herrschte ziemliches Durcheinander. Mehrere Kunden warteten und drängelten, weil sie bedient werden wollten. Ruben war schlecht gelaunt und reizbar. Eine Kundin, eine große und recht kräftige Frau mit hochnäsigem Gesichtsausdruck, rief ungeduldig: „Ich möchte Purpur, um die Tuniken meiner kleinen Jungen damit zu verzieren. Was habt ihr auf Lager?“

„Dieser Herr hier ist früher gekommen“, brummte Ruben.

„Wenn du dich um den Herrn kümmerst, Ruben, werde ich sehen, daß die Dame bedient wird“, sagte Lydia, indem sie ihre Gedanken beiseite schob und sich auf die Arbeit konzentrierte.

Die Frau blickte Lydia verächtlich an. „Ich würde es vorziehen, mit dem Besitzer dieses Geschäfts zu sprechen“, erklärte sie laut.

Einen Augenblick stockte Lydia der Atem. Am liebsten hätte sie geschrien: „Du möchtest also mit ihm sprechen? Das möchte ich auch. Aber er ist tot...“ Doch sie riß sich zusammen und sagte ruhig: „Ich bin die Besitzerin des Geschäfts.“

„Aber das letzte Mal wurde ich von einem Mann bedient“, protestierte die Frau.

„Das glaube ich gern“, nickte Lydia. „Es war sicher mein Mann. Aber leider ist er vor einigen Monaten gestorben.“

Keinerlei Sympathie zeigte sich in den Zügen der Frau, die Lydia weiterhin anstarrte. „So, und du hast seinen Platz eingenommen?“ fragte sie. „Hast du denn keine Kinder? Kommt dein Haushalt ohne dich zurecht?“

„Darf ich dir verschiedene Purpurstoffe für die Kinder zeigen?“ fragte Lydia steif, während sie sich bemühte, den Zorn in ihr zu unterdrücken. Sie bemerkte, daß die Männer im Geschäft aufmerksam wurden und zu ihr herüberblickten.

„Also gut“, stimmte die Frau mit herablassendem Kopfnicken zu. „Aber etwas recht Schönes, wenn du so etwas hast.“

Lydia bot der Kundin einen der Sessel an und ging dann von der Stoa in den Geschäftsraum. „Ditus“, rief sie, „schau doch bitte nach Purpur für Kinder-Tuniken. Bring bitte drei oder vier verschiedene Rollen von besserer Qualität. Aber beeile dich. Ich habe eine sehr ungeduldige Kundin.“

Ditus ging in den Lagerraum, um den Auftrag auszuführen. Da sie der Frau ohne Stoff nicht wieder gegenübertreten wollte, wartete sie im vorderen Raum, bis Ditus zurückkehrte. „Danke“, sagte sie zu ihm.

„Bring die Stoffe bitte hinaus, damit die Dame sie ansehen kann. Vielleicht bleibst du einen Augenblick in der Stoa, dann kannst du die Rollen gleich mit zurücknehmen. Es sieht so aus, als würde es heute viel zu tun geben.“ Er reagiert so, als würde ich zu einem völlig Fremden reden, dachte sie dabei. Doch im Augenblick hatte sie keine Zeit, sich darum zu kümmern.

„Hier sind die Stoffe, meine Dame“, sagte sie, als sie wieder in der Stoa standen. „Es sind verschiedene Qualitäten. Aber es ist der beste Purpur, den wir für Kinder-Tuniken haben.“

Die Frau lehnte sich vor und begann die Stoffe zu prüfen, die Ditus vor ihr ausgelegt hatte. „Und das nennst du Purpur?“ rief sie ärgerlich und deutete auf die Rolle mit der hellsten Farbe. „Das ist ja fast schon Karmin, und keinesfalls Purpur.“

„Aber es ist nicht üblich, die Tuniken der Kinder mit dem besten Purpur zu schmücken“, antwortete Lydia, die sich mühsam beherrschte. „Sicher, dieser Stoff ist mit künstlichem Purpur gefärbt, nicht mit dem von der echten Purpurschnecke. Doch er ist sehr farbenfroh und leuchtend. Kinder mögen das recht gern.“

„Ich kann mir aber den besten Purpur leisten“, erklärte die Kundin. „Ich würde es sehr schätzen, wenn du mir den zeigen würdest.“

Ditus griff nach den Rollen, um sie wegzutragen. „Bring doch bitte einige Proben von dem besten, Sohn“, sagte Lydia.

„Dein Sohn?“ Die Frau starrte Ditus an und schnarrte dann: „Ja, ich glaube, ich kann die Ähnlichkeit mit dem Mann, der mich das letzte Mal bediente, erkennen. Wie fühlt man sich, junger Mann, wenn man für eine Frau arbeiten muß?“

Die Ungezogenheit dieser Frage trieb Lydia die

Röte in die Wangen. „Madam“, begann sie, während sie nach Worten suchte.

Doch Ditus unterbrach sie und sagte höflich: „Es ist immer ein Vergnügen, für eine schöne Frau zu arbeiten oder eine schöne Frau zu bedienen, meine Dame.“ Lydia hatte diesen einschmeichelnden Tonfall bei ihrem Sohn noch nie gehört und mußte staunen. Seine Augen glänzten unter den langen Wimpern. Die Frau im Sessel nahm das Kompliment mit sichtlichem Vergnügen entgegen.

„Ich bin sicher“, fuhr Ditus mit übertriebener Höflichkeit fort, „daß Geld kein Problem für jemand wie dich ist, die von den Göttern offensichtlich so gesegnet wird. Doch wenn es kleinere Kinder sind, für die du den Purpur kaufst, möchte ich vorschlagen, daß du doch noch einmal über den Stoff mit den kräftigen hellen Farben nachdenkst. Kinder lieben es, wenn die Farben so leuchtend wie möglich sind, und sie mögen auch nicht anders aussehen als ihre Spielgefährten. Zumindest“, fügte er leicht mißbilligend hinzu, „war dies bei mir so, als ich noch klein war — und vielleicht stimmt es heute noch.“ Mit einer leichten Handbewegung wies er auf den hellen Streifen hin, der seine Tunika einsäumte.

„Ich nehme allerdings an, du wirst diese farbigen Streifen bald beiseite legen“, fragte sie, während sie den Jungen bewundernd anblickte, „und wirst die weiße Tunika und Toga eines Mannes tragen?“

„An meinem siebzehnten Geburtstag“, bestätigte Ditus. „Und das wird bald sein.“

Sein 17. Geburtstag ist in Kürze, dachte Lydia ungehalten. Doch sie mußte zugeben, daß er die Frau mit bewundernswerter Geschicklichkeit behandelte.

Die anspruchsvolle Kundin ließ sich von Ditus zu dem farbenfrohen Purpur überreden. Sie ignorierte Lydia dabei, als sei sie gar nicht anwesend. Doch als es darum ging, den Preis festzusetzen, unterbrach Lydia Ditus Wortschwall. „Ich bin es, die den Kaufpreis bestimmt, gnädige Frau“, erklärte sie fest. „Ditus, bring doch bitte die Rollen wieder nach hinten und schneide von dem ausgesuchten Stoff die bestellte Menge ab.“

Der wieder zum Lehrling erniedrigte Ditus tat, wie ihm gesagt war, aber sein Gesicht nahm von neuem einen mürrischen Ausdruck an.

Die Frau feilschte und stritt lange um den Preis. Lydia stellte fest, daß sie in einem schärferen Ton mit ihr sprach, als ein Geschäftsmann ihn seinen Kunden gegenüber gebrauchen sollte; besonders wenn es sich um so reiche Kunden handelte wie diese Frau. Doch endlich war der Handel abgeschlossen. Die Frau erhob sich, um zu gehen. „Darf ich noch erwähnen“, bemerkte sie, „daß nach meiner Meinung eine Frau als gute Hausfrau und Mutter ihren Platz daheim hat, wo sie für ihre feinen Kinder sorgen kann, wie dein Sohn zum Beispiel ist.“

Jetzt verlor Lydia die Beherrschung. „Gnädige Frau“, sagte sie zornig, „ich glaube, was ich tue geht dich kaum etwas an.“ Doch da bemerkte sie, wie Ruben sie streng und mahnend anblickte. Das brachte sie wieder zur Vernunft. Ihr wurde klar, daß sie dem Geschäft, das Aurelius in Jahren harter Arbeit aufgebaut hatte und das sie und die Kinder dringend brauchten, wenn sie ihr luxuriöses Leben beibehalten wollten, schweren Schaden tun konnte. Sie schluckte ihren Ärger hinunter und sagte freundlich: „Jedenfalls schätze ich dein Interesse an dem Wohlergehen unseres Hauses sehr und danke dir für deine Freundlichkeit. Wenn mein Sohn noch ein wenig älter ist, wird er ohne Zweifel alle Verantwortung und Aufgaben eines Geschäftsinhabers übernehmen und ich kann mich wieder völlig meinen Pflichten als Hausfrau und Mutter widmen.“

Die Kundin lächelte nun befriedigt und voller Genugtuung. „Du kannst wirklich glücklich sein, daß du so einen hübschen und tüchtigen Sohn hast“, erklärte sie.

Lydia war es, als würde aus den Worten der Frau Neid herauszuhören sein. Ganz konnte sie ihre Verachtung nicht verbergen, als sie antwortete: „Vielen Dank, gnädige Frau, ich hoffe, du wirst uns noch oft mit deinem Besuch beehren.“ Das Gesicht der Frau war eine zu künstlichem Lächeln erstarrte Maske, als sie die Stoa verließ.

Lydia wandte sich erleichtert wieder ihrer Arbeit zu und mußte feststellen, daß jetzt Ruben dabei war, einen Kunden seine schlechte Laune fühlen zu lassen. Für eine weitere Stunde blieb die Atmosphäre alles andere als angenehm. Hatte Ditus vielleicht recht, überlegte sie verzweifelt. Konnte sie, nur weil sie eine Frau war, wirklich nicht in der rechten Weise mit Kunden umgehen? Sie versuchte, sich selbst wieder Mut zuzusprechen, was ihr aber nicht recht gelingen wollte. Mehr als einmal wünschte sie sich an diesem Vormittag noch, daheim zu sein, statt sich den Anforderungen des Geschäfts stellen zu müssen.

Um die Mittagszeit war der letzte Kunde gegangen. Ditus und Marin verließen das Geschäft auch für die in südlichen Ländern länger dauernde Mittagspause. In der plötzlich eingetretenen Stille blickten sich Lydia und Ruben erschöpft an. „Ich werde heute über Mittag hierbleiben“, bot Ruben an, „dann brauchen wir die Jalousien nicht erst herunterzulassen. „Du gehst besser nach Hause und ruhst dich aus.“

„Du hast Ruhe genauso nötig“, antwortete Lydia. „Ich werde einen der Sklaven heimschicken, damit er uns Käse, Früchte und Brot bringt. Wir werden einfach beide hier essen, wo uns jetzt in der Mittagszeit kaum jemand stören wird.“

„Wenn dir das recht ist“, nickte Ruben zustimmend. „Doch entschuldige mich bitte. Ich werde zuerst in den hinteren Raum gehen zum Beten.“

Lydia war überrascht, da er dies noch nie getan hatte. Doch sie mußte sich auch sagen, daß sie noch nie über Mittag im Geschäft geblieben war. Doch warum sollte ein Mann in der Mitte des Tages beten? Und außerdem, wozu waren Gebete überhaupt gut? Sie sandte einen der Sklaven, um Essen zu holen, und setzte sich dann in den bequemen Lehnstuhl. Doch sie fand keine Ruhe. Alles, was an diesem Vormittag geschehen war, ging ihr wieder durch den Sinn und hinterließ einen bitteren Geschmack in ihr. Was sollte sie tun? An wen konnte sie sich wenden, wenn sie Rat und Hilfe brauchte? Wieviel war das Leben ohne Aurelius für sie überhaupt noch wert? Ich werde aber nicht weinen, sagte sie energisch zu sich selbst, denn ich habe schon genug geweint. Doch für mich gibt es nirgends Kraft und Trost. Ich weiß einfach nicht, was ich tun soll.

Ruben kehrte in die Stoa zurück. Zu ihrer Überraschung schienen alle schlechte Laune und aller Ärger bei ihm verschwunden zu sein. Auf seinem Gesicht lag statt dessen ein Ausdruck tiefen Friedens. „Was hast du getan?“ fragte sie erstaunt.

„Ich habe zu Jahwe gebetet, gepriesen sei Sein Name“, antwortete er warm. „Ich habe all meine Lasten in Seine Hand gelegt.“

Nun mußte Lydia doch weinen. „Ach, Ruben, ich würde alles Mögliche geben, wenn ich einen solchen Glauben haben könnte wie du“, schluchzte sie.

Kapitel 6

Ruben bedachte sie mit einem listigen aber gleichzeitig herzlichen Blick. „Es gibt keinen Grund, warum du solchen Glauben nicht haben solltest“, erklärte er.

„Es gibt eine Million Gründe“, seufzte sie. „Ich bin nicht in eurer Religion und dem Wissen um euren Gott erzogen worden. Außerdem habe ich keine Geduld für die törichten religiösen Zeremonien, die ich in den Tempeln von Isis oder Jupiter gesehen habe. Und die Religion des Dionysius erscheint mir abscheulich. Worin besteht der Unterschied bei dem Gott, zu dem du betest?“

„Warum fragtest du nach dem, was ich getan habe?“ wollte Ruben wissen.

„Weil... nun ja, weil du so verändert zurück kamst“, sagte sie zögernd. „Aller Ärger und alle Sorge waren aus deinem Gesicht verschwunden.“

„Dann ist also der Unterschied zwischen meinem Gott und den heidnischen Göttern, von denen du geredet hast, offensichtlich zu sehen. Mein Gott ist in der Lage, mir Frieden zu geben.“

„Wirklich, Ruben?“

Er zog einen Stuhl in ihre Nähe und setzte sich. „Du weißt nicht sehr viel von mir, Lydia“, begann er langsam. „Ich habe meine Frau und meinen Sohn bei seiner Geburt verloren. Etwa zur gleichen Zeit bekam ich Schwierigkeiten mit unseren Tempelbehörden, so daß es mir klug erschien, mein Heimatland zu verlassen. Ich will mir hier nähere Erklärungen sparen und nur sagen: Wenn ein Jude gezwungen ist, Jerusalem zu verlassen, so ist sein Kummer groß."

„Aber warum hat dein Gott dich nicht vor diesen Schwierigkeiten bewahrt? Hast du Ihm keine Opfer gebracht?"

„Du verstehst das nicht richtig", antwortete er mit ungewöhnlicher Geduld. „Einige unserer Propheten haben uns erklärt, daß Jahwe keine Freude hat an dem Geruch brennenden Fleisches. Das richtige Opfer für Ihn ist ein zerbrochenes und gehorsames Herz. Es mag nicht Seine Absicht gewesen sein, mich vor Schwierigkeiten zu bewahren, aber Er hat darauf geachtet, daß ich darin nicht zugrunde gegangen bin."

„Aber ist es nicht so, daß ein Gott, der wirklich in der Lage ist etwas zu tun, auch dafür sorgen kann, daß denen, die an ihn glauben, nichts Übles widerfährt?", argumentierte Lydia.

Ruben seufzte. „Es gibt in unseren heiligen Schriften kein Versprechen, daß der Herr uns hier auf Erden in einem Paradies leben läßt. Er hat nur versprochen, uns davor zu bewahren, daß wir in völlige Verzweiflung hineinstürzen. Er ist ein Gott des Erbarmens und der Liebe. Aber Er ist auch ein Gott der Gerechtigkeit und hat uns Gesetze gegeben, die wir zu befolgen haben."

„Gesetze?"

„Sicher! Wie glaubst du, hätte ich in all den Schwierigkeiten bestehen können, von denen ich dir gesagt habe? Wie sollte ich es ertragen, all meine Lieben und all meinen Besitz zu verlieren? Ich konnte es nur, weil ich, ganz gleich wohin ich ging oder was ich tat, nie aufhörte, dem Gesetz zu folgen."

Lydia bewegte sich unruhig in ihrem Lehnstuhl. „Ich kann einfach nicht verstehen, wovon du redest", beklagte sie sich.

„Sag, Lydia, erinnerst du dich noch an den Tag, an dem ich erklärte, ein Junge sollte seinen Vater und seine Mutter ehren? Das war der Tag, an dem Ditus frech zu mir war."

„Natürlich", nickte sie. „Doch das ist eine Regel, die alle haben. Überall weiß man, daß ein Junge gehorsam sein soll."

Ruben schüttelte den Kopf. „Ich rede von mehr als einer Regel, von der die Leute glauben, daß sie ganz gut ist. Ich rede von einem Gesetz Gottes. Der Herr selbst hat das Gesetz gemacht. Er machte es, nehme ich an, weil die Menschen früher nicht automatisch ihre Eltern achteten. Deshalb sagte der Herr, der Gott Jahwe: Ehre deinen Vater und deine Mutter, damit du lange lebst in dem Land, das der Herr, dein Gott, dir gibt."

Der liebliche Rhythmus der Worte ergriff Lydias Herz. „Und was alles erwartet dieser Gott von den Menschen?" fragte sie leise.

„Es ist dir gesagt worden, Mensch, was gut ist und was der Herr von dir erwartet:", begann Ruben, und es war klar hörbar, daß er zitierte. „Nichts anderes als dies: Recht tun, Güte und Treue lieben, in Ehrfurcht den Weg gehen mit deinem Gott." Die Worte klangen aus in einer gespannten Stille. Lydia wurde von der Schönheit und Wahrheit dieser Erklärung bis in den Kern ihres Wesens hinein bewegt. Gern wäre sie still gewesen und hätte darüber nachgedacht. Doch andererseits fürchtete sie sich fast vor dem Schweigen.

„Wie ist er denn, dein Gott?" fragte sie. „Wie sieht er aus? Habt ihr Tempel wie die Anbeter der Isis? Wenn ihr keine Opfer bringt, was tut ihr dann?"

Ruben lächelte. „Ich würde den Rest meines Lebens brauchen, um alle deine Fragen zu beantworten – und selbst dann hätten wir noch nicht Zeit genug. Aber im Augenblick sind auch keine Antworten auf all diese Fragen nötig. Doch sag, bist du nicht ein wenig ins Staunen gekommen, als ich die Worte aus unseren heiligen Schriften zitierte?"

Sie nickte leicht, ließ sich aber von ihren Fragen nicht abbringen. „Ich muß wissen, wie der Gott aussieht. Ich glaube, ich könnte mich kaum ernstlich mit ihm beschäftigen, wenn er zwei Köpfe hätte oder zur Hälfte wie ein Ziegenbock erscheint."

In diesem Augenblick kehrte der Sklave zurück und begann, mit den mitgebrachten Speisen einen Tisch zu decken. Er hatte Käse, frisches Brot, Oliven, Weintrauben und Äpfel. „Ich bin hungrig", erklärte Ruben. „Und du sicherlich auch. Ich meine, wir sollten etwas essen."

„Ich bin zu aufgeregt, um Hunger zu empfinden", antwortete Lydia. „Doch ich glaube, ich muß trotzdem ein wenig zu mir nehmen."

Sie streckte die Hand nach einem Stück Käse aus. Doch Ruben hielt sie leicht fest. „Warte", sagte er und trat in die Ecke des Raumes, wo er aus einem großen Krug Wasser in ein kleines Becken goß und sich damit das Gesicht, den Mund und die Hände wusch. Dann trat er an den Tisch zurück, beugte den Kopf und redete kurz in einer fremden Sprache.

„Was hast du gesagt?" wollte Lydia wissen.

„Ich bat um Gottes Segen für das Essen und auch für dich."

Lydia nahm von den Speisen. Sie hatte zwar geglaubt, keinen Hunger zu haben. Doch der Käse war frisch, die Oliven gut gewürzt und das Brot knusprig. Der Sklave brachte mit Wasser verdünnten Wein aus dem hinteren Raum. Während sie langsam aß und trank, fühlte sie, wie ihr Körper neue Kräfte sammelte.

„Zu der Frage, wie Jahwe aussieht", fuhr Ruben fort, als wäre ihr Gespräch nie unterbrochen worden. „Er ist ein Gott von Geist und von Wahrheit. Er hat keinen Körper. Er ist allmächtig, allwissend, barmherzig und gut. Er erschuf die Himmel und die Erde."

„Das alles ist dein Gott? Und dann kann Er auch noch für dich sorgen?" staunte Lydia.

„Das kann unser Verstand fast nicht begreifen, wie?" stimmte Ruben zu. „Ich wundere mich schon mein ganzes Leben lang darüber, seit ich alt genug bin, um zu verstehen, daß Gott der Allmächtige für Seine Kinder sorgt – das heißt, für Seine erwählten Kinder", korrigierte er sich. „Das sind all jene, die im Volke Israel geboren wurden und alle, die Ihn von ganzem Herzen angenommen haben und bereit sind, Seinem Gesetz zu folgen."

Lydia schwieg und dachte über Rubens Worte nach. Sie mußte sich eingestehen, daß sie von dem, was Ruben erzählte, angezogen wurde. Doch da blieben noch zu viele Fragen offen, um sich so leicht überzeugen zu lassen.

Ruben begann wieder: „Du hast Probleme mit Ditus. Nein – versuche nicht, es abzustreiten", fügte er hinzu, als er ihren Gesichtsausdruck sah. „Du brauchst dich doch deshalb nicht zu schämen. Doch wenn Ditus von seiner Kindheit an belehrt worden wäre wie ich, daß Gott befohlen hat, die Eltern zu ehren, glaubst du, er würde dir dann auch so viele Sorgen bereiten?"

„Hm...ich weiß nicht", antwortete sie verdrießlich. „Ich nehme an, wenn Aurelius und ich an so etwas geglaubt hätten wie du, wäre Ditus als ein gläubiger Mensch aufgewachsen."

„Es ist nie zu spät, um den rechten Glauben zu finden“, sagte Ruben. „Lydia, weißt du… ich habe einige wenige Rollen von unseren heiligen Schriften. Es sind Rollen, die ich sorgfältiger gehütet habe als mein eigenes Leben. Soll ich sie dir leihen, damit du selbst die Worte lesen kannst, die von Gott kommen? Dann wirst du vielleicht besser verstehen…“

„Woher willst du wissen, daß diese Worte von Gott kamen? Können sie nicht einfach von Menschen geschrieben sein?“

„Wenn du selbst liest, wirst du verstehen. Die Wahrheit, die Schönheit und die Reinheit dieser Worte können nicht aus dem Herzen eines Menschen kommen, obwohl sie mit der Feder eines Menschen geschrieben worden sind. Solche Wahrheiten können nur von Gott kommen.“

Lydia blickte den alten Mann nachdenklich an. „Willst du die Rollen lesen?“, fragte Ruben freundlich. „Willst du den Herrn zu deinem Herzen reden lassen?“

„Ich will es versuchen“, flüsterte Lydia.

„Und in der Zwischenzeit“, sagte Ruben, „werde ich noch mehr für dich beten als bisher. Ich werde den Herrn bitten, mit Seinem Licht in dein Leben zu kommen und dir deinen Weg zu erhellen.“

„Ich danke dir“, erwiderte Lydia, die zu müde war, weiter zu argumentieren oder zu fragen.

„Aber du könntest auch versuchen selbst zu beten“, schlug Ruben vor und wischte sich mit einer Serviette den Mund ab.

„Selbst wenn ich nicht glaube?“

„Du kannst nie wissen, womit der rechte Glaube beginnt. Es kann mit einem Gebet sein. Der Herr wird dich hören, auch wenn du noch an Ihm zweifelst.“

„Ich glaube“, erklärte Lydia, als sie sich jetzt erhob und die Krümel von der Mahlzeit von ihrer Stola wischte, „ich glaube, ich brauche viel mehr als Gebete, ehe die Angelegenheit mit Ditus ganz geklärt ist. Ich habe vielleicht ein Wunder nötig."

„Unser Herr, der Gott Jahwe, hat schon viele Wunder getan", rief Ruben. „Er hat das Meer geteilt; er hat einen Mann aus dem Bauche eines großen Seetieres befreit; und er hat sogar einen Juden wie mich in einem fremden Land treu erhalten, in dem es nicht einmal zehn männliche Juden gibt, die nötig sind für eine Minyan."

Der Ton seiner Stimme bewegte Lydia, obwohl sie nicht die leiseste Ahnung hatte, wovon er sprach. „Dann bete, daß für mich ein Wunder geschieht", sagte sie.

Ruben stand vor ihr und schaute sie mit feierlichem Gesicht an. „Der Herr segne dich und behüte dich", begann er leise und in dem leicht singenden Ton, den sie bei ihm schon einige Male gehört hatte, wenn er Stellen aus seinen heiligen Schriften zitierte. „Der Herr lasse Sein Angesicht über dich leuchten und sei dir gnädig. Der Herr wende Sein Angesicht dir zu und schenke dir Seinen Frieden."

Sie hatte ihr Haupt gebeugt und empfing den Segen in demütiger Haltung. Als Ditus und hinter ihm Marin hereingestürzt kamen, war sie in der Lage, ihn in der alten Wärme und Freundlichkeit anzulächeln, ohne daß die Sorgen des Vormittags sie noch beschwert hätten.

Das Abendessen wurde an diesem Tag eine frohe Zeit der Gemeinschaft. Minta war lustig und erzählte viel, und Ditus schien sich über ihr Geschwätz zu freuen. Lydia hörte ihren beiden Kindern zu und fühlte sich entspannt und behaglich. Kora betrat den Raum und sagte: „Hier ist eine Botschaft für dich. Herrin, von Frau Fulvia. Einer ihrer Sklaven hat sie soeben gebracht."

Lydia nahm die zusammengeklappte, mit Holz eingerahmte Wachstafel entgegen. Sie war mit einem roten Band zugebunden und mit Wachs versiegelt. Offensichtlich war die Nachricht nur für sie allein bestimmt.

„Ist der Tatinius-Sklave noch hier?“ fragte sie.

„Ja. Ich glaube, er wartet auf eine Antwort.“

„In wenigen Minuten werde ich sie geschrieben haben“, antwortete sie und erhob sich von der Couch. „Ihr beiden entschuldigt mich doch“, wandte sie sich an ihre Kinder. „Diese Sache scheint nur mich anzugehen.“

„Vielleicht wirst du zu einer Party eingeladen“, vermutete Minta.

„Vielleicht“, erwiderte Lydia leichthin. „Wenn ihr fertig seid mit essen, Minta, suche Siri und geht dann auf euer Zimmer. Es wird bald dunkel. Du willst deine Lampe sicherlich noch anzünden, solange es noch hell genug ist, damit du siehst, was du tust.“

Minta nickte. Sie war zu sehr damit beschäftigt, ein Stück köstlichen Kuchen zu essen, um antworten zu können.

„Gehst du auch zu Bett, mein Sohn, oder hast du andere Pläne?“ fragte Lydia.

„Ich bin noch nicht sicher, was ich tue“, antwortete Ditus, vermied es aber dabei, sie anzusehen.

Lydia blickte den Jungen nur an, nickte dann leicht mit dem Kopf und verließ den Raum. Sie hatte ihn einmal gebeten, sie immer über seine Absichten zu unterrichten; nun konnte sie nur noch hoffen, daß er auf ihre Wünsche einging.Sie begab sich in das Atrium, wo noch am meisten Licht war. Dort setzte sie sich auf eine Marmorbank, erbrach das Wachssiegel, öffnete die Tafel und begann zu lesen.

„Erosa ist sehr verstört“, las sie. „Sie fordert von Valleius, er soll dich wieder in unser Haus einladen, damit sie dich nochmals sehen und sprechen kann. Ich möchte dich nicht beunruhigen, aber ich glaube, ich sollte dich vor Valleius warnen. Er ist sehr..." An dieser Stelle war das Wachs sehr uneben, als habe Fulvia zuerst ein anderes Wort geschrieben, es wieder beseitigt und das Wachs geglättet und ein neues Wort darüber geschrieben. „...entschlossen. Ich glaube, er wird bald zu dir kommen."

Lydia las die Botschaft nochmals. Dann benutzte sie ein Holzstück, um die Tafel zu glätten, so daß von Fulvias Nachricht nichts mehr zu lesen war. Nach kurzem Zögern schrieb sie mit einem hölzernen Griffel: „Vielen Dank, liebe Freundin, daß du mir geschrieben hast. Auch ich hatte die Absicht, mit deinem Gatten zu reden. Ich wollte nach jemand fragen, über den ich gern nähere Auskunft gehabt hätte. Ich werde sein Kommen also erwarten und mich dabei an deine Worte erinnern."

Sie band die Tafel zusammen und versiegelte den Knoten mit Wachs. Auch wenn die Botschaft in andere Hände fallen sollte, hatte sie doch nichts geschrieben, was auf Fulvias Warnung hindeuten konnte. „Warnung" ist ein starkes Wort, überlegte Lydia, doch Fulvia muß Gründe gehabt haben, daß sie es gebrauchte. Sie übergab die Tafel dem wartenden Sklaven und ging langsam zu ihrem eigene Zimmer. Sie fühlte sich sehr müde. Doch gleichzeitig war sie sicher, daß sie wegen der vielen Aufregungen im Laufe des Tages noch lange nicht würde schlafen können. Seit Aurelius' Tod hatte sie nie mehr gut geschlafen, selbst als sie noch nicht wußte, daß Ditus abends oft das Haus verließ. Ich werde jetzt nur an Rubens Worte denken, nahm sie sich vor, vielleicht wird mich das trösten und beruhigen.

Ein leises Geräusch an der Tür veranlaßte sie, sich umzuwenden. Ditus stand im Türrahmen und sagte: „Ich gehe noch aus."

„Aus?“ entfuhr es ihr erstaunt. „Aber es ist doch schon sehr spät.“ Sie hatte es noch kaum gesagt, da wünschte sie schon, sie wäre zurückhaltender mit ihren Worten gewesen.

„Du batest mich, dich meine Absichten immer wissen zu lassen“, antwortete Ditus mit ruhiger Stimme, „und das versuche ich eben zu tun.“

Und außerdem hat er mich gebeten, ihm zu vertrauen, dachte Lydia. Warum fällt mir das nur so schwer? Sie nickte zum Zeichen ihres Einverständnisses. „Vielen Dank, mein Sohn. Ich möchte dich bitten... Darf ich dich bitten“, fuhr sie bescheiden fort, „daß du es mir kurz mitteilst, wenn du zurückkehrst? Es macht mir nichts aus, wenn du mich aufweckst. Es bewahrt mich aber davor, später in der Nacht aufzuwachen und dann unruhig zu sein, weil ich nicht weiß wo du bist.“

Sie bemerkte, wie er mit sich kämpfte und wie gern er gegen diese Bitte protestiert hätte. Doch dann sagte er zurückhaltend und förmlich: „Sicher, ich werde es tun. Ich möchte dir ja nicht noch zusätzlichen Kummer bereiten.“

Am liebsten hätte sie laut geweint und gerufen: Wenn du das nicht willst, mein Sohn, warum benimmst du dich dann nicht so wie du solltest? Warum handelst du dann nicht so, wie ich glaube, daß du zu handeln hättest? Doch sie bemühte sich sehr, ruhig zu bleiben. Auch die Mahnung, die ihr auf der Zunge lag, er möge sich vorsehen und nicht zu spät heimkommen, schluckte sie hinunter. Mit freundlicher Stimme sagte sie: „Vielen Dank, mein Sohn.“

Als Ditus gegangen war, entließ sie auch Kora und legte sich in ihrer Tunika aufs Bett. Lange Zeit lag sie still da und bemühte sich, nicht an Ditus zu denken. Statt dessen versuchte sie sich an Ruben zu erinnern und an den Frieden, der nach seinem Mittagsgebet auf seinem Gesicht lag. Wenn sein Gott wirklich existiert, dachte sie, dann könnte ich vielleicht lernen, an ihn zu glauben. Und vielleicht wäre es mir dann möglich, auch ohne Aurelius das Leben zu ertragen.

„Wenn Du wirklich lebst“, flüsterte sie ohne die üblichen Formalitäten, die sonst nach ihrer Meinung zu einem Gebet gehörten, „wenn Du wirklich lebst, dann zeige es mir. Mache, daß ich Dich und die Wahrheit erkennen kann.“

Innerhalb weniger Augenblicke war sie eingeschlafen. Als Ditus an die Tür klopfte und mitteilte, daß er zurück sei, erwachte sie aus dem tiefsten Schlaf, in den sie seit Aurelius’ Tod je gesunken war. „Was?“ fragte sie schlaftrunken. „Ach, Ditus, du bist es. Vielen Dank, daß du dich noch gemeldet hast. Schlaf nur gut.“

Zögernd blieb er noch einen Augenblick in der Tür stehen. Im schwachen Schein der Lampe, die er bei sich trug, sah sein Gesicht trotz der unmutigen Falten, in die er seinen Mund verzogen hatte, noch sehr jung aus.

„Vielen Dank“, sagte sie nochmals, drehte sich auf die andere Seite und viel aufs neue in einen tiefen und friedevollen Schlaf.

Kapitel 7

Als Lydia am nächsten Morgen in ihr Geschäft kam, erwartete sie eine Nachricht, in der ihr mitgeteilt wurde, eine Schiffsladung Purpurware sei von Thyatira angekommen und sie könne in Neapolis neue Vorräte für ihr Geschäft kaufen.

Dies ist genau, was ich brauche, dachte sie voller Freude. Ich komme für einen Tag vom Geschäft los, von der Verantwortung und von den Kindern. Ich verstehe immer mehr, warum Aurelius sich auf diesen Teil der geschäftlichen Aufgaben stets besonders freute und mich immer mit sich nahm. Es wird so etwas wie ein Ferientag sein.

Innerhalb einer Stunde war sie unterwegs. Begleitet von einigen Sklaven fuhr sie in ihrem Wagen die breite Straße entlang. Es war keine bequeme Fahrt, denn die Pflastersteine waren uneben und ausgefahren, so daß der Wagen sprang und schaukelte. Doch es gab keinen Staub, und die Pferde trabten in der klaren Vormittagsluft munter voran. Der Berg Symbolum ragte vor ihr wie eine silberne Kuppel in den blauen Himmel, und dahinter lag die Ägäis. Sie wartete auf den Augenblick, wo sie zum ersten Mal auf das Wasser blicken konnte. Das leuchtende Blau des ägäischen Meeres hatte ihr stets viel Freude bereitet.

Ich hätte Fulvia fragen sollen, ob sie mit mir kommen will, dachte sie plötzlich. Die Reise wäre gewiß noch kurzweiliger geworden und wir hätten uns noch besser kennenlernen können. Sie hätte Gelegenheit gehabt, mit einem der Sklaven den Markt zu besuchen, während ich im Hafen meine Geschäfte erledigt hätte. Nun ja, für diesmal ist es zu spät. Doch das nächste Mal will ich daran denken.

Mehrere Male wurden sie von Reitern überholt, die schneller voran kamen als der Wagen. Lydia war dankbar für die geordnete Welt, in der sie leben konnte. Vor der römischen Herrschaft wäre es für eine Frau fast einem Selbstmord gleich gekommen, eine solche Reise allein zu unternehmen. Doch nun machte die „Pax Romana", der römische Friede, eine solche Reise nicht nur möglich, sondern sogar zum Vergnügen. Dies war immer einer der Gründe gewesen, weshalb Aurelius so stolz darauf war, ein römischer Bürger zu sein. „Die Armeen bringen manchmal Unruhe mit sich", hatte er gesagt, „und nicht jeder römische Cäsar ist ein fähiger und gnädiger Herrscher, doch die Bürger Roms sind in der ganzen römischen Welt sicher. Nur Rom konnte das schaffen."

So kann ich also in meinem Wagen sitzen und den Soldaten zunicken, die vorbeireiten, dachte Lydia, und brauche dabei keine Furcht zu empfinden. Ihre Gedanken wurden von dem lauter werdenden Geräusch von hinten näher kommender Pferdehufe unterbrochen, die sich neben ihrem Wagen ihrem eigenen Reisetempo anpaßten. Als sie aufblickte, schaute sie in das Gesicht von Valleius Tatinius.

„Oh", rief sie erstaunt, und bedeckte dann überrascht mit der Hand ihren Mund.

„Du bist überrascht, mich zu sehen, Frau Lydia", lächelte er galant, und seine Augen strahlten dabei.

„Sicher bin ich überrascht. Willst du auch nach Neapolis?"

„Gewiß. Und ich bin schnell geritten, um dich einzuholen.“

„Woher wußtest du, daß ich heute hier fahre?“ fragte Lydia.

„Ditus sagte es mir, als ich in deinem Geschäft vorbeischaute. Ich kam, um mit dir zu sprechen.“

Sie lächelte. „Das war sehr freundlich von dir. Ich hatte Fulvia mitgeteilt, daß ich von dir gern einige Auskünfte erhalten hätte.“

Er machte eine höfliche Verbeugung im Sattel. „Ich stehe dir zu Diensten.“

Sie lachte ein wenig zweifelnd. „Dies ist aber keine besonders gute Möglichkeit, uns in Ruhe zu unterhalten. Du sitzt so hoch im Sattel und ich so niedrig. Und außerdem machen die Pferde und der Wagen so viel Lärm, daß wir uns kaum verstehen können.“

„Ich könnte natürlich mit dir im Wagen fahren“, überlegte Valleius, „aber ich bin nicht sicher, ob das die richtige Idee wäre. Aber wir könnten in Neapolis zusammen essen. Ich weiß ein Gasthaus, wo man recht gut speisen kann.“

„Aber eine Frau ohne Begleitung...?“ begann Lydia.

„Ich werde mit dir zum Hafen gehen, so daß du nicht ohne Begleitung bist. Außerdem gibt es in dem Gasthaus auch einen etwas mehr privaten Speiseraum, in dem auch Damen willkommen sind. Und natürlich werden wir lange vor Anbruch der Dunkelheit wieder in Philippi sein.“

Seltsam, überlegte Lydia. Was er wohl mit der letzten Bemerkung gemeint hat? Natürlich würden sie eine ganze Zeit vor Dunkelwerden wieder daheim sein.

„Es kann also kein Gerede geben“, versicherte Valleius. „Wir möchten das doch sicherlich beide nicht?“ Seine Augen blickten ein wenig spöttisch bei dieser

Bemerkung. Ehe Lydia antworten konnte, hatte er sich im Sattel zurechtgesetzt und rief: „Also dann — in wenigen Stunden am Schiff!“ Er gab seinem Pferd die Sporen und ritt, fröhlich winkend, schnell voraus.

Lydia ärgerte sich. Der Mann ist ungezogen, dachte sie. Bildet er sich vielleicht ein, ich suche seine Gegenwart, weil ich mich so einsam fühle? Vielleicht denkt er tatsächlich so, überlegte sie, nachdem der erste Ärger ein wenig abgeklungen war. Es war möglich, daß sogar Fulvia ein wenig in diese Richtung dachte. Immerhin war, seit Aurelius' Tod, nahezu ein halbes Jahr vergangen. Und es gab genug Leute, die glaubten, eine Frau brauche einen Mann — irgendeinen Mann.

Aber ich nicht, dachte Lydia mit etwas Stolz. Nach Aurelius kommen mir alle Männer ziemlich klein und unbedeutend vor — sogar Valleius mit seinem Geld, seinem Einfluß und seiner Macht. Was weiß er schon von Anständigkeit, Freundlichkeit oder Liebe? Wäre Fulvia denn eine Person, die sich Gedanken macht um die Bedeutung und den Inhalt ihres Daseins und die nach einem Sinn für ihr Leben sucht, wenn ihr Gatte herzlicher und liebevoller zu ihr sein würde? Auf der anderen Seite, so gestand sich Lydia nüchtern ein, war Valleius ein tüchtiger, vitaler und interessanter Mann. Es war deshalb durchaus möglich, daß er schon vielen Frauen den Kopf verdreht hatte. „Er ist sehr entschlossen und hartnäckig“, hatte Fulvia in ihrer Nachricht geschrieben. Wollte sie Lydia damit vor Ernsterem warnen, als nur vor Erosas Wunsch, sie unbedingt wiederzusehen?

Ich bin närrisch, dachte Lydia. Ich lese Dinge in eine kurze Botschaft hinein, die nicht darinstehen und auch gar nicht gemeint sind. Eine plötzliche starke Kurve der Straße brachte ihr den ersten Ausblick auf die Ägäis. Es war ein Stück schimmerndes Blau, das aussah, als wäre etwas vom Himmel auf die Erde gefallen. Lydia beschloß, sich nicht mehr mit gar nicht vorhandenen Fragen, törichten Ängsten und Einbildungen herumzuplagen, sondern sich an dem schönen Tag, der ihr so viel Abwechslung brachte, zu freuen. Sie versuchte, die frohe Stimmung, die sie am Morgen beim Antritt der Reise hatte, wiederzufinden und konzentrierte sich auf die Verhandlungen mit dem Eigentümer des Kaufmannsschiffes. Im Augenblick war das die einzige Sache, auf die es wirklich ankam.

*

Die verschiedenen Gerüche und der Lärm des Hafens waren fast überwältigend, und mehr als einer der Männer drehte seinen Kopf und blickte voller Erstaunen auf die Frau, die, nur begleitet von einigen Sklaven, mit entschlossenen Schritten auf das Kaufmannsschiff zusteuerte. Lydia hielt ihren Kopf hoch, ohne nach rechts oder links zu schauen. Nur den breiten, leichten Schal hatte sie ein wenig höher als üblich vor das Gesicht gezogen; allerdings, wie sie sich selbst versicherte, mehr, um die Gerüche ein wenig abzuhalten, als aus Zurückhaltung.

Auch der Eigentümer des Schiffes war erstaunt, sie allein zu sehen. Doch er erinnerte sich an andere Gelegenheiten, als sie gemeinsam mit Aurelius gekommen war. Nachdem er ihr sein Mitgefühl über Aurelius' so frühen Tod zum Ausdruck gebracht hatte, wandte er sich den geschäftlichen Angelegenheiten zu. Lydias Augen waren scharf, und sie kannte die Qualitäten und Macharten der einzelnen Stoffe zu genau, um sich durch minderwertiges oder schlecht gefärbtes Material betrügen zu lassen. Als der Handel abgeschlossen war, lag auf dem Gesicht des Kaufmanns ein Ausdruck von Respekt und gleichzeitig auch

Bedauern. Wenn er geglaubt hat, beim Handel mit einer Frau kann er mehr als den üblichen Profit machen, so hat er sich gewaltig geirrt, dachte Lydia. Sie verabschiedeten sich mit den üblichen höflichen Redewendungen und gegenseitigen Versicherungen der Hochachtung. Als Lydia das Schiff verließ, war sie ein klein wenig stolz auf das, was sie erreicht hatte.

Valleius wartete auf sie, wie er es versprochen hatte. Sie war mit sich selbst und ihrem guten Handel viel zu befriedigt, als daß sie zu ihm hätte kühl und zurückhaltend sein können. „Ich habe meine Geschäfte erfolgreich beendet, mein Freund", sagte sie gutgelaunt. „Aurelius wäre stolz auf den Handel, den ich abgeschlossen habe."

Er paßte sich ihren Schritten an. Seine befehlsgewohnte und beeindruckende Erscheinung schien ihnen ziemlich leicht einen Weg durch die vielen sich drängenden Menschen zu bahnen. „Du willst sagen, daß der Schiffsbesitzer sich von deiner lieblichen Erscheinung zu der falschen Ansicht verleiten ließ, es könne ihm gelingen, dich zu betrügen", neckte er sie.

Sie lächelte zufrieden über ihren Erfolg und antwortete: „Dazu weiß ich nichts zu sagen. Doch ich bin sicher, er dachte, ich sei so oberflächlich wie manche junge Mädchen, die einen Spinnrocken nicht von einer Spindel unterscheiden können. Doch er hat seinen Irrtum sehr bald einsehen müssen, und ich habe wirklich sehr schönen Purpur zu recht günstigen Preisen eingekauft. Mein Gewinn sollte recht beachtlich ausfallen."

„Zu einem deiner Kunden solltest du solche Dinge nie sagen, meine Liebe", mahnte Valleius zur Vorsicht. „Vergiß nicht, ich bin es ja, der dir den Gewinn bringt."

„Nur einer von vielen, mein Herr", korrigierte sie ihn. „Und du hast so oft in Neapolis zu tun, daß du selbst hierherkommen und direkt vom Schiff kaufen könntest. Das weiß auch ich."

Valleius lachte amüsiert und legte scheinbar beiläufig seine Hand auf ihren Arm. „Aber was weiß ich schon über Purpur?" entgegnete er. „Ich habe mich immer auf Aurelius verlassen, daß er die besten Stoffe besorgt — so wie ich jetzt der charmanten Lydia vertraue." Der Druck seiner Hand auf ihren Arm wurde dabei ein wenig stärker. Lydia bemerkte, wie ihre Haut zu prickeln begann und wie in ihr das Gefühl einer dumpfen Ahnung aufstieg.

„Nun ja, jedenfalls ist das Geschäft abgeschlossen", sagte sie und versuchte ihrer Stimme einen beiläufigen Klang zu geben. „Jetzt kann ich mich entspannen und auf die Mahlzeit freuen, die du mir versprochen hast." In ernsterem Ton fuhr sie fort: „Und dann bist du vielleicht in der Lage, mir die Auskunft zu geben, die ich gern haben möchte. Vielleicht bist du sogar bereit, mir einen Rat zu erteilen."

„Ich stehe dir sehr gern zu Diensten", sagte er sanft und einschmeichelnd. „Wenn ich irgend etwas tun kann, dich glücklich und zufrieden zu machen, dann, das sollst du wissen, werde ich es tun."

Dieses Mal war der sanfte Druck seiner Finger auf ihrem Arm nicht mißzuverstehen. Sie lächelte zur Antwort. Doch das heftige Klopfen ihres Herzens machte ihr eindeutig klar, daß sie Valleius genausosehr zu fürchten hatte, wie sie seine charmante Persönlichkeit anerkennen mußte.

Zu Beginn der Mahlzeit war ihr Gespräch recht oberflächlich. Lydia bemerkte, daß sich Valleius offensichtlich große Mühe gab, sie zu unterhalten. Seine Anekdoten waren amüsant, und seine Besorgnis um sie war so besänftigend nach den langen Monaten der Unabhängigkeit. Fast ohne daß sie es bemerkte, brach ihre aufgebaute Zurückhaltung unter seiner Wärme und Freundlichkeit nach und nach zusammen. Erstaunt stellte sie fest, daß sie froh lachen konnte und sich seit langer Zeit wieder einmal so recht als Frau fühlte.

Nach und nach näherte sich Valleius langsam dem Thema, das ihm auf dem Herzen lag — nämlich Erosa. Es gelang ihm, seine Erklärungen so überzeugend vorzutragen, daß Lydia nicht nur zögernd einwilligte, sondern fast selbst den Wunsch empfand, seiner Bitte nachzukommen. „Ich habe kein großes Verlangen, etwas über meine Zukunft zu erfahren“, sagte sie endlich. „Bei meinem Besuch in eurem Haus schien Erosa mir nur Unheil voraussagen zu können. Und, um die Wahrheit zu sagen, ich hatte in der letzten Zeit eigentlich schon mehr Unheil, als ich ertragen kann.“

„An jenem Abend war sie verärgert und deshalb innerlich auch recht durcheinander“, versuchte Valleius seine kleine Wahrsagerin zu entschuldigen. „Sie muß unter dem Eindruck gestanden haben, daß du ihr irgendwie gefährlich werden könntest. Das nächste Mal wird alles ganz anders sein.“

„Ich — eine Gefahr für Erosa? Aber das ist doch lächerlich“, rief Lydia.

„Nicht so lächerlich wie du meinst“, widersprach Valleius. Seine Stimme hatte dabei wieder jenen seltsam einschmeichelnden Ton angenommen. „Sie nimmt alles übel, was dazu beitragen könnte, daß meine Aufmerksamkeit nicht mehr ihr allein und ungeteilt gilt.“

Lydia begriff die verborgene Meinung, die in diesen Worten lag, fast noch deutlicher mit ihrem Herzen, als sie die Worte selbst mit den Ohren vernahm. Sie fühlte innerlich einen Stoß und bemerkte, wie ihr Herz schneller zu klopfen begann. Doch sie reagierte, als sei ihr nichts aufgefallen. „Unsinn“, erwiderte sie, „ich bin die allerletzte, durch die irgendwelche Gedanken ihres Besitzers von ihr abgelenkt werden könnten. Na ja, auf einem Gebiet mag es nicht stimmen", gab sie zu. „Fulvia hat mir klar zu erkennen gegeben, daß sie gern meine Freundin sein möchte."

Valleius hatte sie aufmerksam beobachtet, um zu sehen, ob ihre Ahnungslosigkeit echt oder nur vorgetäuscht war. Nachdenklich antwortete er: „Ich glaube nicht, daß Erosa sich auch nur in der allergeringsten Weise um das kümmert, was Fulvia denkt oder tut; aber sie macht sich sehr viele Sorgen um mich."

Immer noch gab Lydia Unwissenheit vor. „Ja, das verstehe ich, denn du bist letzten Endes ihr Besitzer, und von deiner Laune und Großzügigkeit hängt also ihr Wohlergehen ab."

Valleius lachte kurz. „Ich bin ihr Besitzer und ihr Gott, und sie glaubt, niemand anders hat das Recht, sich in meine Gedanken und Gefühle zu drängen."

„Das muß für Fulvia manchmal große Schwierigkeiten bringen", meinte Lydia.

„Du bestehst also darauf, mich nicht verstehen zu wollen", sagte Valleius jetzt offen. „Es ist die Art, wie du meine Aufmerksamkeit und meine Gedanken auf dich gezogen hast, die Erosa nicht gefällt."

Lydia schlug ihre Augen nieder, gab sich aber Mühe, ihrer Stimme weiterhin den freundlichen Ton zu lassen. „Ich schätze das sehr, mein Herr Valleius. Eine Witwe hat es dringend nötig, daß Menschen zu ihr freundlich sind und sich um sie Sorgen machen."

Valleius streichelte leicht ihre Hand. „Ich kann viel freundlicher zu dir sein, als du jemals geglaubt hättest."

Diese Berührung und die Meinung seiner Worte überhört zu haben wäre höchst lächerlich gewesen. Nur eine Närrin hätte ihn jetzt noch mißverstehen können. Und Lydias Stolz ließ es nicht zu, die Närrin zu spielen, ganz gleich, in welcher Lage sie sich befand. Aber was sollte sie ihm jetzt antworten? Die Beleidigte zu spielen, ihm eine Szene zu machen oder sich jetzt wie eine Auster in die Schale zu verkriechen, hätte den Mann nur verärgert. Und Lydia wußte, daß sie sich vor seinem Zorn fürchten mußte. Ein Valleius, der auf sie zornig war, konnte ihr gefährlich werden.

„Du bist sehr freundlich", murmelte sie endlich. „Aber schau, Herr ... Valleius...es ist einfach zu früh. Sicherlich ist dir das auch bewußt. Ich bin eine Frau, die vor noch nicht allzu langer Zeit sehr tiefes Leid erfahren hat und deshalb innerlich noch zu sehr verwundet ist, um an...nun ja, an Vergnügungen zu denken." Sie brauchte sich nicht zu bemühen, einen bekümmerten Eindruck zu machen. Die Tränen traten ihr, wenn sie an Aurelius Tod dachte, von allein in die Augen. Beim kleinsten Wort oder der geringsten Erinnerung mußte sie immer noch weinen.

„O", sagte Valleius betroffen, „es war nicht meine Absicht, dich traurig zu machen. Ich bin doch kein Unmensch."

„Aurelius war ein wunderbarer Mann", sagte Lydia. „Es käme mir vor, als würde ich sein Andenken nicht mehr gebührend ehren, wenn ich meinen Gedanken schon so früh erlaubte, mich auf etwas...oder jemand anderes zu konzentrieren." Ihre Worte schienen etwas zu versprechen, wovon sie wußte, daß sie nie die Absicht hatte, darauf einzugehen. Doch im Augenblick schien es ihr die sicherste Weise zu sein, aus der schwierigen Lage, in der sie sich befand, herauszukommen.

Valleius floß über vor Höflichkeit und Sympathie. „Das verstehe ich sehr gut. Wirklich, Frau Lydia", versicherte er. „Ich habe mich von meiner eigenen Ungeduld weiter hinreißen lassen, als korrekt war. Bitte, vergib mir. Ja, willst du?"

Sie wischte sich die Tränen aus den Augen und

lächelte so warm wie möglich. „Natürlich vergebe ich dir. Ich würde mich sogar geschmeichelt fühlen, wenn der Kummer nicht noch so nahe an meinem Herzen wohnte."

Valleius tätschelte ihren Arm. „Ich kann warten", sagte er. „Ganz gewiß wird dein Leid eines Tages verblassen, dann kannst du dich auch wieder am Leben freuen."

Sie lächelte nur. Die Worte: „Und was ist mit Fulvia", lagen so nahe. Doch sie hielt ihre Zunge im Zaum. Fulvia hatte an jenem Abend in ihrem Haus angedeutet, daß sie um die Untreue von Valleius wußte. Es hatte keinen Sinn, in dem Mann feindselige Gefühle zu wecken, wenn es vermieden werden konnte. Er hatte in Philippi zu viel Gewalt in der Hand und zu großen Einfluß in der römischen Garnison, als daß eine Purpurhändlerin sein Mißvergnügen riskieren konnte.

„Aber manchmal brauche ich wirklich ein wenig Hilfe", bemerkte Lydia mit sanfter Stimme. Sie war ein ehrlicher Mensch und liebte keine Täuschungen. Aber da sie auch eine alleinstehende Frau war, hatte sie keine anderen Waffen zu ihrer Verfügung. „Ich bin in Sorge um meinen Sohn und brauche dringend Rat."

Valleius lächelte gönnerhaft. „Wenn ich irgendeine Möglichkeit sehe, dir zu helfen, werde ich tun, was ich kann."

„Er hat angefangen, des Abends aus dem Haus zu gehen", begann Lydia.

Valleius überlegte. „Nun ja, er ist aber auch fast schon ein Mann", wandte er ein. „Und ein Mann hat manchmal Bedürfnisse, von denen eine Mutter nichts weiß."

Lydia schüttelte nachdrücklich den Kopf. „Nein, er versichert mir, daß er keine Liebesaffäre hat. Er trifft sich nicht mit einem Mädchen, sondern geht in die römische Kaserne."

Valleius runzelte erstaunt die Stirn. „Will er etwa Soldat werden? Ich hätte eher vermutet, er sei ein Philosoph und Dichter."

Irgend etwas rastete plötzlich in Lydias Verstand ein. Diese drastische Feststellung aus dem Munde eines Mannes machte ihr etwas deutlich, das sie bisher übersehen hatte. „Ich glaube, du hast die richtigen Worte gefunden", stimmte sie langsam zu. „Das heißt, ich glaube, daß sein Geist eher der eines Poeten oder Philosophen ist. Aber ich nehme an, er denkt, er solle sich eher für Glücksspiele, Krieg und Kämpfe interessieren. Er hat mir dies zwar nicht gesagt, aber ich vermute es."

Valleius nickte. „Dies ist nicht gerade etwas, das ein Junge seiner Mutter gegenüber zugeben würde."

„Vielleicht ist ihm das selbst gar nicht bewußt", bemerkte Lydia, in deren Überlegungen einige Dinge klarer zu werden begannen. „Er sagt, er brauche die Rauhheit dieser Männer in der Kaserne. Doch beim Sport und auch bei Spielen war er nie besonders gut. Deshalb hat er auch in Wettkämpfen nie Erfolg gehabt. Doch in der Garnison kann er grob und vulgär sein und sich wie ein Mann benehmen."

„Das mag vielleicht tatsächlich der Grund sein", stimmte Valleius zu. „Aber warum machst du dir dann so große Sorgen"

„Mir kommt das alles etwas seltsam vor. Vor allem, weil er immer so spät abends geht. Die Leute gehen gewöhnlich so spät am Abend nicht mehr aus. Gestern abend hat er mir gegenüber zum ersten Mal zugegeben, daß er noch weggehen würde. Sonst hat er sich immer ohne mein Wissen hinter meinem Rücken davongeschlichen."

Valleius merkte, daß Lydia über diese Angelegenheit verstimmt war und mußte leicht lächeln. „Und in welcher Weise soll ich dir nun helfen?" fragte er.

„Möchtest du, daß ich ihm befehle, er soll nicht mehr in die Kaserne kommen?"

„Nein, natürlich nicht", platzte sie ärgerlich heraus, obwohl sie sich vorgenommen hatte, sehr zurückhaltend und sanft zu bleiben. „Er ist mein Sohn. Aber ich dachte, du könntest mir etwas über einen der Männer in der Kaserne erzählen; über einen, von dem Ditus sprach."

„Wie ist denn sein Name"

„Seinen Familiennamen weiß ich nicht, aber sein Vorname ist Clement."

Valleius blickte sie aus den Augenwinkeln nachdenklich an. „Es gibt in der Kaserne nur einen Clement, den ich kenne. Er ist der Gefängnisaufseher."

„Der Gefängnis...?" staunte Lydia.

Valleius bemerkte ihre Überraschung mit Befriedigung. „Nicht gerade ein vornehmer Herr, wie? Du hättest die Menschen, mit denen dein Sohn Umgang haben soll, aus einer anderen Gesellschaftsklasse ausgewählt, nehme ich an."

„Ist er ein Soldat?"

„Ja — das heißt, er war einer. Er wurde in einer Schlacht verwundet und hinkt seitdem. Es war eine Speerwunde, soweit ich weiß. Doch den Dienst eines Gefängnisaufsehers kann er noch verrichten. Er tut immer den Nachtdienst. Das mag auch erklären, warum Ditus stets so spät zur Kaserne geht, wenn die meisten Menschen sich schon zu Bett begeben."

“Ist es nicht etwas seltsam, daß dieser Mann immer Nachtdienst hat?" wunderte sich Lydia.

„Das war sein eigener Wunsch, weil es in der Familie Schwierigkeiten gibt. Ich glaube, er hat eine kranke Frau und muß deshalb tagsüber daheim sein. Selbst wenn er dann schläft, so ist er doch daheim und kann erreicht werden, wenn die Familie ihn braucht."

„Welche Art Mann ist er?" fragte Lydia. „Kannst

du dir denken, weshalb Ditus gerade zu ihm gehen sollte?“

Valleius lehnte sich bequem zurück und streckte seine Bein aus. „Ach, er ist ein ganz netter Kerl. Er lacht viel und ist sehr humorvoll. Ich glaube, er knobelt gern! Das ist wohl sein Lieblingsspiel. Aus irgendwelchen Gründen mögen ihn alle Leute gut leiden. Bei ihm trifft sich immer eine kleine Männerrunde. Es ist wie eine Art Party. Es geht dabei sehr harmlos zu, das kann ich dir versichern. Ich glaube, die Gesellschaft mit den anderen Männern hilft ihm, nicht verrückt zu werden. Weil er sich ja sonst Nacht für Nacht nur das Geschrei der Gefangenen anhören müßte.“

Lydia lief ein kalter Schauer über den Rücken, als sie sich dies vorstellte. „Mir scheint es trotzdem sehr verwunderlich, daß Ditus dahin geht“, überlegte Lydia. „Seine Erziehung war doch so...so...“

„Sanft und vornehm?“ Lydia schien es, als sei Valleius Lächeln ein wenig spöttisch. Sie schüttelte hilflos den Kopf. Ihr fiel kein besseres Wort ein, doch sie wußte, daß Valleius mit seinen Worten nicht das getroffen hatte, was sie meinte.

„Ich würde gern einmal mit diesem Clement reden“, murmelte sie ein wenig verlegen. „Ich hätte ihn gern selbst kennengelernt und mir ein Bild von ihm gemacht.“

„Deinem Sohn wird es nicht gefallen, wenn du dich in seine Angelegenheiten mischst“, warnte Valleius. „Aber wenn...na ja, sagen wir einmal, wenn du zustimmst, Erosa nochmals zu treffen, dann könnte ich es so einrichten, daß Clement einmal in deinem Geschäft vorbeikommt.“

„Das ist Erpressung, mein Herr“, sagte sie ungehalten.

Valleius lächelte nur und wartete schweigend. „Also gut“, seufzte Lydia endlich. „Ich kann zwar nicht einsehen, was damit erreicht werden soll, aber ich bin bereit, sie wiederzusehen. Und dann... ja, vielleicht könntest du es möglich machen, daß ich diesem Clement in deinem Hause begegne, damit Ditus nichts davon erfährt.“

„Es wird mir ein Vergnügen sein“, stimmte er zu. „Wenn zwei Menschen ein gemeinsames Geheimnis haben, bindet sie das irgendwie zusammen.“

Sie überhörte den verborgenen Sinn der Worte und erhob sich. „Ich muß mich auf den Heimweg machen. Der Nachmittag geht schnell vorüber, und ich brauche noch geraume Zeit, bis ich nach Philippi komme.“

„Allerdings“, bestätigte Valleius. „Möchtest du, daß ich deinen Wagen begleite, wo du doch jetzt eine so kostbare Ladung Purpur mit dir führst?“

„Ich danke dir für deine Fürsorge, doch ich denke, ich werde gut allein zurechtkommen. Ich habe vertrauenswürdige Sklaven, gute Pferde, und den Frieden Roms, um mich zu beschützen“, sagte sie. Sie fürchtete, er würde darauf bestehen, sie zu begleiten, doch er tat es nicht. So konnte sie sich, nachdem sie sich von ihm verabschiedet hatte, auf den Weg machen.

Viele Gedanken beschäftigten Lydia auf der Heimfahrt. Erst als sie schon ein ganzes Stück auf der Via Ignatia vorangekommen waren, dachte sie wieder einmal an Rubens Gott. Wenn er wirklich existierte und so war, wie Ruben Ihn beschrieb, dann hatte sie viel mehr für ihren Schutz, als den Frieden Roms. Bei diesem Gedanken fühlte sie, wie eine Ruhe sich in ihr auszubreiten begann; eine Ruhe, in der ihre Sorgen um Ditus und Valleius und um die kommende Begegnung mit Erosa sich aufzulösen begannen; eine Ruhe, die sie mit einer Art Friede erfüllte, den sie vorher nie gekannt hatte, noch nicht einmal, als Aurelius noch lebte.

Kapitel 8

Lydia kam nur ein wenig später als sonst, wenn sie vom Geschäft zurückkehrte, daheim an. Minta wartete schon auf sie. „Bist du mit dem Wagen gekommen?“ fragte sie. „Ich meinte, ihn gehört zu haben.“

„Ja, ich hatte geschäftlich außerhalb von Philippi zu tun.“ Hätte sie Minta erzählt, daß sie in Neapolis war, würde es wahrscheinlich eine Szene gegeben haben. Minta liebte Fahrten mit dem Wagen, sie liebte auch den Hafen, und jedenfalls liebte sie alles, was sie einmal aus der täglichen Routine ihres Lebens riß.

„Hattest du weit zu fahren?“ forschte Minta weiter, während sie Lydia half, die breite Stola abzunehmen.

„Nicht zu weit“, antwortete Lydia und beobachtete dabei, wie liebevoll und entzückt Minta das weiche Material der Stola streichelte. Da kam ihr ein Gedanke, wie sie das Gespräch auf ein anderes Thema bringen konnte. „Du bist zwar eigentlich noch zu jung für eine Stola“, begann sie, „doch der weiche Stoff macht sich so hübsch auf deiner Haut. Würdest du sie gern haben wollen?“

„O Mutter“, rief Minta hingerissen, „meinst du das ernst?“

„Würde ich es sonst sagen?“, erwiderte Lydia leise

lächelnd. „Bring sie doch in dein Zimmer und lege sie in die Truhe. Dann kommst du zurück, und wir setzen uns noch einige Minuten in das Atrium und unterhalten uns, ehe es Zeit wird für das Abendessen. Ach, ich bin ziemlich müde."

Minta fiel ihrer Mutter dankbar um den Hals und rannte dann zu ihrem Zimmer. Kaum hatte sie den Raum verlassen, als Lydia Ditus' Stimme vernahm. Überrascht fuhr sie herum. „Ich nehme an, du hast nicht die Absicht, ihr zu erzählen, daß du den ganzen Tag in Neapolis warst?"

„Sie wäre darüber doch nur bekümmert, Ditus, warum sollte man unnötigen Ärger machen?"

„Ich glaube nicht, daß du vorher auf den Gedanken gekommen bist, sie vielleicht für einen Tag von der Schule befreien zu lassen, um sie mitzunehmen", stellte Ditus fest.

„Doch, ich habe daran gedacht", erwiderte Lydia verstimmt, da sie sich fühlte, als stünde sie im Verhör wie bei einem Gericht. „Doch wo hätte ich sie lassen sollen, während ich im Hafen mit dem Kaufmann die Geschäfte tätigte? Welchen Eindruck hätte er von mir bekommen, wäre ich in Begleitung eines Kindes gewesen. Er hätte wohl angenommen, es mit einer Mutter zu tun zu haben, aber nicht mit einer Geschäftsfrau."

„Und was hättest du erst mit ihr tun sollen, während du mit Valleius Tatinius zusammen warst?" Ditus hatte mit so ruhiger Stimme gefragt, daß Lydia erst nach einigen Sekunden bemerkte, welche versteckte Anklage in den Worten lag.

Sie fühlte, wie ihr das Blut in die Wangen stieg. „Ich hätte mich gefreut, wäre sie dann dabei gewesen", antwortete sie.

Ditus sagte nichts dazu, doch sein Gesichtsausdruck ließ seine Zweifel erkennen. „Valleius ist ein Mann, der in unserer Stadt viel Macht und Einfluß hat“, fuhr Lydia fort, obwohl sie es haßte, ihrem Sohn eine solche Erklärung geben zu müssen. „Ich hoffe, daß seine Frau und ich Freundinnen werden. Und Valleius ist ein... höflicher Mann mit sehr angenehmen Manieren. Es war nur zu meinem Vorteil, in einer fremden Stadt einen Bekannten dabei zu haben, der mit mir zum Essen ins Gasthaus ging.“

„Ich hätte dich ja begleiten können“, warf Ditus ein.

Lydias Mund blieb vor Staunen offen stehen. „Der Gedanke ist mir wirklich überhaupt nicht gekommen“, gab sie zu. „Das tut mir aufrichtig leid. Ich habe nie im Entferntesten daran gedacht, es könnte dir gefallen, mit deiner Mutter einen ganzen Tag unterwegs zu sein.“

Ditus schaute sie einen Augenblick an. „Ich frage mich manchmal, ob du überhaupt darüber nachdenkst, was mir gefallen würde“, maulte er.

„Ditus, das ist nicht wahr. Ich denke fast immer an dich. Mehr, als an jeden anderen Menschen, ausgenommen, vielleicht, an deinen Vater.“

„Und ich nehme an, du denkst an uns beide nur mit Kummer.“ Diese Feststellung entsprach so sehr der Wahrheit, daß Lydia nichts dagegen sagen konnte. Sie blickte den Jungen nur hilflos und zornig an.

„Es tut mir leid“, wiederholte sie nochmals. „Ich bedauere es wirklich sehr.“

Doch Ditus war hartnäckig. „Du kannst dir Mintas Zuneigung mit wünschenswerten Dingen, wie mit einer Stola für eine erwachsene Frau, kaufen, aber nicht meine mit Entschuldigungen, die dich nichts kosten“, erwiderte er ärgerlich. Es ist seltsam, mußte Lydia denken, sein Zorn macht ihn eher jünger als älter.

Lydia fragte sich, ob ihm das bewußt war. Sie begann Mitleid mit ihm zu haben. „Hör zu, Ditus“, bat sie. „Setz dich hier auf die Bank und höre mir mit soviel Fairnes zu, wie du aufbringen kannst.“

Ditus erfüllte ihre Bitte. Doch seine Muskeln blieben so angespannt, als wolle er jeden Augenblick fliehen. „Ditus“, begann sie, „ich habe gerade jetzt viele Sorgen, mit denen ich fertig werden muß. Du wirst nicht verstehen können, wie sehr ich deinen Vater vermisse, bis du einmal etwas Ähnliches selbst erlebst. Mich ängstigt der Gedanke, ganz allein für dich und Minta verantwortlich zu sein. Nein warte“, warf sie schnell ein, als er Anstalten macht, sie zu unterbrechen. „Laß mich zu Ende sprechen. Ich bin einsam, furchtsam und voller Sorgen, wenn ich an das Geschäft denke. Du siehst mich immer nur als deine Mutter. Aber ich bin doch auch eine Frau mit ihren eigenen Gefühlen, die du nicht verstehen kannst.“

„Und ich bin ein Mann mit eigenen Gefühlen, die du nicht verstehen kannst.“

„Na, noch nicht ganz ein Mann“, stellte sie fest. „Du mußt da schon noch ein wenig erwachsener werden und Erfahrungen sammeln. Aber kannst du mir Vorwürfe machen für die Schwierigkeiten, die du hast, weil du noch so jung bist?“

„Ich muß irgend jemand Vorwürfe machen können“, schrie er mit so viel Verzweiflung in der Stimme, daß sie ihren eigenen Kummer vergaß und nur noch Mitleid mit ihm empfand. Sie riskierte es, ihre Hand leicht auf die seine zu legen; und für dieses eine Mal zuckte er nicht zurück.

„Das Leben hat einfach keinen Sinn“, fuhr Ditus fort. „Ich wünschte, ich könnte sein wie einige meiner Freunde, die sich nur um Spiele und Jagdvergnügungen und um... um Häuser kümmern, wo man bestimmte Frauen finden kann.“

Lydia wurde von großer Furcht gepackt. „Kannst du Mädchen und Frauen nicht leiden?“ flüsterte sie.

„Natürlich, ich mag Mädchen! Was denkst du denn von mir?“ entrüstete er sich. „Doch ich will kein Mädchen, das ich mit Geld bezahlen muß. Ich möchte... ich möchte...“ Er schwieg bekümmert.

„Du möchtest ein Mädchen, das du lieben kannst“, stellte Lydia fest. In ihrem Herzen war so viel Dankbarkeit, daß sie nur noch Freude empfinden konnte. Sie fühlte das törichte Bedürfnis, irgend jemand dafür zu danken, daß Ditus nicht zu dem Hang neigte, der ihr hinter allem anderen Kummer der letzten Zeit noch verborgene Sorge bereitet hatte, wenn sie daran dachte. Doch da war niemand, dem sie hätte danken können. (Wirklich niemand? Vielleicht Jahwe — Rubens Gott?) „Du möchtest also ein Mädchen, das du lieben und heiraten kannst, und einen Beruf, der dir Befriedigung schafft? Das kann ich verstehen. Aber es ist eben noch ein wenig zu früh für dich. Siehst du das nicht ein? Wäre dein Vater nicht gestorben, befändest du dich immer noch auf der Schule und würdest an solche Dinge nicht denken.“

„Aber er ist nun einmal gestorben“, erwiderte Ditus leise. „Und ich...Nun ich denke, das Leben ist sinnlos.“

„Das habe ich auch eine Zeitlang gedacht“, gab sie zu. „Aber ich frage mich, ob es dir vielleicht helfen würde, wenn du dich einmal mit Ruben darüber unterhältst“

„Soll er etwa versuchen, mir alles über seinen Gott zu erzählen? Götter sind die sinnloseste Sache, die es im Leben geben kann. Wenn irgend etwas vernünftig oder gut an den Göttern wäre, so müßten sie verhindern, daß auf dieser Welt immer so schreckliche Dinge geschehen, wie zum Beispiel Vaters Tod oder die Tatsache, daß die junge Sklavin von Valleius verrückt ist.“

Lydia blickte ihn an und bemerkte den Zorn, die

Enttäuschung, aber auch die Furcht in ihm. Wäre ich doch selbst weiser, dachte sie. Und wenn ich selbst irgendeine Art bestimmten Glauben hätte, könnte ich dem Jungen vielleicht helfen.

„Außerdem", fuhr Ditus bitter fort, „haben Juden komischere Ideen als die meisten anderen Menschen. Sie meinen, ihr Gott verlange von ihnen, daß alle kleinen Jungen beschnitten werden müssen. Hast du das gewußt?"

„Bist du da sicher?" fragte Lydia verwundert.

„Natürlich — ganz sicher. Wir hatten einen Juden in unserer Klasse in der Schule. Er versuchte immer, uns zu erklären, warum dies sein müsse. Mir aber kamen seine Erklärungen töricht vor — und sind es immer noch."

Lydia zögerte. „Vielleicht gibt es wirklich einen guten Grund? Ich weiß es nicht. Ich weiß auch nicht, was das mit der Art von Glauben zu tun haben könnte, den Ruben zu haben scheint. Jedenfalls bin ich beeindruckt von seinem Vertrauen in seinen Gott und seinem Glauben. Ich wünschte, ich hätte so einen ähnlichen."

Besorgt rief Ditus: „Du hast doch so schon Probleme genug in deinem Leben, da mußt du dir doch nicht noch welche mit der Religion aufladen."

Vielleicht hat er recht, überlegte Lydia, gab ihm aber keine Antwort. „Ich..." Ditus sah ein wenig verlegen aus. Er hatte wohl nicht die Absicht gehabt, mit seiner Mutter so offen zu reden. „Ich glaube, ich habe noch Zeit, ins Bad zu laufen. Ich werde mich von nichts anderem aufhalten lassen."

„Ich werde dafür sorgen, daß die Zeit ausreicht", antwortete Lydia. „Wir können ein wenig später essen."

„Vielen Dank. Ich beeile mich."

„Und, Ditus, das Leben ist nicht wirklich sinnlos,

es ist nur manchmal ein wenig schwierig“, sagte sie und vergaß ihre eigenen Zweifel, die sie nach dem Tod von Aurelius oft geplagt hatten.

Er erhob sich. „Ich bin dabei zu lernen, gerade dann zu lachen, wenn es Schwierigkeiten gibt“, vertraute er ihr an. „Und ich lerne auch, mir um nichts Sorgen zu machen.“

Das ist wahrscheinlich auch nicht die Antwort, dachte sie, sagte aber nichts dazu. „Das nächste Mal“, versprach sie, „wenn ich nach Neapolis gehe, werde ich dich bitten, mit mir zu kommen. Du wirst mir eine Stütze und Hilfe sein.“

„Ich bezweifle, ob Valleius Tatinius genauso denkt“, erwiderte er kurz und verließ eiligst den Raum.

Die Unterhaltung war beunruhigend genug gewesen, überlegte Lydia. Und doch hatte es hier und da auch Augenblicke gegeben, da hatte sie gefühlt, es könne noch Hoffnung geben für die Heilung ihrer Beziehung zu ihrem Sohn. Doch eines schien recht klar zu sein: Ditus schien Valleius’ Meinung zu teilen, daß sie durch den Tod ihres Mannes so verwundbar geworden war, daß sie einem attraktiven Mann nicht würde widerstehen können. Vielleicht konnte sie Ditus mit viel Geduld vom Gegenteil überzeugen. Doch bei Valleius war es anders. Sie würde über das Problem ihrer Beziehung zu Valleius noch viel nachdenken müssen.

*

Am nächsten Morgen wartete Ruben im Lagerraum des Geschäfts schon auf sie. Sorgfältig packte er ein Bündel aus, das auf dem Tisch lag. Als das Leinentuch auseinander fiel, sah Lydia, daß der Inhalt aus Rollen bestand. Sie waren durch das Alter schon sehr gedunkelt. Und es waren viel mehr, als sie erwartet hatte.

„Gehören diese Rollen alle dir?“ fragte sie.

„Ja, alle. Aber ich werde dir nicht erzählen, wie sie in meinen Besitz gekommen sind“, bemerkte er geheimnisvoll. „Es ist besser, du weißt das nicht.“

„Hast du sie etwa gestohlen?“

„Es ist besser, du weißt es nicht“, wiederholte er. „Es wird genügen, wenn ich dir versichere, daß ich sie schon seit vielen Jahren besitze. Und obwohl sie schon so alt und viel gebraucht sind, habe ich sie sorgfältiger gehütet als das Blut meines eigenen Körpers.“

„Es sind recht viele“, staunte Lydia. „Es müssen eine ganze Anzahl Bücher sein, die du hier hast. Ich habe eigentlich viel weniger Rollen erwartet.“

„Ich habe fast die gesamte Thora“, sagte Ruben stolz. „Außerdem Teile von Jesaja und die Psalmen des Königs David. Es gibt hier viele Reichtümer, Lydia. Reichtümer, die weit über dein Verstehen hinausgehen.“

Keiner der Namen, die er erwähnt hatte, bedeuteten ihr irgend etwas. Doch einen Namen hatte sie behalten. „Jesaja?“ fragte sie. „Was meinst du damit, du habest Teile von Jesaja?“

„Jesaja war vor vielen hundert Jahren ein Prophet der Juden. Er hat die Wahrheiten Gottes in einer solchen Weise niedergeschrieben, daß die Herzen der Menschen dadurch schon seit Jahrhunderten ermutigt und getröstet wurden. Ich habe den Teil des Buches, in dem vom Kommen des Messias die Rede ist. Jesajas Prophezeiungen über den Messias sind seit Generationen die Hoffnung unseres Volkes.“

Lydia lachte ein wenig. „Ich versuche gerade, über eine Sache Klarheit zu gewinnen, und du bringst nur noch mehr Probleme dazu. Wer oder was ist nun der Messias, und was hat Er mit eurem Jesaja zu tun?“

Ruben schüttelte den Kopf. „Ich bin ein törichter alter Mann“, gab er zu. „Ich versuche, dir alles zu schnell klarzumachen. Nimm doch einfach die Rollen mit nach Hause und lies sie sorgfältig durch, wenn du Zeit hast. Du wirst dann selbst staunen über die großartige Sprache, die dort verwendet wird, wirst ein wenig vertrauter mit der Geschichte des jüdischen Volkes und den Prophezeiungen und wirst vielleicht auch einige Zusammenhänge erkennen. Wenn dann Fragen auftauchen, und das wird sicher geschehen, kannst du jedesmal damit zu mir kommen, und ich werde sie beantworten so gut ich kann."

„Aber ich kann nur Griechisch und Lateinisch lesen", wandte sie ein. „Wenn diese Rollen in deiner Muttersprache geschrieben sind..."

„Sie sind in Griechisch geschrieben", antwortete Ruben. „Es gibt sehr viele Juden, die in den vergangenen Jahrhunderten in den griechischen Sprachraum ausgewandert sind, so daß ihre Nachkommen heute oft besser diese Sprache beherrschen als unser Hebräisch. Außerdem hat Alexander der Große dafür gesorgt, daß unsere heiligen Bücher in die griechische Sprache übersetzt wurden."

Sie schaute zu, wie er die Rollen sorgfältig wieder zusammenpackte. „Gut", nickte sie, „ich habe schon immer eine Vorliebe für Geschichte und für die poetische Kunst gehabt; und wenn die Prophezeiungen in deinen Büchern nicht so furchterregend sind wie die Erosas, dann kann ich mich, glaube ich, auch daran erfreuen."

„Dieses kleine Sklavenmädchen beunruhigt dich immer noch, wie? Mir gefällt das gar nicht. Kannst du sie nicht einfach aus deinen Gedanken verbannen?" fragte er.

„Das ist nicht so einfach wie du denkst", erwiderte Lydia bedrückt. „Valleius möchte, daß ich sie wiedersehe."

Ruben runzelte die Stirn. „Warum sagst du ihm

nicht, daß du dich unter allen Umständen weigern wirst, weil du dadurch nur beunruhigt wirst und sie dich ängstigt?"

„Valleius Tatinius ist ein mächtiger Mann", sagte sie nüchtern. „Du weißt ebensogut wie ich, wieviel Einfluß er in der Garnison und in der Stadt hat. Wie würde es wohl unserem Geschäft ergehen, wenn er überall erzählt, die Purpurhändlerin Lydia sei eine törichte und betrügerische Frau und es lohne sich nicht mehr, bei ihr Stoff zu kaufen? Wir wären am Ende, mein Freund."

Ruben strich sich nachdenklich über die Nase. „Ich glaube, damit hast du nur allzu recht", gab er zu. „Das bringt dich allerdings in eine sehr delikate Lage."

„Nur zu sehr", nickte sie und blickte dabei über die Schulter. „Doch komm, wir haben schon zu lange miteinander geschwatzt. Ditus blickt von der Ecke her schon ganz ärgerlich auf uns; und ich glaube, in der Stoa ist soeben ein Kunde erschienen. Wir wollen uns an die Arbeit machen."

„Aber bitte, gehe sehr vorsichtig mit den Rollen um, ja?" bat Ruben noch schnell.

„Ich werde sie hüten wie mein eigenes Leben", versprach sie. Eine plötzliche Vorahnung, von welch großem Einfluß diese Rollen auf ihr Leben sein könnten, durchzog ihre Seele so sanft und erfrischend wie ein leichter Abendwind. Sie fühlte, wie ihre alte Sicherheit innerlich wiederkehren wollte. Deshalb war, als sie sich jetzt der Stoa zuwandte, der Anblick von Valleius, der in dem offenen Bogen zur Straße hin stand, ein doppelt großer Schlag für sie. „Mein Herr?" fragte sie, zu überrascht, um zunächst noch weitere Worte zu finden.

„Ich komme nur, um eine Botschaft zu überbringen", sagte er.

„Du brauchst mich nicht so verwirrt anzublicken. Es ist

nur eine einfache Nachricht. Oder", lachte er leise, „vielleicht doch nicht ganz so einfach, denn sie besteht aus drei Teilen."

„Drei?"

„Ja. Fulvia bat mich, dir auszurichten, daß sie im Laufe dieses Tages hier im Geschäft vorbeischauen würde. Sie möchte gern einen neuen Besuch mit dir besprechen, sagte sie. Außerdem wird Erosa um die Mittagszeit hierher kommen, wenn du es gestattest. Du wirst dich in deiner eigenen Umgebung freier und entspannter fühlen, denke ich; und es werden um diese Zeit sicherlich auch keine Kunden zu erwarten sein."

„Ich glaube, es wird mir möglich sein, Erosa heute mittag hier zu empfangen", antwortete Lydia zurückhaltend.

„Weiterhin ist zu berichten, daß auch ich meinen Teil unseres Abkommens gehalten habe", fuhr er in vertraulichem Ton fort. „Wenn du heute nachmittag gleich vom Geschäft weg in mein Haus kommst, sind die meisten Mitbewohner, einschließlich Fulvia, im Bad. Du kannst dann dort den Freund treffen, mit dem du sprechen wolltest."

„Bist du sicher, daß er dort sein wird?" forschte Lydia und studierte dabei aufmerksam Valleius' Gesicht, um zu erkennen, ob er es aufrichtig meinte.

„Glaubst du, ich mache dir nur etwas vor? Nein, meine Liebe, das ist nicht meine Art. Ich bin ein geduldiger Mann und ein Mann von Ehre. Wenn ich sage, daß ich meinen Teil unseres Abkommens halte, dann tue ich das auch."

„Vielen Dank, ich werde vorbeikommen. Und richte Fulvia bitte aus, daß ich mich auf ihren Besuch hier im Geschäft freue."

Valleius nickte zustimmend und wandte sich zum Gehen. Dabei erblickte er Ditus in der Tür zum

Geschäftsraum. „Ah, Ditus", rief er, „sei gegrüßt an diesem schönen Tag".

Ditus' Gesichtsausdruck war sehr düster. Doch er beantwortete Valleius' Gruß höflich, wenn auch kalt, ehe er wieder in den hinteren Raum zurückging.

„Gestern war er auch nicht freundlicher zu mir", bemerkte Valleius mit Augenzwinkern. „Glaubst du, daß er hinter meinen Besuchen irgend welche versteckten Absichten vermutet?"

Lydia überhörte die Frage. „Also dann, auf Wiedersehen, mein Herr", sagte sie zu ihm und wandte sich einem Kunden zu, der soeben die Stoa betrat. Valleius machte noch eine kurze grüßende Handbewegung und ging. Lydia begann ihre Tagesarbeit. Bekümmert dachte sie daran, daß die Mittagszeit nur allzu schnell heranrücken würde.

Kapitel 9

Die letzten Kunden hatten die Stoa erst vor wenigen Minuten verlassen, als Lydia aufblickend Nuba und Erosa bemerkte, die zögernd draußen auf der Straße standen. Sie blickte sich nach allen Seiten um, konnte aber Valleius nirgends entdecken. Um so froher war sie, Fulvia zu sehen, die sich unter den Kolonnaden schnellen Schrittes ihrem Geschäft näherte.

„Mein Herr schickt uns, Frau Lydia", begann Nuba. Doch da war Fulvia auch schon neben ihm und legte ihm mit einer befehlenden Geste die Hand auf den Arm.

„Ich bin gekommen, Nuba", sagte sie. „Lydia, sei gegrüßt."

Lydias Erleichterung, Fulvia statt Valleius zu erblicken, mußte ihrem Gesicht anzusehen sein. Doch sie konnte die Freude nicht unterdrücken, die sich dieserhalb in ihr ausbreitete. „Sei auch du gegrüßt, Fulvia!" rief sie. „Nun bleib nicht in der Sonne stehen, sondern komme herein. Du ebenfalls, Nuba. Und bringe Erosa mit in den Schatten. Hier ist es doch etwas kühler."

Einige Augenblicke herrschte Unruhe, bis jeder einen Sitzplatz gefunden hatte. „Mein Herr schickt uns“, begann Nuba nochmals. „Er sagte, er würde uns hier treffen. Doch Erosa bat mich, früher zu kommen.“

Lydia schaute den schwarzen Sklaven lächelnd an. „Ich bin überrascht, daß dein Herr dich allein mit Erosa ausgehen läßt. Macht er sich keine Sorgen?“

Nuba hob seinen Kopf stolz ein wenig höher. „Mein Herr vertraut mir völlig“, antwortete er. Zu dem Mädchen gewandt, die schweigend neben ihm saß, forderte er sie auf: „Nun bist du hier. Wenn du der Herrin Lydia etwas zu sagen hast, ehe unser Herr kommt, solltest du dich besser beeilen.“

Erosa erhob sich und trat zu Lydia, die auf einem Stuhl saß. Schweigend kniete sie neben ihr nieder, nahm eine von Lydias Händen in die eigenen und fragte: „Darf ich, Herrin? Oder muß ich warten, bis mein Herr kommt?“

Lydia blickte in die großen dunklen Augen, die so nahe vor ihr waren. Heute war weder das Glitzern des Irrsinns noch die Schläfrigkeit des Trancezustands darin zu erkennen. Wenn überhaupt etwas darin zu sehen war, dann ein Schimmer von Bosheit, den Lydia gut genug auch von ihren eigenen Sklaven kannte.

„Fange nur an“, nickte sie zustimmend. „Um ehrlich zu sein – ich ziehe es vor, daß kein Mann in der Nähe ist, wenn du mir mein Schicksal voraussagst.“

„Nicht dein Schicksal, Herrin Lydia.“ Erosa sagte es mit so ruhiger und nüchterner Stimme, daß Lydia ein wenig verwirrt wurde. Es kam ihr fast so vor, als wäre dies nicht das selbe Mädchen wie jenes, das damals in Valleius’ Haus geschrien und sich wie wild gebärdet hatte. „Nicht dein Schicksal“, wiederholte Erosa nochmals, „sondern deine Zukunft. Dies ist nicht dasselbe.“

Lydia nickte nur, um das Mädchen zu bewegen, endlich mit dem zu beginnen, was sie zu sagen hatte.

Sie wollte es so schnell wie möglich hinter sich bringen.

Erosa nahm Lydias Hand. Obwohl sich die schmalen Finger der Sklavin kühl anfühlten, waren sie doch nicht so tödlich kalt wie das erste Mal. Welcher Dämon auch immer von diesem Mädchen Besitz ergriffen hatte, im Augenblick schien er sie ziemlich in einem relativen Frieden zu lassen.

„Deine Hand ist leer", begann Erosa. Der Blick, den sie dabei auf Lydia warf, war eher listig, als in die Tiefe gehend. „Es ist dir für die Zukunft bestimmt, allein zu bleiben. Ich will sagen, es wäre falsch für dich, wenn du ein Verhältnis mit einem Mann eingehen würdest. Ich sehe, wie du allein alt wirst. Sehr würdig und sehr erfolgreich – aber allein."

In Erosas Stimme war eine nachdrückliche Warnung zu hören. Doch Lydia fühlte, wie sie sich entspannte. Vor einer eifersüchtigen Sklavin brauchte sie sich nicht zu fürchten. Erosas Eifersucht war etwas, das sie sogar als Waffe benutzen konnte, dachte Lydia. Wie leicht würde es sein, zu Valleius zu sagen: „Was ist, wenn Erosa sieht, wie du in mein Geschäft kommst? Vielleicht solltest du es nicht wagen, sie oder den Dämon, der in ihr ist, zu verärgern."

Es fiel Lydia deshalb leicht, die kleine Sklavin freundlich anzulächeln, als sie sagte: „Wenn du für meine Zukunft viel Ehre und Würde voraussiehst, werde ich vielleicht doch nicht so allein sein. Es wird mir dann sicher leichter werden, das einsame Leben zu ertragen, das du mir voraussagst."

Die Augen des Mädchens nahmen bei Lydias entgegenkommenden Worten einen argwöhnischen Ausdruck an. „Ich bin noch nicht fertig, Herrin", mahnte sie. „Entschuldige", sagte Lydia höflich.

Fulvia hatte sich bisher schweigend verhalten. Doch mit listigen Blicken beobachtete sie aufmerksam

Erosa, und um ihre Mundwinkel lag ein kleines grimmiges Lächeln.

Erosas Stimme wurde nun noch kräftiger und nachdrücklicher. „Ich sehe tatsächlich eine große Tragödie für dich voraus, solltest du ein Verhältnis mit einem Mann suchen oder auch nur eine Freundschaft. Das heißt, es wird dir nichts schaden, meine ich, wenn du Freundschaft mit den Männern hältst, mit denen du in deinem Geschäft zusammenarbeitest. Aber hüte dich vor anderen, sonst riskierst du eine große Tragödie und größere Schwierigkeiten als du je gekannt hast. Hast du mich klar verstanden?"

Sie blickte Lydia scharf an. Doch diese wußte, daß alles, was Erosa jetzt gesagt hatte, nur aus ihrem eifersüchtigen Verlangen kam, Valleius' Zuneigung und Aufmerksamkeit ausschließlich für sich zu beanspruchen. Es war keinesfalls die Wahrsagergabe gewesen, durch die das Mädchen zu ihr gesprochen hatte.

Lydia nickte. „Ich habe dich verstanden", sagte sie freundlich. „War das alles, was du mir zu sagen hast?"

Erosa blieb neben ihr knien und starrte Lydia an. Sie schien den Wunsch zu haben, wegzublicken, konnte es aber nicht. Sie machte sogar den schwachen Versuch, sich zu erheben, doch es war, als würde sie wieder heruntergerissen. Und plötzlich nahmen ihre Augen auch wieder dieses irre Glitzern an. Lydia fühlte, wie die schmalen Finger, die sie festhielten, wieder eiskalt und feucht wurden.

„Du suchst nach einem festen Glauben, nicht wahr?" Erosas Stimme hatte einen völlig anderen Klang als eben noch. Man hätte meinen können, es sei ein anderes Mädchen, das jetzt zu ihr sprach. „Nun, du wirst diesen Glauben finden, und zwar bald. Doch er wird dir Kummer und Schwierigkeiten bringen, obwohl du doch eigentlich nach Trost suchst."

Erosas plötzliche Veränderung hatte alle in ihren

Bann gezogen. Ihre Aufmerksamkeit war so auf das Mädchen konzentriert, daß niemand bemerkte, wie Valleius die Stoa betrat. Fast im gleichen Augenblick kam auch Ruben vom Geschäftsraum aus in den offenen Vorbau. Die beiden Männer standen einige Augenblicke still und betrachteten die Szene vor ihnen.

„Warum hast du sie so früh hierher gebracht?" fauchte Valleius Nuba an.

Der schwarze Sklave zuckte zusammen und riß seinen Blick von Erosa los. „Sie bestand darauf, Herr", antwortete er furchtsam. „Hätte ich warten sollen, bis sie wieder hysterisch wurde und der ganze Besuch bei Frau Lydia dadurch gefährdet gewesen wäre? Es ist alles in Ordnung, weil bisher alles gut verlaufen ist."

„Lydia", mischte sich jetzt Ruben ein und übersah Valleius' ärgerliche Handbewegung, mit der er Ruhe forderte. „Lydia, darf ich dir etwas sagen?"

Lydia, deren Blick von den irren Augen Erosas festgehalten wurde, schien nicht in der Lage zu sein, ihren Kopf dem alten Mann zuzuwenden. „Lydia", sagte Ruben jetzt mit lauter Stimme und fast im Befehlston, „schau mich an!"

Doch es war nicht Lydia, sondern Erosa, die ihn anblickte. Dabei breitete sich ein Ausdruck höchsten Schreckens auf ihrem Gesicht aus. „Wenn du auf ihn hörst", schrie sie Lydia an, „wird er dir von dem allerhöchsten Gott erzählen, dem einen wahren Gott. Doch ich rate dir, höre nicht auf ihn!"

„Sei still!" donnerte Ruben. „Lästere nicht den Namen meines Gottes mit deinem Geschwätz!"

Erosa fuhr entsetzt zurück. Sie wurde ganz blaß im Gesicht. Die Anzeichen des Irrsinns waren verschwunden, aber ebenso die vorherige listige Schläue, die ja der eigentliche Zweck gewesen war, der sie in Lydias Geschäft getrieben hatte. Sie blickte sich in einer Weise um, als sei sie gerade aus einem schlimmen Traum erwacht. „Ich möchte nach Hause“, wimmerte sie. „Nuba, bring mich heim.“

„Du bist es doch selbst gewesen, die absolut darauf bestanden hat, hierher zu kommen“, hielt ihr der sichtlich verwirrte Valleius vor.

Lydia mußte ihre trocken gewordenen Lippen anfeuchten, ehe sie sprechen konnte. „Ich denke, sie hat mir gesagt, was sie sagen wollte. Sie hat mir schon eine ganze Zeitlang wahrgesagt, ehe du kamst. Und zwar hat sie das mit großem Geschick getan, würde ich meinen.“

Zweifelnd blickte Valleius sie an. „Und sie hat dich wirklich nicht verärgert mit dem, was sie sagte?“ wollte er wissen.

„Durchaus nicht. Zwar waren ihre Worte auch nicht gerade tröstend; sie enthielten vielmehr eine Warnung für mich. Ich denke, ich werde mich an diese Warnung halten. Es hat keinen Zweck, irgend etwas zu riskieren.“

Beiden Männern, Ruben und Valleius, sah man an, daß sie nicht verstanden, wovon Lydia redete. „Ich spreche jetzt nicht von den letzten Sätzen, die ihr auch mitgehört habt“, erklärte Lydia. „Erosa hat vorher schon viel mehr gesagt.“

„Mehr?“ forschte Valleius.

„Ja, aber das war doch eher für mich persönlich, wenn du nichts dagegen hast.“

„Ich möchte nach Hause“, wimmerte Erosa wieder. Sie schien vor Ruben große Angst zu haben, das konnte man ihr ansehen.

„Kann ich mit ihr gehen, Herr?“ fragte Nuba.

Valleius zögerte. Er blickte nachdenklich auf Lydia und zuckte dann mit den Achseln. „Also gut, bring sie nach Hause. Ich werde mit euch kommen“, stimmte er zu. Zu Fulvia gewandt, fragte er: „Kommst du mit uns, meine Liebe?“

„Nein, vielen Dank. Ich werde noch einige Minuten hierbleiben. Denn ich möchte mich noch mit Lydia unterhalten. Ich habe einen Sklaven mitgebracht, der mich heimbegleiten kann."

Valleius verbeugte sich höflich vor den beiden Frauen, übersah Ruben aber völlig. Dann verließ er die Stoa und folgte Erosa und Nuba.

Für eine Zeit herrschte Schweigen unter den Zurückgebliebenen. Lydia meinte, Fulvia würde einige Bemerkungen zu Erosas angeblichen Wahrsagereien über Männerbekanntschaften machen, die ein so offensichtlicher Versuch gewesen waren, Lydia von Valleius abzuschrecken. Doch als Fulvia zu sprechen begann, richtete sie ihre Worte nicht an Lydia, sondern an Ruben. „Sie hat die Wahrheit gesagt, nicht wahr?" fragte sie mit ruhiger Überzeugung. „Dein Gott ist der allerhöchste Gott. Der einzig wahre Gott."

„So ist es", antwortete Ruben zurückhaltend. „Aber es hat mich empört, daß eine verrückte heidnische Wahrsagerin seinen Namen in den Mund nimmt. Das ist Gotteslästerung."

„Würdest du mir mehr von Ihm erzählen?" fragte Fulvia bescheiden. „Ich würde Ihn gern besser kennenlernen. Willst du mich belehren?"

Ruben blickte zuerst sie an, und dann Lydia. Wieder herrschte Schweigen. Es war, als ob alle Anwesenden Zeit benötigten, um sich erst auf die plötzliche Wendung des Gesprächs einstellen zu können. Dann lächelte Lydia den alten Mann an. „Weißt du was, Ruben, wir werden von jetzt an zur Mittagszeit immer hier essen, wie wir es gestern getan haben. Fulvia, du bist dazu jederzeit eingeladen und willkommen. Und dann, mein alter Freund, wirst du zwei Frauen Unterricht geben. Wir werden die Rollen deiner heiligen Bücher zusammen studieren. Würde dir das gefallen?"

„Der Herr sei gepriesen!" rief Ruben voller Freude. „Der Herr sei gepriesen für immer und ewig!"

*

Als sie am Nachmittag das Geschäft verließ, machte sich Lydia, wie sie es versprochen hatte, auf den Weg zum Haus von Valleius Tatinius. Zwar war sie müde und erschöpft, blickte aber erwartungsvoll auf die Begegnung mit dem älteren Freund ihres Sohnes. Sie wünschte sich jetzt, sie hätte die Zeit eingeplant, um vorher noch ins Bad zu gehen. Dann hätte sie sich sicherer gefühlt, wenn sie jetzt diesem Mann begegnen mußte.

Eine Reihe leuchtend roter Mohnblumen blühten am Rande der Straße. Lydia war, als würden sie zu ihr reden wollen, um sie daran zu erinnern, daß es nicht nur eine trübe, sondern auch eine freundliche Seite in ihrer Lage gab. Fulvia hatte ihr versprochen, nicht ins Bad zu gehen, sondern daheim zu bleiben, so daß sie, wenn Lydia eine bestimmte Zeit mit Clement gesprochen hatte, auf der Bildfläche erscheinen würde.

„Sollte es sich erweisen, daß dieser Clement ein ungebildeter Grobian ist, der sich dir gegenüber ungezogen benimmt, hast du dann eine gute Entschuldigung, durch mein Erscheinen das Gespräch abzubrechen", hatte Fulvia ihr vorgeschlagen. Und Lydia hatte dieses Angebot dankbar angenommen.

Es ist großartig, eine gute Freundin zu haben, von der man verstanden wird und auf die man sich in einer solchen Lage verlassen kann, dachte Lydia, während sie sich immer noch an den leuchtenden Mohnblumen freute.

Außerdem gab es noch einen anderen Grund, der Lydia in freudige Erwartungsstimmung versetzte: Am nächsten Tag war Rubens Sabbath. Er hatte versprochen, sie beide, Lydia und Fulvia, mit zu einem bestimmten Platz am Gangites-Fluß, außerhalb der Stadtmauern von Philippi, zu nehmen, wo die Juden

Philippis an jedem Sabbath zusammenkamen und ihren Gottesdienst feierten. Es gab in Philippi leider nicht genug jüdische Männer, um eine richtige Gemeinde zu bilden, hatte Ruben ihnen erklärt. Aber es kamen doch eine Anzahl Frauen und einige Männer zusammen. Lydia und Fulvia könnten sich still zu ihnen setzen und zuhören und lernen, hatte Ruben gemeint.

Gerade als sie in die Straße einbog, in der das Haus von Valleius Tatinius lag, kam Lydia ein anderer glücklicher Gedanke. Während sie sich mit diesem Clement unterhielt, würde sie den Sklaven Pyrus, der sie jetzt begleitete, nach Hause schicken, um Minta und Sidri zu holen. So konnten sie nach dem Gespräch mit Clement gemeinsam noch in das Bad gehen. Vielleicht würde auch Fulvia sie noch begleiten. So konnte sie die Müdigkeit und die Sorgen des Tages abwaschen. Minta würde sich darüber freuen, und sie selbst auch.

In viel froherer Stimmung als noch kurz vorher strebte sie nun dem Haus von Valleius zu. Sie wurde von ihm schon am Eingang begrüßt. Für einen Augenblick wollte die Angst wieder zurückkehren. Hatte er sie doch nur unter einem falschen Vorwand hierher gelockt? Doch Valleius sagte nur freundlich: „Ich freue mich, dich wiederzusehen." Dann führte er sie in einen großen, nach einer Seite offenen Wohnraum, in dem ein Mann wartete.

„Dies ist Frau Lydia, die Purpurhändlerin", stellte Valleius sie vor. „Lydia, das ist Clement, ein Soldat der römischen Garnison."

Clement trat näher. Er war nicht sehr groß; nur ein wenig größer als Lydia selbst, aber breit und kräftig gebaut. Beim Gehen hinkte er; doch sonst konnte man nicht erkennen, daß er körperbehindert war. Sein Gesicht war das eines Mannes, der gern und viel lachte. Und sein Mund schien allezeit bereit zu sein zu lächeln.

Er verbeugte sich und sagte: „Ich grüße dich, Frau Lydia. Es ist mir eine Ehre, dich kennenzulernen."

Sie fühlte sich plötzlich ein wenig ungemütlich und erkannte auch schnell, warum: Sie war hierher gekommen, um hinter ihres Sohnes Rücken etwas über seinen Umgang zu erfahren.

Doch Clement schien in dieser Unterhaltung nichts Falsches zu sehen. „Mein Vorgesetzter, Herr Tatinius, sagte mir, daß du dir deines Sohnes wegen Sorgen machst", begann er offen und freundlich.

Lydia schaute ein wenig hilflos auf Valleius. Daß Clement so offen und direkt auf das Thema eingehen würde, hatte sie nicht erwartet.

„Nehmt doch beide Platz", forderte Valleius sie auf. „Im Sitzen kann man sich viel freier unterhalten. Soll ich ein wenig Wein bringen lassen? Ich will es gern tun."

„Aber nur für Frau Lydia, wenn sie das wünscht", antwortete Clement. Lydia wunderte sich. Dieser Mann schien Herr der Situation zu sein, obwohl er keine vornehme oder hochstehende Persönlichkeit war. „Für mich bitte nicht", fuhr Clement fort, „ich werde daheim gebraucht und kann nur so lange bleiben, wie es notwendig ist, um Frau Lydia alles zu erzählen, was sie zu wissen wünscht."

„Wenn es so ist, will ich euch beiden nicht mit unnützen Höflichkeiten die Zeit stehlen. Ich lasse euch allein, so daß ihr euch unterhalten könnt. Wenn ihr etwas braucht, findet ihr mich im Atrium." Mit diesen Worten verließ Valleius den Raum.

Lydia und Clement saßen sich gegenüber und blickten sich an. „Ganz ohne Zweifel wirst du jetzt denken, ich sei eine sehr törichte Mutter", begann Lydia.

Clement lächelte fein. „Ich glaube, alle Mütter sind ein wenig töricht", meinte er leichthin.

Sie blickte ihn aufmerksam an. „Hat Herr Tatinius dir bereits gesagt, weshalb ich dich zu sprechen wünschte?" fragte sie.

Gutmütig zuckte er mit den Schultern. „Eigentlich nur, daß du gern wissen würdest, was dein Sohn so treibt, wenn er abends aus dem Hause geht."

„Und was treibt er?" forschte sie ohne Umschweife.

Sie hatte gar nicht beabsichtigt, so direkt zu sein, sondern sich vorher viele Gedanken gemacht, wie sie die Unterhaltung beginnen solle. Doch die liebenswürdige Art des Mannes machte es ihr möglich, ganz offen und entspannt mit ihm über das Problem zu sprechen, das sie bedrückte.

Clement lachte. „Ganz sicher nichts, an dem du dich beteiligen möchtest, Frau Lydia. Er wird nach und nach ein erstaunlich guter Spieler. Doch spielt er nie um mehr, als um wenige Sesterzen. Niemand von uns kann sich größere Beträge leisten. Er hat es auch gelernt, groben und manchmal auch ein wenig... hm, nun ja... unanständigen Geschichten zuzuhören, ohne gleich rot zu werden wie ein Mädchen. Er lernt, daß die Dinge des Lebens nicht so weh tun, wenn man lachen kann."

Seine ersten Worte hatten Entrüstung in ihr geweckt, so daß sie sich steif auf der Couch aufgesetzt hatte. Doch die weitere Erklärung hatte sie veranlaßt, die heißen schnellen Worte, die sie auf der Zunge hatte, wieder hinunterzuschlucken. „Ich bin nicht sicher, daß Lachen immer die richtige Antwort auf alle Probleme ist", erwiderte sie nachdenklich.

Wieder zuckte er mit den Achseln. „Na ja", sagte er gemütlich, „aber es macht die Dinge leichter."

Interessiert blickte sie ihn an. „Deine Frau ist

krank“, sagte sie mutig. „Valleius Tatinius meinte, die Krankheit deiner Frau zwinge dich dazu, nachts zu arbeiten?“

Er schien bei dieser Frage ein wenig verlegen zu werden. „Du mußt nun nicht denken, ich sei ein eifriger und treuer Krankenpfleger“, antwortete er etwas mürrisch. „Das bin ich sicher nicht. Unsere verheiratete Tochter wohnt bei uns. Ihr Mann ist ebenfalls Soldat hier in der Garnison, und er ist bereit, auch mit in der Familie seiner Frau zu leben. Dadurch ist meine Tochter in der Lage, sich um meine Frau zu kümmern. Doch wenn ich tagsüber daheim sein kann, wird es für das Mädchen ein wenig leichter. Manchmal ist es nicht einfach, mit meiner Frau umzugehen und auszukommen. Die Schmerzen machen sie manchmal etwas unleidlich, wenn du verstehst, was ich sagen will.“

Lydia nickte langsam und blickte ihm offen in die Augen. „Und in dieser Lage findest du immer noch, daß man im Leben viel Grund hat zu lachen?“

„Könnte es etwa etwas helfen, würde ich darüber weinen?“ fragte er.

Lydia dachte über die Frage nach. Endlich meinte sie: „Vielleicht ist das der Grund, weshalb Ditus gerade so gern zu dir geht. Es kann sein, daß er schon mehr Weinen miterleben mußte, als er ertragen kann.“

„Vielleicht“, stimmte Clement zu. „Ich habe ihn nie danach gefragt.“

„Aber er spielt, sagst du?“ forschte Lydia weiter.

„Ja, und er wird darin immer besser“, erwiderte Clement mit Stolz in der Stimme. „Er ist kein Junge, der mit seinen sportlichen Fähigkeiten viel Aufmerksamkeit erregen könnte. Weder ist er ein guter Läufer, noch ein guter Ringer. Doch er hat einen ausgezeichneten und scharfen Verstand. Und außerdem beherrscht er das Würfelspiel und kann fluchen wie jeder Mann."

„Na", protestierte Lydia, „das sind aber nicht gerade Dinge, auf die man stolz sein könnte."

„Das hängt natürlich sehr davon ab, in welcher Gesellschaft er sich befindet", sagte Clement. „Ich zum Beispiel glaube, er ist ein feiner Junge und wird einmal ein tüchtiger Mann werden."

„Na ja", meinte Lydia nachdenklich. „Wenn es nichts Schlimmeres ist, als was du erzählst, dann werde ich wohl damit leben können, denke ich."

Clement saß gemütlich, aber doch respektvoll auf seiner Couch. Als er jetzt auf ihre Worte hin wieder mit den Achseln zuckte, tat er dies mit einem liebenswürdigen Lächeln. Alles an diesem Mann schien ganz natürlich und angenehm zu sein. Lydia wurde plötzlich klar, daß der Umgang mit diesem Mann für Ditus eine Art Entspannung bedeuten mußte. Er wurde von Clement, und wahrscheinlich auch von den anderen Männern, die er dort traf, auf gleicher Ebene akzeptiert und respektiert. Dies gab ihm wohl ein wenig von dem Selbstbewußtsein, das er als heranwachsender junger Mann dringend brauchte und das er daheim nicht fand, weil er dort von allen immer noch als Junge behandelt wurde.

„Ich nehme an, ich brauche mir nun also nicht mehr länger Sorgen über die Angelegenheit zu machen und brauche auch nicht mehr zu verlangen, daß er mir stets sagt, wohin er geht", erklärte Lydia.

Clements' Lächeln wurde jetzt breit. „Wenn du es nicht mehr tust, würdest du ihm den ganzen Spaß verderben."

„Bitte, was hast du eben sagen wollen?"

„Schau, auf der einen Seite ist er doch noch ein Junge", versuchte Clement ihr Verständnis zu wecken, „und deshalb macht es ihm auch ein wenig Freude, einmal gegen die üblichen Gepflogenheiten verstoßen zu können. Und die Hälfte dieser Freude würdest du ihm zerstören."

Lydia war verblüfft. „Du glaubst... du meinst, ich soll weiterhin vorgeben, ich würde mir über sein abendliches Ausgehen Sorgen machen?"

„Na, das solltest du doch, oder etwa nicht?" antwortete Clement. „Mit einer Horde von groben Männern beim Würfelspiel zu sitzen ist doch nicht gerade die Art, wie ein vornehmer junger Herr seine Zeit verbringen sollte. Und wenn du hören würdest, welche Ausdrücke er dabei gebraucht, würdest du dir die Ohren zuhalten." Auch jetzt sprach er im leichten Plauderton, doch sie wußte, daß er sich nicht über sie lustig machen wollte.

„Ich verstehe dich wirklich nicht", sagte sie hilflos.

„Du kennst mich eben nicht." Diese einfachen Worte bewirkten, daß sie ihm in die Augen schaute. Für eine lange Minute blickten sie sich schweigend an. Lydia wurde sich bewußt, daß ihr Herz heftiger zu klopfen begann. Sie fühlte ein unerklärliches Verlangen, ihm zu widersprechen und sagen zu können, sie kenne ihn auf eine seltsame Weise doch.

„Du solltest dir weiter um ihn Sorgen machen und für ihn Regeln aufstellen", riet Clement. „Und ich werde fortfahren, ihn darin zu unterrichten, wie er beim Würfelspiel am besten gewinnen kann und wie er sich sein Lachen nicht verderben läßt. Dies mag so aussehen, als würden wir an entgegengesetzten Zielen arbeiten. Doch ich würde mich nicht wundern, wenn er dabei zu einem Mann heranwächst, auf den wir alle stolz sein können."

Er hatte seinen Rat in derselben ruhigen, freundlichen und zuversichtlichen Art gegeben, wie Lydia sie von Aurelius kannte. Sie fühlte, wie sich in ihr etwas entspannte, was seit Aurelius' Tod auf eine unerklärliche Weise verkrampft gewesen war.

„Ich danke dir", flüsterte sie.

„Ich muß dir danken", erwiderte er, „daß du mir so viel Ehre erwiesen hast und dir Zeit nahmst, auf meine Vorschläge zu hören."

In diesem Augenblick betrat Fulvia den Raum. Lydia stellte erstaunt fest, daß sie dies ein wenig bedauerte, weil dadurch das Gespräch mit Clement zu Ende ging. Dies erschien ihr seltsam, da sie selbst ja noch vorher Fulvias Erscheinen als eine gute Möglichkeit angesehen hatte, die Unterhaltung abzubrechen.

„Ich werde mich dann also verabschieden", erklärte Clement und erhob sich. Er verbeugte sich ein wenig linkisch vor den beiden Frauen und ging hinkend davon.

Lydia, die ihm nachblickte, tat es leid, daß er schon ging. „Ich glaube, für mich wird es auch Zeit zu gehen, denn ich will Minta hier treffen", sagte sie. „Wir wollen noch gemeinsam ins Bad gehen. Bestelle doch deinem Gatten, ich sei ihm dankbar für die Möglichkeit, mit Clement sprechen zu können."

„Bist du das wirklich?" forschte Fulvia besorgt. „Ist das Gespräch gut verlaufen, und hast du erfahren, was du wissen wolltest?"

„Ja, viel besser als ich dachte", antwortete Lydia, die gern fort sein wollte, ehe Valleius zurückkehrte. „Ich werde dir morgen mehr darüber erzählen. Für heute sage ich Lebewohl, liebe Freundin."

Fulvia nickte. „Lebewohl. Wir werden uns also morgen eine Stunde nach Sonnenaufgang an der Bibliothek treffen."

„So ist es. Bis morgen dann", rief Lydia noch über die Schulter zurück, während sie schon zur Tür ging. Als sie hinaustrat, sah sie Minta und Sidri die Straße herabkommen. Lydia war plötzlich sehr froh, ihre Tochter zu sehen. Ein Gefühl mütterlicher Wärme durchzog ihr Herz, das in letzter Zeit sehr selten geworden war. Ist dies das Ergebnis der Unterhaltung mit Clement? fragte sie sich erstaunt. Dieser Mann hat in seinem Wesen auf eine seltsame Weise viele Ähnlichkeiten mit Aurelius.

Kapitel 10

Etwa ein bis zwei Kilometer westlich von Philippi flossen die Wasser des Gangites durch ein baumbestandenes Tal. An dem grasbewachsenen schattigen Flußufer war es nach dem langen Fußweg über die staubige Ebene frisch und kühl. Lydia und Fulvia, die gemeinsam nach hier gekommen waren, hatten sich in die Nähe der dort versammelten kleinen Menschengruppe gesetzt und lauschten nun den Lobpreisungen und Gesängen der betenden Juden. Es waren nur vier Männer anwesend, die ein klein wenig getrennt von den Frauen saßen. Sie hatten ihre Gebets-Schals um die Köpfe geschlungen und ihre Augen geschlossen. Ihre Gesichter waren ruhig und ausgeglichen.

Mit primitiven Mitteln war der Versuch gemacht worden, diesem von Bäumen umgebenen Platz am Flußufer ein wenig den Anschein eines Tempels zu geben. Eine hölzerne Kiste mit einem Vorhang davor, der den Inhalt verdeckte, stand auf dem Gras. Daneben, auf einem oben abgeflachten Stein, war ein siebenarmiger Leuchter aufgestellt. Ein hinter dem Leuchter angebrachter Schirm schützte die Flammen vor dem leichten Windzug, der über das Wasser wehte. Es ist merkwürdig, dachte Lydia, wie diese wenigen Dinge doch eine Atmosphäre von Würde erzeugen können.

Ruben war der älteste unter den anwesenden Männern. Deshalb erwartete Lydia, er würde aus der Schriftrolle lesen, die jetzt sichtbar wurde, als der Vorhang vor der Kiste beiseite geschoben wurde. Doch es war ein Junge, der aufstand und las; ein Junge, der nicht älter war als Ditus. Er war recht schlank und einfach gekleidet, machte aber einen sehr ordentlichen Eindruck. Seine Stimme war manchmal laut und wurde dann wieder leiser. Es erweckte fast ein klein wenig den Eindruck, als würde er singen, als er die Worte aus der Rolle vorlas.

„Wer ist der Mann, der Gott fürchtet?" begann der Junge mit singender Stimme. „Ihm zeigt Er den Weg, den er wählen soll. Dann wird er wohnen im Glück. Seine Kinder werden das Land besitzen. Die Geheimnisse des Herrn sind für alle, die Ihn fürchten; Er weiht sie ein in Seinen Bund."

Die Worte schienen ihr so tröstend, so voller Versprechungen und Hoffnungen zu sein, daß Lydia sich angespannt nach vorn lehnte, damit ihr auch nicht eines entging. Fulvia, neben ihr, schien es genauso zu gehen, denn sie hatte den Kopf ein wenig seitwärts gebeugt und lauschte voller Konzentration.

„Meine Augen schauen stets auf den Herrn", fuhr der Junge fort, „denn Er befreit meine Füße aus dem Netz. Wende Dich zu mir und sei mir gnädig; denn ich bin einsam und gebeugt. Befreie mein Herz von der Angst, führe mich heraus aus der Bedrängnis."

O ja, dachte Lydia, ich bin einsam und gebeugt. Darf ich es denn wagen, diesen Herrn zu fragen, ob Er auch mich erhört?

Sie hatte sich so mit diesem Gedanken beschäftigt,

daß sie das nächste Stück nicht mitbekam. Doch dann lauschte sie wieder und nahm die Schlußworte auf: „Erhalte mein Leben und errette mich, laß mich nicht scheitern. Denn ich nehme zu Dir meine Zuflucht. Unschuld und Redlichkeit mögen mich schützen, denn ich hoffe auf Dich, o Herr. O Gott, erlöse Israel aus all seinen Nöten."

Sorgfältig wickelte der Junge die Rolle ein und setzte sich wieder zu den anderen Männern. Einer von ihnen begann einen Lobgesang anzustimmen, und alle anderen, einschließlich der Frauen und Kinder, fielen mit ein.

Lydia und Fulvia blickten sich an. Fulvia flüsterte: „Hast du je zuvor etwas Ähnliches erlebt?"

Lydia schüttelte den Kopf. „Keine Opfer", flüsterte sie erstaunt zurück, „keine Götterbilder, keine Orgien; nur diese... ja was? Diese Worte aus den Rollen, die Gebete und diese Lobgesänge."

Eine der Frauen blickte zu ihnen herüber. Mit einem plötzlichen Schuldgefühl schwiegen sie.

Gerade als Lydia meinte, Ruben sei in diesem Gottesdienst wohl nur Zuhörer, begann er zu sprechen. Er erhob sich nicht, sondern blieb sitzen. Seine Hände lagen ruhig in seinem Schoß. Das Haupt war immer noch mit dem Schal bedeckt, der Schatten über sein Gesicht warf, so daß er Lydia fast wie ein Fremder vorkam.

„David hat uns einen Psalm unseres großen Königs David vorgelesen. In ihm ist von dem Bund die Rede, den Gott mit Seinem Volk geschlossen hat. Wir hörten auch davon, daß wir Vergebung bedürfen, und daß Gnade und Barmherzigkeit für all jene zu finden ist, die den Herrn fürchten."

Die kleine Gruppe war still. Alle blickten aufmerksam auf Ruben, der fortfuhr: „Ohne Mauern, die uns schützen, ohne einen Schrein, in dem die kostbaren

Rollen aufbewahrt werden könnten, ohne einen Priester, der uns dient, sind wir doch im Namen des Herrn der Heerscharen hier versammelt. Und ich, der Geringste aller Rabbiner, dessen Schar noch nicht einmal so groß ist, daß wir sie eine Synagoge nennen können, nehme an diesem Sabbath die Gelegenheit wahr, um euch von der Hoffnung und von der Gewißheit des Bundes zu erzählen, den Gott mit uns, Seinem auserwählten Volk, geschlossen hat."

Lydias Aufmerksamkeit konzentrierte sich jetzt voll auf Ruben. Für ungefähr eine Stunde lauschte sie dem, was er sagte. Mehr als einmal tauschten Fulvia und sie fragende Blicke aus. Doch da gab es auch Augenblicke, wo das Licht der Wahrheit mit unglaublicher Helligkeit aufleuchten wollte.

Was Lydia am meisten beeindruckte, war, daß sie hier nichts von all dem fand, was sie von anderen Religionen her kannte. Dieser Gottesdienst hatte keinerlei Ähnlichkeit mit denen für Jupiter, Dionysius oder Isis, nichts, was auch nur im Geringsten auf die übliche römische Versessenheit in die Astrologie hindeutete. Hier war nur dieser einzige und scheinbar ganz gewisse Gedanke, daß Gott existierte, daß Er die Welt beherrschte und daß Er barmherzig und gnädig war. Alle, die an Ihn glaubten, mußten nun ihrerseits gerecht, aufrichtig und freundlich sein. Sie wunderte sich über diese wenigen Menschen, die fern von ihrer Heimat, isoliert von ihren Tempeln und ihren Priestern, so fest und unerschütterlich an ihrem eigenen Glauben festhielten, daß all die anderen Religionen, von denen sie umgeben waren, nicht im geringsten darauf abgefärbt hatten.

Als Ruben seine Rede beendet hatte, wurde wieder gesungen. Dann erhoben sich alle. Auch Lydia und Fulvia standen auf und warteten ein wenig verlegen, weil sie nicht wußten, was sie nun tun sollten. Alle

Versammelten stellten sich nun so, daß ihre Gesichter nach Osten blickten. Einer der Männer, der bisher noch nichts gesagt hatte, begann mit lauter und überzeugender Stimme zu beten.

„Höre uns, o Herr, höre das Rufen Deiner Kinder“, sagte er. „Gewähre uns allezeit Deinen Schutz und gib uns Deinen Frieden. Segne uns und stärke uns und erhalte unsere Einigkeit. Denn Du allein, o Herr, bist mächtig und bist in der Lage, unseren Ausgang und unseren Eingang zu bewahren. Zu Dir kommen wir, o Herr, und zu Dir beten wir an diesem heiligen Tag.“

Für eine Minute herrschte Stille. Lydia war, als hätte das Gebet sie bis in den Kern ihrer Persönlichkeit hinein durchdrungen. O ja, Herr, dachte sie bekümmert, segne mich, halte mich und bewahre mich. Sie vergaß ganz ihren üblichen Nachsatz, „wenn es einen solchen Gott gibt“, an dieses Gebet zu hängen; so leicht und einfach tat sie ihren ersten Schritt hinein in den neuen Glauben.

Nun sprachen die Versammelten alle gemeinsam. Man merkte, daß sie die folgenden Worte kannten und liebten, denn sie kamen aus tiefstem Herzen: „Höre Israel, der Herr, unser Gott, ist der einzige Gott. Darum sollst du den Herrn, deinen Gott, lieben mit ganzem Herzen, mit ganzer Seele und mit ganzer Kraft.“

Der Junge, der aus den Rollen gelesen hatte, wiederholte nun die Worte, die Lydia schon von jenem Tag aus dem Geschäft her kannte, als Ruben sie zu ihr sagte: „Der Herr segne dich und behüte dich. Der Herr lasse Sein Angesicht über dir leuchten und sei dir gnädig. Der Herr wende Sein Angesicht dir zu und schenke dir Seinen Frieden. Amen.“

Lydia hatte keinesfalls die Absicht gehabt, sich ebenfalls laut zu äußern. Doch jetzt hörte sie sich laut

„amen“ sagen. Und auch Fulvia neben ihr hatte das Wort mit ausgesprochen. Ein wenig verlegen wischte sie sich die Tränen aus den Augen, die sich dort hineingedrängt hatten. Doch dann bemerkte sie, daß Fulvias Wangen ebenfalls naß waren. „Es ist richtig närrisch von mir, gleich zu weinen“, meinte sie.

„So töricht ist das gar nicht“, widersprach Fulvia. „Wir haben jetzt gerade gehört, wonach ich mein ganzes Leben gesucht habe.“

„Ich auch, wenn ich es mir richtig überlege“, stimmte Lydia zu. „Doch ich glaube, es war mir bis jetzt noch gar nicht richtig bewußt. Wenigstens nicht so klar wie dir.“

„Vielleicht bist du nur noch nicht so hungrig und suchend gewesen wie ich“, stellte Fulvia lächelnd fest. „Doch ich glaube, du hast die gleiche Empfindung wie ich, nämlich, daß die Seele voller Zuversicht und Frieden ist. Und das ist etwas, wofür wir dankbar sein sollten.“

Eine stämmige Frau kam auf sie zu. „Ich bin Miriam“, sagte sie, „die Tochter von Jona, die Witwe Jakobs und die Mutter von David. Ich heiße euch herzlich willkommen.“

Lydia lächelte und antwortete in der gleichen Weise. „Ich bin Lydia, die Witwe von Aurelius und die Mutter von Epaphroditus. Dies ist meine Freundin Fulvia, die Frau von Valleius Tatinius und Mutter von fünf oder sechs Söhnen.“

Miriams Lachen klang melodisch. „Ihr seid uns beide willkommen. Seid ihr nur hergekommen, um uns zu beobachten?“

„O nein“, erwiderte Lydia hastig. „Ruben hat uns eingeladen. Wir... ich komme immer mehr zu dem Glauben, daß euer Gott der einzig wahre Gott ist.“

„Er ist tatsächlich der einzige Gott“, stellte Miriam fest. „Das ist ein kleiner Unterschied.“

Fulvia nickte. „Wir sind dabei, das zu lernen. Es ist aber nicht einfach für uns, das so schnell zu begreifen, da wir immer geglaubt haben, es gäbe viele Götter."

„Und uns wiederum fällt es schwer, sich das vorstellen zu können", antwortete Miriam. „Jedes Kind in Israel lernt schon den Satz, den David vorhin im Gottesdienst zitiert hat. Es war eines der ersten Dinge, das ich David und seinen Schwestern lehrte."

„Welcher Satz ist gemeint?" forschte Lydia.

„Jener, den wir am Schluß nochmals alle gemeinsam sprachen: „'Höre Israel, der Herr, unser Gott, ist der einzige Gott. Darum sollst du den Herrn, deinen Gott, lieben mit ganzem Herzen, mit ganzer Seele und mit ganzer Kraft.'"

„Und ihr fangt schon an, eure Kinder in all diesen religiösen Dingen zu belehren, wenn sie noch ganz klein sind?" staunte Fulvia.

„Was denn sonst?" wunderte sich Miriam. „Sie sind doch Kinder des Bundes mit Gott."

Nachdem die Schriftrolle und der siebenarmige Leuchter in der Holzkiste verstaut waren, begannen die Menschen sich auf den Heimweg zu machen. Lydia schaute überrascht zu, wie der junge David diese Kiste in einer kleinen Höhle versteckte, die sich unter einem großen Baum befand, und sorgfältig mit Zweigen zudeckte.

„Warum nehmt ihr diese Dinge nicht einfach mit nach Hause?" fragte sie.

„Weil wir am Sabbath keine schweren Dinge tragen", antwortete Miriam. „David kommt nach Sonnenuntergang zurück und holt die Kiste." Sie lachte leise. „Du magst dabei sein, eine gottesfürchtige Frau zu werden, doch du wirst noch viel lernen müssen, um zu verstehen, was es bedeutet, ein Jude zu sein."

„Wir wissen noch nicht einmal sehr viel, um gottesfürchtige Menschen zu sein, wie du das nennst. Aber Ruben ist dabei, uns zu belehren."

„Und wenn ihr am nächsten Sabbath wiederkommen möchtet, so seid ihr uns allen herzlich willkommen", versicherte Miriam ihnen.

„Vielen Dank", antwortete Fulvia. „Wir werden ganz gewiß wiederkommen."

Lydia und Fulvia gingen langsam nach Philippi zurück. Sie unterhielten sich über das, was Ruben in seiner Rede gesagt hatte, über die Worte, die der junge David aus der Rolle vorgelesen hatte und über den Ernst der Gebete, die gesprochen worden waren. Und je länger sie sich unterhielten, um so wärmer wurden ihre Herzen davon.

„Ich glaube, das könnte wirklich der neue Inhalt meines Lebens werden", gestand Lydia, als sie das Stadttor passierten und in die Nähe der römischen Garnison kamen.

„Das kann ich gut verstehen", bestätigte Fulvia, „denn ich empfinde genauso. Welch ein Trost ist es doch, daß wir beide diesen Glauben, oder soll ich vielleicht besser sagen diese Überzeugung, gefunden haben. Ich würde mich doch recht einsam fühlen, wenn ich niemand hätte, mit dem ich mich darüber unterhalten kann."

Lydia lächelte nur. Sie hatten nun die Kaserne hinter sich gelassen und gingen durch die Straße, in der fast nur Soldaten wohnten. Fast automatisch waren die Sklaven, die ihre Herrinnen zum Fluß begleitet hatten, ein weniger näher zu ihnen aufgerückt, um sie schnell beschützen zu können, sollte es irgend welche Schwierigkeiten geben.

Ganz plötzlich waren schreckliche Schreie zu hören. Da Lydia dabei aber nicht das Klatschen einer Peitsche vernahm, konnte es sich also weder um einen Sklaven noch um einen Gefangenen handeln, der hier geschlagen wurde. Und es war auch nicht die Stimme eines Kindes. Sondern hier schrie offensichtlich eine Frau, obwohl die Schreie fast tierisch klangen.

„Vater!“ war jetzt die rufende Stimme einer jungen Frau klar und deutlich aus einem der Soldatenhäuser zu vernehmen. „Vater, komm schnell, ich kann sie nicht mehr festhalten!“

„Ich komme. Laß nicht los, Mädchen, laß nicht los! Ich komme ja schon!“

Lydia hatte nur einmal mit Clement gesprochen, doch der Klang seiner Stimme kam ihr überraschend bekannt vor. Lydia senkte ihren Kopf so tief wie möglich, um nicht erkannt zu werden. Sie ergriff Fulvias Arm und lief schneller. Sie konnte kaum atmen, so sehr hatte der Schreck sie gepackt.

Auch Fulvia schauderte. „Was meinst du, was das gewesen sein könnte?“

„Eine Frau in großen Schmerzen“, antwortete Lydia. „Es ist die Frau des Mannes Clement, den ich in eurem Haus getroffen habe. Sie soll eine schreckliche und sehr schmerzhafte Krankheit haben.“

„Bist du sicher?“

„Ich habe seine Stimme erkannt. Und außerdem weiß ich, daß er im Gefängnis Nachtdienst tut, damit er tagsüber bei seiner kranken Frau sein kann.“

„Wenn es so schlimm ist, wäre es wohl für die arme Frau und die ganze Familie gut, wenn sie sterben würde“, meinte Fulvia.

Doch Lydia brachte es nicht über sich, dieser Feststellung ihrer Freundin zuzustimmen. Sie wußte nur zu gut, wie bitter es war, allein zu sein, obwohl Clement sicher jetzt schon unter seiner eigenen Art der Einsamkeit und des Kummers litt.

Die Wochen vergingen. Minta begleitete schon seit einiger Zeit ihre Mutter regelmäßig am Sabbathmorgen zu den jüdischen Gottesdiensten draußen am Flußufer. Zu Lydias Erstaunen hatte sich Minta für alles, was sie ihr davon erzählte, sehr interessiert und war dann selbst mit ganzem Eifer darauf eingegangen.

Zuerst hatte Lydia geglaubt, es sei nur kindliche Verliebtheit in den jungen David, der jeden Sabbath aus den Schriftrollen las, doch mittlerweile wußte sie, es war ernste Überzeugung, aus der Minta innere Freudigkeit und Kraft zu schöpfen schien. Auch ihre Entwicklung vom Kind zu einer jungen Frau schien dadurch gefördert zu werden. Außerdem war es für Lydia selbst in den einsamen Stunden im Haus eine Kraftquelle und ein Trost, wenn sie sich mit Minta über die neuen Erfahrungen und Gedanken unterhalten konnte.

An jedem Abend berichtete Lydia von neuen Geschichten oder Geboten, die sie an diesem Tag von Ruben gelernt hatten. Minta schien es jeweils kaum erwarten zu können, diese neuen Dinge zu hören. So wurden die gemeinsamen Mahlzeiten stets zu den Gelegenheiten, bei denen Lydia das Neue erzählte und sie dann darüber ihre Gedanken austauschten.

Ditus schien dies allerdings sehr übel zu nehmen und fand immer neue Gründe, weshalb er an den gemeinsamen Mahlzeiten nicht teilnehmen könne. Lydia nahm sich vor, auch einmal über andere Themen zu reden, an denen Ditus ebenfalls interessiert war. Doch Mintas Eifer und Wißbegier lenkten die Unterhaltung immer wieder zurück zu den Dingen, die sie zur Mittagszeit von Ruben gehört hatte.

„Bei euch ist es ja noch viel schlimmer als in der Schule", sagte Ditus bei einer Abendmahlzeit in bitterem Ton.

„Aber ich habe immer gedacht, du seist es, der sich für Philosophie interessiert", argumentierte Minta.

„Für Philosophie schon", knurrte Ditus ärgerlich. „Aber das Zeug, über das ihr euch unterhaltet, ist doch keine Philosophie. Wahre Philosophie läßt immer die Möglichkeit für verschiedene Meinungen und Gesichtspunkte offen. Ihr beide seid aber fest davon überzeugt, daß es nur eine einzige Ansicht geben kann – die eure nämlich."

„Ich nehme an, genau hier liegt der Unterschied zwischen Mutmaßungen und Glaube", mischte sich Lydia ein in der Hoffnung, eine faire Diskussion zustande zu bringen. „Was mir zunächst nur als vage Möglichkeit erschien, ist nun zur festen Überzeugung geworden. Damit ist eigentlich alles erklärt."

„Aber mich langweilt es", sagte Ditus.

„Würdest du einmal aufmerksam zuhören", antwortete sie scharf, „könnte dir das, wovon wir reden, vielleicht auch zum Nutzen gereichen. Denn wenn ich mir das Leben betrachte, das du führst, glaube ich, du hättest auch eine etwas mehr moralische Einstellung nötig."

Der Junge starrte sie empört an und schwieg einige Augenblicke. Dann sagte er mürrisch: „Ich sage dir doch immer Bescheid, wenn ich ausgehe."

„Ja, du sagst, wann du gehst und wohin du gehst", bestätigte sie. „Aber glaubst du, daß du Grund hast darauf stolz zu sein?"

„Aber ich bringe doch keinerlei Schande über dieses Haus", argumentierte er.

„Andererseits aber auch nichts, worauf man stolz sein könnte", gab sie zurück. Sie hatte das letzte Wort kaum ausgesprochen, als sie das Gesagte auch schon bereute. „Es tut mir leid", rief sie. „Ich habe es so nicht gemeint, wie es mir herausgerutscht ist."

Ditus war ganz blaß geworden. „Sicher hast du es so gemeint, sonst würdest du es nicht gesagt haben", erwiderte er aufgebracht.

Lydia streckte die Hand nach ihrem Sohn aus. „Ich war verärgert und habe meinem Zorn Raum gelassen", versuchte sie zu erklären und sich zu entschuldigen. „Aber ich bin ganz gewiß stolz auf dich und das, was du im Geschäft schon alles tust. Ich bin auf meine beiden Kinder sehr stolz. Es ist nur..."

„Ach, es spielt doch sowieso keine Rolle", wurde sie von Ditus unterbrochen, der sich jetzt abrupt von der Couch erhob. „Würdest du mich jetzt bitte entschuldigen. Ich... ich gehe noch weg."

Er geht zu Clement, der ihn so akzeptiert wie er ist, damit er dort sein erschüttertes Selbstbewußtsein wieder aufrichten kann, dachte Lydia. Warum gelingt es mir nicht, meinen Sohn so zu akzeptieren wie er ist? Warum muß ich immer an ihm herumnörgeln und versuchen ihn anders zu machen? „Sei vorsichtig", sagte sie so ruhig, wie es ihr möglich war. „Es ist schon sehr dunkel in den Straßen."

„Mein Sklave nimmt eine Lampe mit", erklärte Ditus. Ohne sich nochmals umzudrehen, verließ der Junge den Raum. Der Klang seiner Schritte dröhnte Lydia wie Hammerschläge in den Ohren.

„Er glaubt, ich hätte ihn verlassen", meinte Minta leise und bedauernd. „Und er hat damit auch nicht Unrecht. Jedenfalls hat er kein Vertrauen mehr zu mir."

„Auch mir vertraut er schon lange nicht mehr", sagte Lydia bekümmert. „Und doch wage ich es nicht, ihm zu sagen, daß ich ihm trotzdem vertraue."

Fragend blickte Minta ihre Mutter an. „Ich verstehe nicht recht, was du meinst?" antwortete sie zögernd.

„Ich weiß mehr über das, was Ditus tut, wenn er aus dem Haus geht, als er ahnt", bekannte Lydia ihrer Tochter. „Aber ich glaube, er braucht meine Opposition, damit er mit ihr seinen Trotz gegen mich immer wieder nähren kann."

Minta legte ihre Hand auf die ihrer Mutter. „Arme Mutter", sagte sie, als sei Lydia ein Kind, das getröstet werden müßte. „Arme Mutter, du mußt so weise sein wie ein Vater und gleichzeitig soviel Liebe und Verständnis aufbringen wie eine Mutter. Und außerdem mußt du noch für unseren Unterhalt sorgen, indem du jeden Tag schwer arbeitest. Wie schaffst du das nur alles?“

Lydia lachte freudlos. „Ich weiß es nicht. Aber ich glaube nicht, daß ich bisher in all diesen Aufgaben sehr erfolgreich gewesen bin. Hätte ich Kora nicht, die genau weiß, wie unser Haushalt zu führen ist, ohne daß ich mich täglich darum kümmern muß, ich wüßte manchmal nicht, was ich tun sollte. Es gibt genug Leute, die glauben, ich sollte daheim bleiben und mich selbst um meinen Haushalt kümmern, statt in das Geschäft zu gehen. Nein, schüttle nicht mit dem Kopf. Du warst doch zu Anfang der gleichen Meinung. Und was Ditus angeht, da fehlt es mir wirklich an genügend Weisheit, mit ihm richtig umzugehen. Das wenige, das ich habe, erhielt ich von...“ Sie hielt plötzlich inne. Es würde nicht gut sein, Minta etwas über ihr Zusammentreffen mit Clement zu erzählen.

„Von Vater, ich weiß“, nickte Minta und streichelte sanft die Hand ihrer Mutter. „Doch Mutter, du weißt doch, daß wir nicht allein sind. Wir haben Gott, der uns führen und beschützen will.“

Lydia blickte dankbar auf das Mädchen neben ihr. „Ja, ich weiß es“, bestätigte sie. „Ich wünschte mir nur, ich müßte nicht so oft daran erinnert werden.“

Minta lächelte. Die Hände von Mutter und Tochter fanden sich zu einem warmen und festen Druck.

In diesem Augenblick betrat die Sklavin Kora den Raum und sagte ruhig: „Herrin, der Herr Valleius Tatinius wartet im Atrium. Er möchte gern mit dir sprechen.“

Lydia fühlte, wie Unruhe und Nervosität sie packten. Doch ehe sie antworten konnte, erhob sich Minta. „Ich werde schon hinaufgehen in mein Zimmer“, sagte das Mädchen. „Würdest du bitte Sidri ausrichten, sie soll ebenfalls kommen?“ fügte sie, zu Kora gewandt, hinzu. Sie gab ihrer Mutter noch einen Kuß auf die Wange und verließ dann den Raum.

Gern hätte Lydia sie zurückgerufen. Doch ihr fiel kein Vorwand ein, den sie dazu hätte benutzen können. Und außerdem waren ihre Befürchtungen vielleicht wieder einmal zu groß. Konnte es nicht sein, daß Valleius nur kam, um eine Botschaft von Fulvia zu bringen?

„Richte dem Herrn Tatinius aus, ich käme in einigen Augenblicken", sagte sie und stand ebenfalls auf, um kurz in dem Metallspiegel zu prüfen, ob sie so Valleius gegenübertreten konnte.

„Ja, Herrin", erwiderte Kora und blickte Lydia an. Es waren die Neugier und Unsicherheit in Koras dunklen Augen, die das Gefühl der Erwartung bei Lydia noch steigerten. Kora hatte geradezu eine Gabe, bei den meisten Besuchern zu erahnen, aus welchem Grunde sie kamen. Doch dieses Mal konnte sie sich offensichtlich nicht denken, warum Valleius noch so spät gekommen war, um ihre Herrin zu sprechen.

Kapitel 11

Valleius stand vor der Hochzeitscouch und fuhr mit den Fingern spielerisch über die gehäkelte Kante eines Kissens. Als er Lydias Schritte vernahm, trat er schnell ein wenig zurück.

Die Hochzeitscouch ist in jedem Haus ein Symbol, dachte Lydia ein wenig verstimmt, ein Symbol für die Liebe und Treue, die zu jeder wahren Ehe gehört. Valleius hatte kein Recht, mit dem Kissen zu spielen, auf das früher Aurelius und sie ihre Köpfe gelegt hatten, wenn sie auf der Couch nebeneinander saßen.

Sie bemühte sich, ihrer Stimme einen ruhigen und freundlichen Klang zu geben. „Valleius, was führt dich so spät noch in mein Haus? Ich hoffe doch, Fulvia geht es gut?“

Valleius’ Lächeln verwandelte sich in Stirnrunzeln. „Langsam komme ich zu der Überzeugung, ich hätte dich und Fulvia nie miteinander bekannt machen sollen. Wenn ihr euch fremd geblieben wäret, stünden meine Chancen besser.“

„Sage das nicht“, rief Lydia. „Ihre Freundschaft bedeutet mir sehr viel. Ich wüßte nicht, was ich in den vergangenen Monaten bei mancher Gelegenheit ohne sie getan hätte.“

„Vielleicht hätte ich dann eine Gelegenheit gehabt, einen Weg zu finden, um dich zu trösten“, meinte Valleius.

„Eine Frau braucht manchmal eine andere Frau, die ihr zuhört und sie berät“, entwortete Lydia. Sie wußte, daß ihre Stimme jetzt sehr spröde und brüchig klang, obwohl sie das gar nicht wollte. Sie hätte sich Valleius gegenüber lieber kühl, überlegen und sehr weise gegeben.

„Aber noch mehr, meine Liebe, braucht eine Frau einen Mann“, bemerkte Valleius lächelnd. „Ich denke, du weißt das ebenfalls.“ Während der letzten Worte war er nahe an sie herangetreten und streichelte nun zögernd ihre Wange.

Sie war selbst überrascht darüber, in welcher Weise ihr Herz bei dieser Berührung zu klopfen begann. Hatte sie etwa schon vergessen, welch seltsame Beziehung zwischen einer Frau und einem Mann bestanden? Hatte ihr Verlangen nach Aurelius sie zu der Überzeugung gebracht, daß kein anderer Mann jemals irgendwelche Gefühle in ihr wecken könnte? Jetzt, nachdem Valleius sie berührt hatte, erinnerte sie sich daran, wie sie als Mädchen empfand, wenn ein Junge ihre Hand hielt oder ihr tief in die Augen blickte. Damals war sie unerfahren und dumm; und das war wohl der Grund gewesen, weshalb ihr Herz bei solchen Gelegenheiten so geklopft hatte. Aber was war die Ursache dafür, daß sie jetzt so verwundbar war? Es mußte wohl ihre Einsamkeit sein, überlegte sie, und die Tatsache, daß sie sich immer geweigert hatte anzuerkennen, daß Valleius ein tatkräftiger und attraktiver Mann war.

Sie zog ihren Kopf von seiner Hand zurück. Tat es aber sanft, um ihn nicht zu verärgern. „Nicht jede Frau, mein Freund“, beantwortete sie seine Feststellung.

Valleius lachte jetzt laut. Sie bemerkte, wie seine Augen dabei im Licht der Lampen glitzerten. Im Inneren dankte sie Kora, daß diese jede Lampe, die es im Atrium gab, angezündet hatte. Trotzdem gab es immer noch dunkle Ecken und Schatten, die sich im Lampenlicht bewegten.

„Ach, nun komm schon", Valleius ergriff fest ihre Hand und zog sie zu einer Bank, die der Hochzeitscouch gerade gegenüber stand.

„Du solltest nicht mit mir spielen, Lydia. Ich bin bis jetzt sehr geduldig gewesen, das weißt du. Doch Aurelius ist nun schon eine recht lange Zeit tot, und du mußt dich sehr einsam fühlen. Willst du mir nicht die Gelegenheit geben, diese Einsamkeit zu vertreiben?"

Er war ihr jetzt sehr nahe. Ihr war, als könnten seine glitzernden Augen sie fast hypnotisieren.

„Süße Lydia", flüsterte er; und plötzlich fühlte sie seine Lippen auf ihrem Mund.

Der Schock seines Kusses lief wie Feuer durch ihren Körper. Sie wunderte sich, wieviel Willenskraft es bedurfte, ihre Lippen davon abzuhalten, den Kuß zu erwidern. Es wäre doch so leicht, dachte sie, und erschrak selbst darüber, sich einfach an die breite Brust dieses Mannes zu schmiegen. Es könnte ihr doch Genugtuung bereiten, den eigenen Hunger mit der offensichtlichen Bewunderung dieses Mannes zu stillen. Doch irgend etwas drängte sie dazu, ihre Lippen fest zusammengepreßt zu halten.

„So kühl?" murmelte Valleius. „Du bist sicher keine kalte Frau, Lydia, davon bin ich überzeugt. Findest du mich denn so verachtenswert?"

„Welche Frau könnte den römischen Stadtkommandanten, der noch dazu so hübsch und stattlich ist, verachtenswert finden?", sagte Lydia in leichtem Ton. Doch sie merkte, wie ihre Stimme dabei zitterte.

„Offensichtlich kannst du es", erwiderte Valleius seufzend. Sie war sicher, daß ihm ihr Erbeben nicht unbemerkt geblieben war.

„Nicht verachtenswert, mein Freund. Aber — deine Frau ist meine beste Freundin. Welch eine Art von Mensch wäre ich, wenn ich... wenn ich..."

„Wenn du ihren Mann als Geliebten hättest", stellte Valleius abrupt fest. „Nun, warum nicht?"

„Valleius, darf ich offen sprechen?" fragte Lydia, während sie nach den rechten Worten suchte.

„Gewiß, ich bitte sogar darum", erklärte er, während sich seine Augen förmlich in die ihren hineinbrannten.

„Meine Mutter war eine sehr tugendsame Frau", begann Lydia. „Du weißt, daß ich im Osten geboren und aufgewachsen bin. Dort werden die Mädchen strenger erzogen als bei euch in Rom. Meine Mutter hat mich gelehrt, daß sich eine Frau dem Mann nur in der Ehe ganz hingibt."

Valleius lachte wieder. „Liebes prüdes Mädchen", spottete er. „Als du so ungefähr sechzehn Jahre alt warst, war dies natürlich sehr wichtig; denn wodurch wärst du sonst sicher gewesen. Aber du bist nicht länger sechzehn, sondern schon viel näher zu fünfunddreißig, nehme ich an."

„Siebenunddreißig", korrigierte sie ihn.

Valleius blickte sie anerkennend an. „Das ist eines der Dinge, die ich so an dir schätze: Du bist so sachlich wie ein Mann und doch gleichzeitig so reizend und anmutig wie eine Frau."

Wieder preßte er seine Lippen auf ihren Mund. Und Lydia hatte wiederum alle Mühe, die Erregung zu unterdrücken, die dabei durch ihren Körper lief. „Was ist denn nun", sagte Valleius verunsichert. „Warum bist du immer noch so zurückhaltend und kalt?"

„Wir haben noch keine Antwort gefunden auf die

Frage, wie wir das vor Fulvia verantworten können", erwiderte Lydia hartnäckig. „Wie sollte ich... Wie kann ich ihr offen ins Gesicht sehen, wenn ich weiß, daß ihr Gatte mich geküßt hat?"

„Fulvia ist eine sehr verständnisvolle Frau", versuchte Valleius sie zu überreden. „Sie hat niemals völlige Treue von mir verlangt. Auch ihr ist sicherlich klar, wie hübsch und begehrenswert du bist. Ganz sicher würde sie nichts dagegen haben."

„Wie wenig kennst du doch die Frauen", belehrte ihn Lydia. „Wenn du mein Mann wärst, hätte ich wohl eine Menge dagegen."

„Ach komm. Wenn Aurelius noch lebte, würdest du sicherlich auch von ihm nicht erwarten, daß er völlig treu wäre."

„O doch, ich habe das erwartet. Und er war treu."

„Woher willst du das denn wissen?"

Sein Gesicht hatte jetzt einen Ausdruck angenommen, an dem Lydia die Gemeinheit seiner Gedanken erkannte. Er leckte sich mit der Zunge über die Lippen; und so klar, als habe er die Worte schon gesagt, wußte Lydia, daß er die Absicht hatte, ihr eine erfundene Geschichte über Aurelius' Untreue zu erzählen, um sie damit zu ärgern. Doch andererseits schien er auch besorgt zu sein, sie könne deshalb zu weinen beginnen und hysterisch werden, so daß seine eigentliche Absicht dadurch völlig verdorben würde.

„Ich weiß es eben", antwortete sie.

„Aber ich liebe dich", drängte Valleius. "Ich liebe dich seit dem Tag, an dem ich in dein Geschäft kam, um Purpur zu kaufen. Und für einen Mann mit meinem Temperament bin ich bisher erstaunlich geduldig gewesen. Wie lange soll ich denn deiner Meinung nach noch warten?"

„Du liebst mich also, sagst du." Lydia bemühte sich, weiterhin ganz ruhig zu sprechen, obwohl sie wußte, sie würde mit ihren nächsten Worten ein großes Risiko eingehen. „Hast du also die Absicht, dich von Fulvia scheiden zu lassen? Und wirst du mir dann einen aufrichtigen Heiratsantrag machen?“

Valleius fuhr überrascht zurück und blickte sie argwöhnisch an. „Meinst du das wirklich ernst?“ fragte er mit heiserer Stimme.

„Ich möchte es nur gern wissen“, antwortete sie mit energischem Ton.

„Ach, du machst dich doch nur über mich lustig“, erklärte Valleius, während er sie aufmerksam studierte. „Du bist eine Frau, der die Liebe nicht unbekannt ist — und die Freuden, die ein Mann dir bereiten kann. Ich könnte dich sehr glücklich machen. Und außerdem könnte ich deine Einsamkeit vertreiben.“

Für einige Augenblicke war sie von der einfachen Logik dieser Worte beeindruckt. Wenn sie ehrlich war, mußte sie vor sich selbst zugeben, daß in ihr manchmal das Verlangen nach einem Mann war. Und ganz gewiß war sie im Augenblick noch nicht bereit dazu, an eine neue Heirat zu denken. Selbst dann nicht, wenn es Witwer im angemessenen Alter gäbe, die ihr gefielen. Doch ihr waren solche Männer nicht bekannt. Und in einem Punkt hatte Valleius recht: Fulvia brauchte ja nichts davon zu wissen.

Valleius beobachtete sie aufmerksam. Er schien einige der Gedanken zu erahnen, die ihr durch den Kopf gingen. Er rückte wieder ganz nahe an sie heran und sagte sanft: „Sieh, meine Liebe, wenn du deine Zurückhaltung aufgibst, ist es doch so einfach. Du würdest aufs neue erfahren, wie schön es ist, geliebt zu werden.“ Er legte die Arme um sie und zog sie an sich.

Für einige Augenblicke ließ sie ihn gewähren und schmiegte sich nachgiebig und sanft an ihn. Doch plötzlich schien es, als stünde das Gesetz von Rubens

Gott Jahwe in großen brennenden Buchstaben vor ihr: »Du sollst nicht ehebrechen!« Hier gab es keinen Kompromiß und keine Erleichterung dieser Regel durch die Umstände. Gott, der Herr, hatte das Gesetz gegeben, und es war die Pflicht aller wahren Gläubigen, zu gehorchen. Der Kuß war kurz. Dann entzog sich Lydia Valleius' Händen. „Wir sind sehr töricht", sagte sie atemlos.

„Wieso?" Seine Stimme klang ärgerlich.

Sie wünschte sich sehr, sie hätte jetzt den Mut gehabt, ihm zu sagen, daß sie Gottes Gebot nicht brechen konnte. Ganz gleich, welches Verlangen auch immer in ihr war, es gab ein Gesetz Gottes, dem sie folgen und gehorchen wollte. Doch sie wußte, sie hatte den Mut nicht, diesem so spottsüchtigen und ironischen Mann dies zu sagen. Sie hatte auch den Mut nicht, seinen Zorn zu erregen, wenn sie an die Konsequenzen dachte, die daraus entstehen konnten. Sie würde versuchen müssen, die Sache auf andere Weise recht geschickt zu lösen. Deshalb sagte sie: „Meine Tochter ist oben in ihrem Zimmer. Sie ist noch wach und außerdem schon alt genug, um zu bemerken, was ... was du von mir verlangst."

Valleius überlegte. „Also gut, dann werde ich eben später zurückkommen", erklärte er entschlossen.

„Ditus muß auch noch zurückkommen", wandte sie ein. „Er ist wieder ausgegangen, wie immer zu Clement, und ich weiß nie genau, wann er zurückkommt. Manchmal ist es früher, manchmal auch später. Ich habe ihn soweit gebracht, daß er immer erst kurz in mein Zimmer schaut, ehe er in sein Bett geht."

Valleius starrte sie ungläubig an. „Du willst mir etwas vormachen."

„Nein. Es ist wirklich so."

Lange saß Valleius still da und blickte ihr nachdenklich in die Augen. Achselzuckend meinte er dann: „Was soll ich nun machen?"

„Du hast eine sehr nette Frau, von der ich weiß, daß es ihr größter Wunsch ist, dir zu gefallen“, wies Lydia ihn auf das Nächstliegende hin.

Valleius zuckte wieder ungemütlich mit den Schultern, sagte aber nichts. Er ist ein Mann, der die Abwechslung liebt, dachte Lydia. Ich frage mich, ob er auch Erosa...? Doch nein, es wurde ja allgemein geglaubt, daß nur Jungfrauen die Fähigkeit hätten, in die Zukunft zu blicken. Valleius würde wahrscheinlich auf die Unberührtheit dieses Sklavenmädchens mehr Wert legen als auf die seiner eigenen Töchter.

Sie sagte: „Weißt du, Valleius, diese ganze Sache sollte nicht mehr weiter gehen, ganz gleich, wie deine Gefühle für mich sind, und daß auch ich weiß, daß du ein sehr attraktiver Mann bist. Außerdem gibt es noch einen anderen Grund dafür, der noch über die Fragen, die deine Frau und meine Kinder betreffen, hinausgeht.“

Ich glaube, du schläfst nachts nicht, sondern sitzt und überlegst dir Ausreden, die du mir gegenüber vorbringen kannst“, bemerkte Valleius bitter.

Lydia schüttelte den Kopf. „Nein, so ist es nicht. Aber höre einmal gut zu: An jenem Tag, als Nuba mit Erosa in mein Geschäft kam, gab sie vor, mir zu prophezeien. In Wirklichkeit hat sie mich aber nur gewarnt. Alles, was sie sagte, lief darauf hinaus, daß ich mich von dir fernhalten sollte. Ja, ich soll nicht einmal Freundschaft mit dir halten.“

„Das glaube ich nicht. Das würde sie nicht wagen“, fuhr Valleius auf.

„Frage Fulvia oder Nuba.“

„Hast du also doch Angst vor ihr? Ich dachte immer, du seist Wahrsagern gegenüber immun“, neckte er sie.

Lydia antwortete: „Wenn sie etwas davon erfährt und hierher kommt — und ich habe keinen Zweifel, daß sie es erfahren würde; du weißt, wie Sklaven klatschen –, dann würde vielleicht der Dämon, von dem sie besessen ist, so zornig, daß er sie zu Boden wirft und tötet. Wäre dieser Preis nicht zu hoch für eine Stunde Vergnügen, Valleius?"

Der Mann starrte sie lange an. In seinen Augen konnte man Ärger und Enttäuschung, aber auch Bewunderung lesen. „Du bist eine schlaue kleine Frau", gab er endlich zu. „Und was die Sache noch viel viel schlimmer macht, ist, daß alles, was du gesagt hast, sehr logisch klingt. Doch du bist mich noch nicht endgültig los. Vergiß bitte nie, daß ich ein Gegenspieler bin, der es mit deiner Entschlossenheit aufnehmen kann. Ich hoffe, daß der Tag noch kommt, an dem ich alle Argumente, die du vorbringst, entkräften kann."

Lydia antwortete freundlich aber mit Nachdruck: „In der Zwischenzeit, mein Freund, solltest du Fulvia ein guter Ehemann sein."

„Sie hat sich noch nie über mich beklagen müssen", gab Valleius zurück. „Sie kann immer tun, was sie möchte. Und das kann in unserer Zeit nicht jede Ehefrau von sich sagen. Ich habe nicht einmal Einwände gegen die törichte Angewohnheit erhoben, diese jüdischen Gottesdienste zu besuchen. Wäre ich nicht davon überzeugt, daß es sich dabei um großen Unsinn handelt, würde ich es ihr verbieten. Es wäre also durchaus weise von dir, wenn du die Ermahnung, die du an mich gerichtet hast, umkehrst und Fulvia ermahnst, mir eine gute Ehefrau zu sein."

In seinen Worten klang unzweifelhaft ein warnender Ton mit, den Lydia mit Respekt zur Kenntnis nahm. Sie erhob sich und reichte ihm die Hand. „Ich danke dir, daß du mir die Ehre erwiesen hast, mir soviel Aufmerksamkeit zu schenken", sagte sie freundlich, aber gleichzeitig voller Achtung. Sie war sich auch jetzt der Tatsache bewußt, daß sie sich eine

Feindschaft mit diesem Mann nicht leisten konnte, da ihr das nur Unheil gebracht hätte. „Es tut mir leid, daß ich so ... so zurückhaltend sein muß", fügte sie hinzu.

Valleius hielt ihre Hände fest und blickte ihr nochmals tief in die Augen. „Du mußt mir nur die Gelegenheit dazu geben, dann werde ich deine Zurückhaltung schon überwinden, da kannst du sicher sein", sagte er. „Und du solltest nicht daran zweifeln, kleine Freundin, daß ich nach einer solchen Gelegenheit suchen werde."

Was sollte sie darauf erwidern? Sie versuchte zu lächeln, obwohl sie merkte, wie ihre Lippen zitterten.

„Gute Nacht, meine Liebe", sagte er und küßte sie nochmals kurz.

„Gute Nacht", antwortete sie und wunderte sich, daß sie auch jetzt wieder die Kraft gehabt hatte, ihre Lippen fest geschlossen zu halten.

Lydia lag hellwach in ihrem Bett. Die gesamte Begebenheit unten im Atrium zog in Gedanken nochmals an ihr vorüber. Sie war schockiert über sich selbst, weil ihre physischen Reaktionen auf die Annäherung des Mannes so positiv gewesen waren. Er war doch immerhin mit ihrer besten Freundin verheiratet. Und außerdem hatte sie geglaubt, Gottes Gesetze und Rubens Ermahnungen seien schon viel tiefer in ihr verankert. Doch die richtige Moral, überlegte sie, ist scheinbar nicht etwas, das man als Geschenk erhält in dem Augenblick, da man glaubt, und dann hat man sie als Gläubiger immer als festen Besitz. Die rechte Moral scheint vielmehr etwas zu sein, um das man jeden Tag kämpfen muß.

An der Tür war jetzt ein Geräusch zu vernehmen.

„Mutter?"

„Ja, mein Lieber?"

„Mutter, ich bin zurück."

Dies war nicht Ditus' übliche Art. Wenn er sonst heimkam und sich bei ihr meldete, klang es ganz anders. Zuversicht und Befriedigung, die gewöhnlich in seiner Stimme lagen, fehlten heute völlig.

„Ist etwas nicht in Ordnung, Ditus?" fragte sie und richtete sich im Bett ein wenig auf. „Hast du Schwierigkeiten?"

„Ich bin... bin ein wenig durcheinander, das ist alles", antwortete er.

„Möchtest du darüber sprechen? Kann ich dir vielleicht irgendwie helfen?"

Ditus betrat ihr Zimmer und setzte die brennende Handlampe auf eine Truhe. Im flackernden Lichtschein der Lampe sah er ungewöhnlich groß aus.

„Clements Frau ist gestorben", platzte er heraus. Er stand verlegen in der Mitte des Raumes, weil er nicht wußte, was er jetzt mit sich anfangen sollte.

„O Ditus, die arme Seele. Komm, setz dich auf den Bettrand und berichte. Wie ist es geschehen? Warst du dabei?"

„Ja. Clement wurde dringend nach Hause gerufen. Ein Soldat kam, um seinen Nachtdienst zu übernehmen, so daß er gehen konnte. Ich dachte, ich könnte ihm vielleicht irgendwie helfen und ging mit ihm."

Lydia schob sich die Kissen zurecht, so daß sie aufrecht sitzen konnte. Ditus hatte sich mittlerweile gesetzt. Sein Gesicht war so voller Kummer und seine Augen so trübe, daß sie seine Hand in die ihren nahm. Daran, daß er sie nicht zurückzog, erkannte Lydia, welch große Not er innerlich empfinden mußte.

„Sie schrie fürchterlich", fuhr Ditus fort. „Gewöhnlich geben sie ihr für die Nacht eine Arznei aus Alraunwurzeln, so daß sie wenigstens einige Stunden schlafen konnte. Doch in der letzten Zeit hat auch das nicht mehr viel geholfen. Sie wußten alle, daß sie bald sterben würde. Sie haben..." Bekümmert schwieg er.

„Ich weiß es, mein Lieber“, sagte sie. „Und es tut mir sehr leid.“

„Du kannst es gar nicht wissen“, rief er, „wie schrecklich es war, als sie schrie.“

„Ich hörte einmal eine Frau schreien“, sagte Lydia. Fast hätte sie sich versprochen und gesagt: „Ich hörte Clements Frau einmal schreien.“ Es wurde immer schwerer, Ditus nichts davon wissen zu lassen, daß sie sich einmal mit Clement getroffen hatte. Als sie sich gefaßt hatte, fuhr sie fort: „Als ich eines Morgens an der Kaserne vorbei ging, hörte ich dieses Schreien. Ich kann mir also vorstellen, wie es ungefähr gewesen sein muß.“

„Warum muß das Leben so sein?“, wollte Ditus wissen. „Warum müssen Menschen so sterben wie diese Frau? Sie schrie und warf sich vor Schmerzen im Bett hin und her und bat Clement immer wieder, sie zu töten, weil sie es nicht mehr aushalten könne.“

Lydias Herz krampfte sich zusammen. Wie unerträglich mußte es doch in der letzten Zeit für Clement gewesen sein; und wie schrecklich für den Jungen, der nun alles mit angesehen hatte.

„Ich weiß es auch nicht“, antwortete sie einfach. „Ich weiß dazu auch nichts zu sagen.“

„Ich hätte gar nicht erst mitgehen sollen“, fuhr Ditus fort, als habe er weder eine Frage gestellt, noch ihre Antwort gehört. „Aber ich wußte eben auch nicht, was ich tun oder sagen sollte. Doch dort kam ich mir völlig überflüssig vor und habe nur im Weg gestanden.“

„Das glaube ich nicht“, versuchte Lydia ihn zu trösten. „Wenn Clement für dich wirklich ein solcher Freund ist, wie du es immer sagst, dann hat er gemerkt, daß du mit ihm fühlst und ihm helfen wolltest. Da bin ich sicher.“

„Ach, Clement hat mich ja nicht einmal mehr

gesehen. Er hat sie einfach nur festgehalten, während sie ihn bat, sie mit dem Messer zu töten. Doch als dann alles vorbei war, ich meine, als sie gestorben war, da ließ er seinen Kopf hängen und weinte. Er hat geweint wie ein Kind."

Lydia überlegte sorgfältig und suchte nach den rechten Worten. „Ditus, ein Mensch braucht sich nicht zu schämen, wenn er weinen muß. Clement hat seine Frau wahrscheinlich sehr geliebt. Man muß sich nur darüber wundern, woher er die Kraft genommen hat, nicht schon früher zu weinen."

Der Junge blickte seine Mutter erstaunt an. „Das ist eigentlich wahr", flüsterte er. „Ich habe darüber noch gar nicht nachgedacht. Aber er ist ... er ist stärker als alle anderen Menschen, die ich kenne. Er läßt seine Gefühle nie sehen. Niemals! Deshalb war ich..."

„Deshalb warst du so schockiert, als er weinte", beendete Lydia den Satz für ihn.

„Wenn Clement so ist, wie du ihn mir beschrieben hast, dann glaube ich, wird er dir dankbar sein, wenn du vergißt, was du heute nacht gesehen hast."

Ditus senkte seine Augen und dachte lange nach. Endlich blickte er sie wieder an und murmelte: „Ja, du hast recht. Ich werde mich einfach so benehmen, wie er es immer tut. So, als wäre nichts geschehen und als könnte mich nichts erschüttern."

Lydia nickte zustimmend und streichelte dem Jungen kurz über die Wange. „Nun geh zu Bett, mein Sohn, und versuche zu schlafen. Der Schreck, der dir in die Glieder gefahren ist, wird nach und nach wieder verschwinden. Glaub es mir, er wird ganz bestimmt verschwinden."

„Vielen Dank", sagte Ditus, und das erste Mal seit Jahren beugte er sich zu ihr und küßte sie auf die Wange. „Gute Nacht."

„Gute Nacht, Ditus. Mag der Herr dich segnen und bewahren."

Nervös trat er einige Schritte zurück, als er die Segensworte der Mutter hörte, so als würde er von irgend etwas bedroht. Dann ergriff er seine Handlampe und wandte sich um.

„Nochmals vielen Dank“, sagte er und verließ Lydias Zimmer.

Sie schüttelte ihre Kissen zurecht und legte sich wieder. Ihre Finger fuhren leicht und zögernd über die Wange, auf die Ditus sie geküßt hatte. Sie hatte die Hitze von Valleius’ Küssen fast vergessen, und ihre eigenen Probleme waren unter dem Kummer ihres Sohnes viel kleiner geworden. Es gibt keine Möglichkeit, überlegte Lydia nüchtern, die eigenen Kinder vor den häßlichen Dingen des Lebens zu bewahren. Jeder muß sie selbst erfahren. Nicht einmal meine Gebete schützen Ditus vor Kummer oder bewahren ihn vor den Nöten und Schrecklichkeiten, die das Leben mit sich bringt.

Teil II

DAS EVANGELIUM

Eine Frau namens Lydia, eine Purpurhändlerin
aus der Stadt Thyatira, hörte zu;
Sie war eine Gottesfürchtige, und der Herr
öffnete ihr das Herz, so daß sie
den Worten des Paulus aufmerksam lauschte.
Als sie und alle, die zu ihrem Haus gehörten,
getauft waren, bat sie:
Wenn ihr überzeugt seid, daß ich fest
an den Herrn glaube,
kommt in mein Haus und bleibt da.
Und sie drängte uns.

Apostelgeschichte 16,14.15

Kapitel 12

Die Winterregen waren vorüber. Strahlender Sonnenschein lag über dem Land, als Lydia, Fulvia und Minta an diesem Sabbathmorgen den vertrauten Weg von der Via Ignatia zum Versammlungsplatz am Ufer des Gangites gingen. Sie freuten sich alle, daß die Versammlungen nun wieder im Freien stattfinden konnten. Doch selbst in dem überfüllten Raum in Miriams Haus hatten die Sabbathgottesdienste während der Winterzeit das Leben der drei Frauen weiterhin bereichert.

Lydia überlegte, daß diese wöchentlichen Versammlungen ihr gleich auf verschiedene Weise geholfen hatten. Zunächst einmal war ihr Wissen um die Gebote und Verheißungen Gottes und überhaupt um all das, was diesen einzigen wahren Gott betraf, beträchtlich gewachsen. Doch dann war es jeden Sabbath auch eine Abwechslung gewesen, aus dem Alltag und der Enge des Geschäfts, die in der Winterzeit besonders spürbar wurde, einmal herauszukommen. Die am Anfang vorhandene Freude und der Eifer an der Arbeit, die ihr ja gleichzeitig eine Bestätigung ihrer eigenen Fähigkeiten gewesen war, hatten sich während der schlechten Jahreszeit beträchtlich vermindert; ja, manchmal hatte sie die Tage im Geschäft langweilig und einengend empfunden.

Lydia hatte bemerkt, daß manche Frauen, vor allem solche, die sie in ihrem Umgang nicht zu frei und unweiblich hielten, auf sie mit ein wenig Bewunderung schauten, weil sie es fertigbrachte, ihr Geschäft sachkundig und offensichtlich ohne größere männliche Hilfe gut zu führen. Doch sie wußte auch, welche Anforderungen die Verantwortung für das Geschäft mit sich brachten. Wäre Ditus noch ein wenig älter und würde er schon mehr Verantwortungsbewußtsein zeigen, so daß sie sicher sein könnte, er würde das Geschäft so führen, wie sie glaubte, daß es geführt werden mußte, die Versuchung für sie wäre groß gewesen, alles in seine Hände zu legen und sich wieder auf die Führung des Haushalts zu beschränken.

Doch statt dessen war die Verantwortung für sie in der letzten Zeit nur noch größer geworden, weil Ruben nicht mehr in der Lage war, jeden Tag zu arbeiten. Als die schlechte Jahreszeit auch die Geschäftsräume, trotz der dort beständig brennenden zwei Kohlepfannen, feucht und kühl werden ließ, hatte der alte Mann doch stark über die Steifheit seiner Glieder und über Schmerzen geklagt. Deshalb hatte Lydia ihm endlich vorgeschlagen, er solle nur noch an den Tagen ins Geschäft kommen, wenn er sich dazu in der Lage fühlte. Und solche Tage hatte es in der letzten Zeit nicht allzu viele gegeben. Sie wußte, daß er es eigentlich verdient hatte, sich ganz zur Ruhe zu setzen, doch es erschien ihr unerträglich, ganz auf ihn verzichten zu müssen. Sie liebte ihn wie einen Vater; und wenn er konnte, belehrte er sie und Fulvia immer noch über die Wahrheiten Gottes. Jedes Wort, das er ihnen sagte, schien sich tief in Lydias Seele festzusetzen. Täglich nahm ihre Liebe zu dem alten Mann und zu den heiligen Schriften, aus denen er ihnen vorlas, zu.

Noch immer verstand sie die schwierigeren Teile des Gesetzes nicht. Sie machte auch keinen Versuch, ihren Haushalt so zu führen, wie zum Beispiel Miriam als Jüdin es mit dem ihren tat. Doch Ruben schien zu meinen, es sei genug, wenn sie sich nach den Geboten richte, die sie kenne und verstanden habe, wenn sie Gott liebe und Seinen Bund mit den Menschen annehme und sich eifrig bemühe, so viel wie möglich von seinem Wort zu lernen. Er wies ab und zu darauf hin, daß er kein Pharisäer sei, der die im Laufe der Zeit zum Gesetz hinzugekommenen menschlichen Verordnungen alle mit letzter Genauigkeit einhalte. Doch seine Gewißheit, zum auserwählten Bundesvolk Gottes zu gehören, war unerschütterlich.

Lydia war ebenfalls überzeugt davon, es sei für sie das Wichtigste gewesen, daß Ruben sie zu dem einzig wahren Gott und zu Seinem heiligen Wort geführt hatte und daß auch Fulvia und Minta ihre Überzeugung und Freude daran teilten. Wenn einmal Situationen auftraten, in denen ihr eigener Glaube schwanken wollte, empfing sie von ihnen neuen Mut und neue Zuversicht.

Mintas Stimme riß sie aus ihrem Nachdenken. „Es sind alle anwesend", verkündigte sie.

„Ja, ich sehe, er ist da", antwortete Lydia. Dabei sah sie ihre Tochter aus den Augenwinkeln mit einem leicht spöttischen Lächeln an.

Minta wurde rot. Doch ihre glänzenden Augen verfolgten jede Bewegung Davids, als er jetzt den siebenarmigen Leuchter aufstellte und anzündete. Lydia wußte, daß Minta diesen Jungen sehr gern hatte. Manchmal hatte sie darüber nachgedacht, was hier wohl zu tun sei. Sie war sich wirklich selbst nicht sicher, wie sie reagieren würde, wenn Minta eines Tages mit dem Wunsch zu ihr käme, einer Heirat zwischen ihr und David zuzustimmen. David war nur ein

Flickschuster. Von seinem Vater hatte er ein kleines Geschäft übernommen. Minta würde dann wohl nicht mehr den luxuriösen Lebensstil genießen können, den sie von Kind an gewohnt war.

Doch andererseits war David tief in seinem Glauben verwurzelt, so daß das Mädchen wohl nie unter geistlicher Armut leiden würde. Fulvia, mit der sie einmal darüber gesprochen hatte, meinte, sie sei nicht in der Lage, hier einen Rat zu geben; und sonst wußte Lydia niemand, an den sie sich mit diesem Problem hätte wenden können. Deshalb hatte sie bis jetzt versucht, nicht weiter über die Sache nachzudenken.

„Laß die Gefühle deines Herzens nicht zu deutlich in deinen Augen sehen", flüsterte sie Minta zu, während sie ihr liebevoll die Hand drückte.

Minta lächelte, senkte aber ihren Blick nicht. Sie ist offen und aufrichtig, dachte Lydia, aber gerade deshalb auch sehr leicht verwundbar.

Alle Anwesenden hatten sich mittlerweile gesetzt. Als Stille eingekehrt war, erhob sich David wieder, ging zu der großen Holzkiste und entnahm ihr die Schriftrolle. „Den Abschnitt für den heutigen Tag finden wir im Propheten Jesaja", begann er. „Laßt uns aufmerksam den Verheißungen Gottes lauschen."

Fulvia versetzte Lydia einen kräftigen Rippenstoß mit dem Ellbogen, so daß diese aus ihrer Konzentration auf die kommenden Worte aufgeschreckt wurde. Als sie mit ihren Blicken dem Wink folgte, den Fulvia ihr mit den Augen gab, sah sie zu ihrem Erstaunen vier Männer aus der Richtung kommen, in der Philippi lag. Sie waren offensichtlich keine Römer, denn sie trugen ähnliche einfache Kleidung wie Ruben und die der anderen jüdischen Männer. Alle vier trugen auch eine Kopfbedeckung. Und die Zielstrebigkeit, mit der sie näherkamen, ließ keinen Zweifel daran, daß sie nach dieser jüdischen Sabbathversammlung gesucht hatten.

David unterbrach sich und blickte jetzt ebenfalls mit vor Staunen offenem Mund den näherkommenden Männern entgegen. Ruben und die anderen taten es ebenfalls, ohne sich jedoch zu bewegen. Niemand aus der römischen Garnison oder von den Stadtbehörden Philippis hatte je Einwendungen gegen diese wöchentlichen Versammlungen der Juden erhoben, obwohl Ruben manchmal erzählte, daß es in anderen Städten und Ländern Verfolgungen gegeben habe. Deshalb schien es unwahrscheinlich, daß diese Fremden irgendwelche Schwierigkeiten machen würden. Trotzdem war auf den Gesichtern aller Anwesenden Vorsicht und Wachsamkeit zu erkennen.

Die vier blieben einige Meter vor den Versammelten stehen, und der Kleinste von ihnen trat noch einen Schritt vor. „Ist dies hier die Versammlung einer jüdischen Synagoge?“, fragte er.

Ruben wies mit einer Handbewegung auf den siebenarmigen Leuchter und die mit dem Vorhang bedeckte Kiste hin. „Was sollte es sonst sein?“ erwiderte er.

Der Fremde nickte zustimmend mit dem Kopf. „Mein Name ist Paulus, Paulus von Tarsus. Meine drei Begleiter sind Lukas, Timotheus und Silas.“ Er deutete bei der Nennung der Namen jeweils auf einen der drei Männer. „Wir kommen von Jerusalem und sind erst kürzlich in Philippi eingetroffen. Als sich der Sabbath näherte, haben wir uns erkundigt, ob wir irgendwo an einem jüdischen Gottesdienst teilnehmen könnten. Uns wurde gesagt, es gäbe nur sehr wenige Juden in der Stadt, und auch, wo euer üblicher Versammlungsort ist. Deshalb sind wir gekommen.“

Ruben hatte bei diesen Worten verständnisvoll mit dem Kopf genickt. „Alle Juden, die es in der Stadt gibt, siehst du hier“, antwortete er. „Und dabei sind noch nicht einmal alle Anwesenden Juden.“

„Nicht?“ echote Paulus und runzelte erstaunt die Stirn.

„Einige der griechischen und römischen Einwohner der Stadt haben durch uns von dem Gott Israels gehört, von dem einzig wahren Gott, und versammeln sich nun regelmäßig mit uns, um mehr von Ihm zu lernen.“

Paulus lächelte und warf seinen Gefährten einen triumphierenden Blick zu. „Es sieht so aus, als würden wir hier fruchtbaren Boden finden“, murmelte er so leise, daß nur die ihn begleitenden Männer es verstanden. „Was meinst du, Silas?“

Der angesprochene Mann nickte schweigend.

„Wir haben euren Versammlungsplatz erst suchen müssen und sind deshalb etwas zu spät gekommen, was uns leid tut“, fuhr Paulus fort. „Laßt euch deshalb von uns nicht länger stören. Ich glaube, ihr wolltet gerade aus den heiligen Schriftrollen lesen.“ „Dann setzt euch bitte zu uns“, lud Ruben die Fremden freundlich ein. Dankbar mit dem Kopf nickend setzten sich die Besucher neben die anderen Männer der Versammlung.

„Wie ich schon vorhin sagte“, begann David wieder, und seine Stimme war vor Nervosität ein wenig heiser, „will ich heute die Verheißungen des Herrn, unseres Gottes, aus dem Propheten Jesaja lesen. Es sind einige der Verheißungen, die seit Jahrhunderten die Hoffnungen unseres Volkes sind.“

Lydia bemerkte, daß der Besucher Paulus seine Augen, die er vorher niedergeschlagen hatte, jetzt voll auf David richtete. In seinen Augen glänzte eine solche Inbrunst, daß es ihr direkt ein wenig ungemütlich wurde.

„Hört die Verheißungen des Herrn, des Gottes Israels“, begann David. Nach und nach festigte sich seine Stimme wieder, so daß er die wunderschönen Worte klar und deutlich vortrug.

„Das Volk, das in der Finsternis wandelt, sieht ein helles Licht; über denen, die im Lande der Finsternis wohnen, strahlt ein helles Licht auf. Du erregst lauten Jubel und schenkst große Freude. Man freut sich in Deiner Nähe, wie man sich freut bei der Ernte, wie man jubelt, wenn Beute verteilt wird."

David schien die Besucher zu vergessen, als er nun schwungvoll weiterlas und sich immer mehr steigerte. Lydia und auch alle anderen konzentrierten sich voll auf die Worte des Jungen.

„Denn uns ist ein Kind geboren, ein Sohn ist uns geschenkt. Die Herrschaft liegt auf Seiner Schulter; man nennt Ihn: Wunderbarer Ratgeber, starker Gott, Vater in Ewigkeit, Fürst des Friedens. Seine Herrschaft ist groß, und der Friede hat kein Ende. Auf dem Thron Davids herrscht Er über Sein Reich; Er festigt und stützt es durch Recht und Gerechtigkeit, jetzt und für alle Zeiten. Der leidenschaftliche Eifer des Herrn der Heerscharen wird das vollbringen."

Es blieb völlig still, während David die Schrift wieder zusammenrollte und sich dann setzte. Lydia wußte schon seit einiger Zeit, daß von allen Stellen der heiligen Schriften, die sie kannte, die soeben verlesenen die waren, von denen die Juden innerlich am meisten ergriffen wurden. Jedesmal, wenn diese Worte gelesen oder zitiert wurden, schien es, als würden sich die Hoffnungen dieser Menschen zu neuen Höhen emporschwingen.

Ruben wandte sich höflich den Fremden zu. „Möchte einer von euch zu uns sprechen?" fragte er.

Paulus nickte und lehnte sich ein wenig nach vorn. Er begann ruhig, aber in überzeugendem Ton zu reden: „Der Herr, unser Gott, hat es in Seiner Weisheit so geführt, daß gerade diese Worte für den heutigen Tag verlesen werden, weil Er mich hierher gesandt hat, um euch die gute Nachricht zu überbringen, daß diese Prophezeiung nunmehr erfüllt ist. Das Kommen des Messias, das Jesaja in den Worten, die wir hörten, vorhersagt, ist in unseren Tagen geschehen."

Lydia hörte die zischenden Laute scharf ausgestoßener Luft. Sie blickte einen nach dem anderen an und erwartete, auf den Gesichtern nur große Freude zu sehen. Hatten die Juden nicht das, was dieser Paulus ihnen jetzt mitteilte, schon seit Jahrhunderten sehnlichst erwartet? Statt dessen bemerkte sie Unglaube, Überraschung, und bei einigen sogar Zorn.

„Was willst du damit sagen?" Man konnte es Rubens Stimme anhören, wie schockiert er war.

„Ich will damit sagen, daß der Messias geboren wurde und unter uns gelebt hat. Nun ist Er zu Gott zurückgekehrt. Doch Sein Geist ist noch auf Erden und wirkt gerade jetzt auch hier an diesem Ort. Der Messias wurde zwar von römischen Soldaten getötet. Doch Er hat sogar über den Tod gesiegt."

Diese Worte klangen nun auch für Lydia unglaublich. Noch niemand hatte den Tod besiegt; sondern vielmehr war leider er in jedem Leben der letzte und endgültige Sieger. Gott konnte und würde ihr Leben auf Erden sehr vertiefen und bereichern, doch wenn es zu Ende ging, endete alles.

„Hört mir bitte zu", bat Paulus, der den Unglauben und die Auflehnung in den ihn anstarrenden Gesichtern ebenfalls sah. „Bitte, laßt mich erzählen, wie es mit mir selbst war, wie ich die Wahrheit gefunden habe. Wollt ihr mir zuhören?"

Leises Murren erhob sich hier und da. Doch Ruben hob, um Ruhe bittend, die Hand. „Wir werden unseren Gast anhören", erklärte er nachdrücklich. Paulus mußte noch einige Augenblicke warten, bis sich die Versammelten beruhigten. Doch endlich war es still genug, und er begann zu sprechen.

Paulus war kein attraktiver Mann, stellte Lydia fest. Seine Haut war von der Sonne sehr dunkel und ausgedörrt. Er hatte die harten, schwieligen Hände eines Arbeiters. Eine hohe, vorspringende und dominierende Stirn stand über einem schmalen, asketischen Gesicht. Doch seine Augen waren bemerkenswert. Sie waren blau, was in einem Land, in dem die meisten Menschen dunkle Augen hatten, schon erstaunlich genug war. Doch der Eifer und das Feuer in ihnen waren noch viel beeindruckender als die Farbe. Wenn sie noch lange in diese Augen schaute, dachte Lydia, würde sie dadurch so angezogen werden, daß sie alles andere darüber vergaß. Es war ein beunruhigender Gedanke, aber sie brachte es nicht fertig, ihre Augen abzuwenden.

„Ich, Paulus", begann der kleine Mann.

Von den ersten Worten an wurde Lydia von dem, was Paulus sagte, so gepackt, daß ihr war, als würde sie alles selbst miterleben. Sie saß mit zu den Füßen Gamaliels und überhörte mit Paulus die Ermahnungen des klugen Lehrers gegen Fanatismus und Intoleranz. Sie spürte sich förmlich die Nachfolger dieses Jesus von Nazareth verfolgen. Atemlos und mit trockenem Mund zuckte sie innerlich unter den Schmerzen des Steinhagels zusammen, der auf Stephanus niederprasselte. Ihre Arme fühlten das Gewicht und die Struktur des wollenen Gewandes, das Paulus in den Armen hielt. Sie spürte, wie ihre Gedanken vor Erstaunen wild durcheinanderwirbelten, als Stephanus im Sterben für die um Vergebung bat, die ihn steinigten.

Sie meinte, das blendende Licht auf der Straße nach Damaskus mit der gleichen Schärfe wie Paulus in ihren Augen brennen zu fühlen und kniete im Geist beim Klang der Stimme des auferstandenen Herrn nieder. Sie bebte unter einer seltsamen Kombination von Erschöpfung und innerer Freudigkeit, als Paulus den Bericht seiner Erlebnisse beendete. Die Stimme des Mannes und die Wahl seiner Worte hatten in ihr eine Überzeugung bewirkt, die es ihr nicht erlaubte, sich noch weiterhin mit Unkenntnis zu entschuldigen.

Paulus unterbrach mit einer Entschuldigung seine Rede und erhob sich mühsam. Lukas war augenblicklich neben ihm und half ihm. Er massierte mit sanfter und geschickter Hand Paulus den Rücken. Erst jetzt bemerkte sie, daß Paulus' Rücken verformt war, so daß eine Schulter höher war als die andere und er deshalb auch seinen Kopf immer ein wenig nach vorn gereckt trug. Bisher war es ihr so vorgekommen, als hätte er sich vor Eifer mit dem Kopf nach vorn gelehnt. Nun erkannte sie, daß er wegen seiner Rükkenverformung diese Haltung einnahm.

„Vergebt mir bitte", sagte Paulus. „Ich habe diesen Pfahl im Fleisch zu tragen und ermatte deshalb recht schnell. Wenn ihr vielleicht für eine kurze Zeit singen könnt, werde ich mich ein wenig ausruhen und euch dann den Rest erzählen."

Während er zum Flußufer ging, sangen die Versammelten gehorsam. Ihr Widerstand schien für den Augenblick durch die Überzeugungskraft dieses Mannes gebrochen zu sein. Rubens Gesicht strahlte vor Erregung. David blickte Paulus nach, als sei dieser eine Art göttliches Wesen, und auf Mintas Gesicht waren ähnliche Empfindungen zu lesen.

Lydia saß wie in einen Traum eingehüllt. Irgend etwas war mit ihr geschehen, während sie Paulus zugehört hatte; doch sie machte nicht einmal den Versuch, zu verstehen, was das sein könnte. Also wartete sie, während ihre Lippen fast unbewußt die Worte des Liedes formten, voller Spannung und Ungeduld auf den Rest dessen, was Paulus zu berichten hatte.

Kapitel 13

„Was hältst du von der Sache?“ Fulvias geflüsterte Frage traf sie wie ein Schock. Lydia hatte alles andere um sich herum vergessen.

„Ich habe noch nie einen Menschen so reden hören“, gestand sie. „Er ist ein unglaublicher Redner. Doch was er sagt, ist das … Lydia suchte nach Worten, um ihre Empfindung zu beschreiben … ist das Erstaunlichste und Erregendste, das ich je gehört habe.“

„Ich weiß nicht recht“, murmelte Fulvia nachdenklich. „Er ist so ganz anders als Ruben. Ich war bisher so beeindruckt von der intellektuellen Logik der Juden. Doch dieser Paulus ist so …“

„So richtig begeistert und brennend für seine Sache“, ergänzte Lydia. „Ich kann mir auch nicht recht vorstellen, wie das sein kann. Ich glaube an Gott mit meinem Verstand, aber er tut das wohl mit seinem Herzen. Seine ganze Seele scheint dafür zu brennen.“

„Pssst – er kommt zurück“, flüsterte Fulvia.

Paulus setzte sich wieder auf seinen Platz und blickte einen nach dem anderen mit Nachdruck an. Dann begann er: „Ich habe euch meine eigenen Erlebnisse erzählt, damit ihr wißt, daß ich nicht von Theorien rede, sondern aus Erfahrung. Doch nun möchte ich euch die gute Botschaft von Jesus Christus bringen und euch berichten, wie ein jeder von euch Seine Gnade, Seine Liebe und Seinen Frieden empfangen kann."

Wieder war es Lydia, als würde sie durch die Macht von Paulus' Worten mitten hineingenommen in die Ereignisse, die er schilderte. Sie lauschte den Worten und Gleichnissen Jesu, staunte über die Wunder, die Er getan hatte, zuckte unter den Geißelhieben Seiner Folterer zusammen, empfand die Qualen mit, als Er am Kreuz hing, und wurde von Jubel durchdrungen bei Seiner Erscheinung am offenen Grab.

„Es war eine Frau, die den Auferstandenen zuerst sah", berichtete Paulus und blickte dabei Lydia aufmerksam an. „Eine Frau sprach zuerst mit Ihm und brachte dann die Nachricht von Seiner Auferstehung zu Seinen Jüngern."

Und Lydia glaubte. Es war kein Raum für Zweifel in ihrem Herzen. Als Paulus von dem Wind und dem Feuer des Geistes berichtete, von dem die Gläubigen in Jerusalem am Pfingsttag gepackt wurden, und als er sagte, diese gleiche Kraft sei für alle da, die darum bitten, zitterte sie vor Erregung und Verlangen.

„Wie kann ich diese Kraft empfangen?" fragte sie bittend. Augenblicklich wurde sie sich der Mißbilligung um sie herum bewußt. Frauen ergriffen in solchen Versammlungen nie das Wort, sondern schwiegen. Doch die Worte waren einfach aus ihr herausgeplatzt.

Zum Glück stellte David in diesem Augenblick die gleiche Frage, so daß Paulus sich mit seiner Antwort an den Jungen wenden konnte. „Du mußt nur von ganzem Herzen glauben und dich taufen lassen", antwortete er.

Die Taufe wurde in dieser Gruppe gläubiger Juden zwar nicht praktiziert, doch jeder wußte, worum es sich dabei handelte. Der Fluß war nur wenige Meter entfernt, also machten sie sich eifrig auf, um zum Wasser zu kommen.

Lydia nahm keine Notiz von dem, was sonst um sie herum vorging. Sie sah im Augenblick nur das Bedürfnis ihrer eigenen Seele, diese Kraft zu empfangen, von der Paulus gesprochen hatte. Sie dachte nicht einmal daran, wie Minta die Worte wohl aufgenommen hatte. Eifrig drängte sie sich durch die anderen bis an den Rand des Wassers. Hier legte sie ihr Obergewand ab und wartete in ihrer schlichten Tunika auf die Taufe.

Silas und Lukas wateten in den Fluß. Lydia bemerkte, wie die beiden unfreiwillig ein wenig erbebten, als das noch kalte Wasser ihnen bis an die Hüften reichte; doch sie war sicher, daß sie die Kälte kaum empfanden, da in ihnen sicher das gleiche unsichtbare Feuer brannte wie in Paulus, der mit zum Segnen erhobenen Händen am Ufer des Flusses stand.

Es war der junge Timotheus, der sie sanft beim Arm faßte und sie in das Wasser führte, wo Lukas und Silas auf sie warteten. „Du brauchst dich nicht zu fürchten", sagte Timotheus leise. „Sie werden dich vorsichtig unter Wasser tauchen und auch wieder emporheben. Es geschieht nichts, wovor du Angst haben müßtest."

Angst? Sie blickte Timotheus erstaunt an. Sie hatte überhaupt nicht daran gedacht, daß sie irgendwie Angst empfinden könnte.

Als Silas und Lukas sie zwischen sich genommen hatten, begann Paulus zu fragen:

„Glaubst du von ganzem Herzen an Gott?"

„Ja, das tue ich", rief Lydia.

„Akzeptierst du, was du über Jesus gehört hast, der der Christus ist? Glaubst du, daß Er deine Sünden vergeben und dich erlöst hat?"

„Ja!"

„Glaubst du, daß Gottes Heiliger Geist von nun an in deinem Leben wirken kann?"

„Ich glaube es", antwortete sie.

„Dann soll diese Taufe einen Tod deines alten Lebens bedeuten, und eine Auferstehung zu einem neuen Leben im Glauben an Jesus Christus als deinen Herrn und Erlöser."

Paulus' Stimme erhielt nun einen triumphierenden und jubelnden Ton, als er rief: „Im Namen des Vaters und des Sohnes und des Heiligen Geistes!"

Das Wasser schlug über ihr zusammen! Doch es waren nicht Silas' Hände, die sie fühlte, die sie hielten und davor bewahrten unterzugehen. Ihr war, als würde sie gehalten und wieder emporgehoben durch die Hände Gottes, die sie von nun an tragen und bewahren würden. Sie wußte das so gewiß, wie sie wußte, daß die Sonne an jedem neuen Morgen aufgehen würde.

Erst als sie nun aus dem Wasser auftauchte, fühlte sie wieder die menschlichen Hände von Silas und Lukas, die sie festhielten und ihr halfen, einen Halt zu finden.

„Nun geh, meine Tochter, im Frieden Gottes", sagte Paulus, und für einen Augenblick zog über sein kühles asketisches Gesicht ein warmer Schein der Liebe und Freude. „Geh und tue den Willen Gottes im Namen Jesu Christi und unter der Leitung des Heiligen Geistes."

Lydia stieg aus dem Wasser. Noch immer nahm sie nichts anderes wahr als das überströmende Glücksgefühl, das sie erfüllte. Länger als eine Minute stand sie noch regungslos und wie benommen am Ufer, ehe sie sich bückte und ihr Obergewand aufhob. Die Wärme, die sie fühlte, als sie sich wieder darin einhüllte, machte ihr nun doch klar, wie kalt das Wasser des Flusses kurz nach Ende des Winters noch war und daß sie etwas zu frieren begann.

Nun wurde ihre Aufmerksamkeit auch wieder von den Geschehnissen im Fluß angezogen. Es geschah gerade noch zur rechten Zeit, um zu sehen, wie Minta mit strahlendem Gesicht aus dem Wasser stieg. Lydia hob das trockene Obergewand des Mädchens auf und breitete weit ihre Arme aus. Mit einem Freudenruf warf sich Minta in ihre Umarmung.

„O Mutter", rief sie, „ich bin so glücklich!" Sie hat im Augenblick keinen Gedanken und auch keinen Blick für David, stellte Lydia im stillen fest, denn auch sie war von etwas unbeschreiblich Herrlichem angerührt worden.

Schweigend umarmte Lydia ihre Tochter lange und innig und half ihr dann in ihr warmes Obergewand. Als sie ihr das lange, schwere Haar aus dem Gesicht strich, sah sie, daß sich die Freudentränen des Mädchens mit dem Wasser des Flusses auf ihrem Gesicht vermischten.

„Minta, du bist wirklich eine Freude und ein Segen für mich", sagte Lydia.

Minta lächelte nur und gab ihrer Mutter einen langen Kuß auf die Wange. Es sind auch keine Worte nötig, wir wissen beide, was wir empfinden, dachte Lydia.

Nun wurde es aber Zeit, sich auch den anderen Ereignissen wieder zuzuwenden, um zu sehen, wer sich noch hatte taufen lassen und wer nicht. Ruben und David waren unter denen, deren Kleidung naß war; die gleiche strahlende Freude leuchtete auf dem alten wie auf dem jungen Gesicht. Doch Lydia war ein wenig überrascht und auch bekümmert, als sie Fulvia entdeckte, die trocken und hoch aufgerichtet am Rande der Gruppe stand.

Lydia ging zu ihr und fragte: „Bist du noch nicht von dem überzeugt, was Paulus sagte, liebe Freundin?"

Fulvia lächelte etwas gequält, als sie antwortete: „Ich glaube, du kennst mich gut genug, um zu verstehen, daß ich mich nur sehr selten von Gefühlen allein zu einer Entscheidung hinreißen lasse. Ich möchte, daß mein Verstand mir sagt, was ich tun soll. Und im Augenblick weiß ich noch nicht genug über diesen Jesus. Paulus sagt, Er sei von den Toten auferstanden. Nun — vielleicht, doch ich möchte mehr darüber wissen. Ich möchte mehr von dem wissen, was Er gesagt hat, während Er auf Erden war, und was Er tat. Ich möchte wissen, warum es für Gott notwendig war, einen Menschen zu schaffen, der Ihn hier auf Erden repräsentiert. Alles, was ich bisher von den Juden über den Herrn, den Gott Jahwe gehört habe, hat mich tief bewegt. Doch von Jesus weiß ich einfach noch nicht genug."

Lydia schüttelte nachdenklich den Kopf, wobei sie das Gewicht ihres nassen Haars empfand. „Ich verstehe dich nicht ganz", meinte sie. „Mir scheint alles so klar zu sein. Doch es wird sicherlich einen Weg geben, damit auch du erfährst, was du wissen möchtest."

Fulvia zuckte mit den Achseln. „Ich frage mich, wie lange sie in Philippi bleiben?" sagte sie.

Lydia blickte dorthin, wo Ruben und David mit Paulus und seinen Freunden standen. Ruben schüttelte eben betrübt seinen Kopf. Lydia näherte sich ihnen und hörte den alten Mann sagen: „Ich wünschte, ich könnte euch meine Wohnung anbieten. Aber ich habe nur einen sehr kleinen Raum zum Schlafen und einen zweiten zum Wohnen und Essen. Es wäre einfach nicht Platz genug für euch alle."

„Vielleicht sollten wir unter diesen Umständen wieder nach Neapolis zurückkehren", meinte Lukas. „Ich habe dort alte Freunde. Und in der Nähe wohnen sogar entfernte Verwandte von mir."

Doch Paulus sagte hartnäckig: „Ich möchte aber in

Philippi bleiben, weil ich glaube, daß es Gottes Wille ist. Sicher wird der Herr dafür sorgen, daß wir eine Unterkunft erhalten."

Es kam Lydia gar nicht erst in den Sinn, vielleicht Minta zu fragen oder zunächst noch den Rat Fulvias oder Rubens zu suchen. Sie begann einfach zu sprechen, wie sie es in ihrem Herzen empfand:

„Ihr könnt gern in unser Haus kommen, ich habe genügend Räume. Es sind zwar keine sehr großen Zimmer. Doch wir haben eine Anzahl kleinere, die direkt vom Atrium aus erreichbar sind und die wir derzeit nicht benutzen. Ihr seid herzlich willkommen, wenn es euch recht ist."

Ruben runzelte die Stirn. „Ist eine solche Einladung an vier Männer von einer Witwe auch schicklich, Lydia?"

Lydia war jetzt etwas verlegen. „Daran habe ich überhaupt nicht gedacht", gab sie zu. „Ich hörte nur, wie Paulus sagte, er würde gern in Philippi bleiben, aber es sei bisher noch keine Unterkunft gefunden."

Schnell schaltete sich Paulus ein. „Hast du Kinder? Oder Sklaven?"

„Meine Tochter wurde heute mit mir getauft, Herr. Mein Sohn ist fast schon ein Mann, bis zu seinem siebzehnten Geburtstag ist es nur noch kurze Zeit. Er wird sicher meine Einladung bestätigen. Und zu deiner letzten Frage: Ja, ich habe Sklaven."

Ganz automatisch blickte sie zu dem Platz hin, wo gewöhnlich Fulvias und ihre Sklaven auf sie warteten. Zu ihrer Überraschung bemerkte sie, daß deren Kleider und Haare ebenfalls naß waren. „Habt ihr sie auch getauft?" fragte sie erstaunt. „Aber es sind doch nur Sklaven."

„In den Augen Gottes sind alle Menschen gleich", sagte Paulus streng. „Es kommt nicht darauf an, ob jemand ein Mann oder eine Frau ist, ein Freier oder ein Sklave."

Lydia erklärte: „Ich glaube, mit diesem Punkt muß ich mich erst noch eine Zeitlang beschäftigen, um mich mit dem Gedanken vertraut zu machen, daß meine Sklaven auch glauben. Mir ist es nie in den Sinn gekommen, über meinen Glauben an Gott mit ihnen zu sprechen."

„Aber wir haben immer, wenn wir mit dir hierher gingen, genauso eifrig zugehört wie du, Herrin", sagte Pyrus, der am nächsten stehende Sklave. „Jede Woche haben wir dem gelauscht, was hier gesagt wurde."

„Du siehst also, Herr", wandte sich Lydia wieder an Paulus, „ich habe Sklaven. Und sie haben sich sogar von euch taufen lassen. Ganz sicher könnt ihr mir zustimmen, daß es nun nicht mehr gegen die Schicklichkeit verstößt, wenn ihr in mein Haus kommt."

„Und einen Sohn hast du auch, sagst du? Einen Sohn, der schon fast erwachsen ist?"

„Ja, ich habe einen fast erwachsenen Sohn." In diesem Augenblick erblickte sie Fulvia, die allein ein wenig abseits stand und wartete. Fulvia brauchte noch viel Unterweisung von diesen Männern. „Bitte, Herr", bat Lydia eifrig. „Ich bin von dem, was du sagtest, tief ergriffen. Aber ich muß noch viel mehr darüber hören. Wenn ihr mich der Ehre für würdig erachtet, in mein Haus zu kommen, dann seid meine Gäste."

„Die Dame setzt sich vielleicht der Gefahr aus, daß über sie schlecht geredet wird", gab Silas zu bedenken. Er war ein großer Mann und jünger als Paulus. Haar und Bart waren dunkel, doch seine Augen waren erstaunlich hell, fast grau.

Lydia nahm eine selbstsichere Haltung an, als sie nun sagte: „Ich glaube nicht, daß jemand über mich reden wird. Denn alle kennen mich als eine ehrenhafte Frau."

Es war Lukas, der nun beruhigend meinte: „Aber natürlich, daran zweifelt niemand. Ich glaube, wir sollten die Einladung annehmen und dankbar dafür sein. Was meinst du, Timotheus?"

Der jüngste der Männer blickte Lydia etwas schüchtern an. „Ich würde gern wieder einmal einige Tage in einem Haus wohnen. Es käme mir wie ein richtiger Luxus vor, nachdem wir schon einige Zeit immer nur im Freien oder in Gasthäusern übernachtet haben."

Lydia lächelte den jungen Timotheus an. Er kann nicht viel älter als zwanzig Jahre sein, dachte sie, und braucht wahrscheinlich noch ein wenig mütterliche Fürsorge.

„Also gut, dann stimmen wir zu", sagte Paulus entschlossen. „Und wir sind dankbar. Wirklich sehr dankbar. Wir müssen aber noch ins Gasthaus gehen, unsere Rechnung bezahlen und unsere wenigen Habseligkeiten holen."

„Ich werde euch meinen Sklaven Pyrus mitgeben, der euch führen kann", meinte Lydia. „Ich werde mit meiner Tochter und meiner Freundin schon vorausgehen und die Zimmer fertigmachen lassen."

Jetzt mischte sich auch Ruben in die Unterhaltung. „Wenigstens bedeutet dies, daß du noch eine Weile in Philippi bleiben wirst, Herr", sagte er zu Paulus. „Vergib mir bitte, daß ich Lydias wegen so vorsichtig war. Aber sie liegt mir am Herzen wie eine Tochter."

Lydia fühlte, wie ihr die Tränen in die Augen treten wollten. Sie hatte immer geglaubt, daß Ruben solche Gefühle ihr gegenüber habe. Aber es war das erste Mal, daß er sie in Worten zum Ausdruck brachte. Impulsiv streckte sie ihre Hand aus und legte sie auf Rubens Arm. „Vielen Dank", flüsterte sie. „Ich weiß nicht, wie ich die Zeit seit Aurelius' Tod bis heute ohne dich hätte überstehen sollen. Und nun ..." Sie stockte und war nicht fähig, noch weitere Worte zu sagen. Da sie spürte, wie ihr jetzt doch Tränen über die Wangen liefen, konnte sie nur noch lächeln und leicht mit dem Kopf schütteln. „Wir sehen uns bald wieder", sagte sie, immer noch innerlich bewegt. Dann drehte sie sich um, trat zu Fulvia und Minta und machte sich mit ihnen auf den Heimweg nach Philippi.

„Die Männer werden bei euch wohnen?" fragte Fulvia.

Lydia nickte. „Ja. Und ich weiß, daß sie uns weiter belehren werden. Du kannst also von ihnen alles erfahren, was du wissen möchtest. Ich habe es hauptsächlich deshalb getan."

Da Fulvia eine ganze Zeit schwieg, blickte Lydia sie besorgt von der Seite an. „Bist du verärgert? Ich möchte doch nur, daß du diese große Freude auch kennenlernst, die in mir ist, seit ich getauft wurde, das ist alles."

„Ich weiß", war alles, was Fulvia antwortete.

Alle schwiegen sie nun, sogar Minta. Lydia ließ ihre Gedanken zurückwandern zu dem Augenblick, da sie geglaubt hatte, Gott habe sie tatsächlich direkt angerührt. Es mußte doch eigentlich auch einige sichtbare Zeichen dieser wunderbaren Heiligkeit geben, die sie so nahe verspürt hatte. Sie blickte sich um, sah das Gras und die Bäume, den staubigen Weg und den wolkenlosen Himmel, der sich wie eine gewaltige umgekehrte Schüssel aus blauem Glas über ihnen wölbte. Konnte es sein, daß alles so unverändert war? Ihr war, als müsse sich nach dem großartigen Erlebnis, das sie gemacht hatte, nun auch die ganze Welt verändert haben.

Vor ihnen türmte sich nun die zinnenbewehrte Stadtmauer Philippis auf. Immer noch schweigend gingen die Frauen durch den großen Bogen des steinernen Tores. „Dort ist Valleius“, sagte Fulvia plötzlich.

Lydia fuhr aus ihren Gedanken auf. „Glaubst du, daß er ärgerlich ist?“ fragte sie besorgt. Der Anblick von Valleius hatte sie wieder an die alltäglichen Dinge des Lebens erinnert.

„Warum sollte er?“ meinte Fulvia kopfschüttelnd. „Er weiß doch, wo ich gewesen bin.“ Doch auf ihrem Gesicht stand ein unbehaglicher Ausdruck. „Ach, er hat Erosa dabei. Wahrscheinlich hat sie irgendwo wahrsagen müssen. Sieh nur, wie zufrieden er aussieht. Wie eine Katze, die einen ganzen Napf voll Sahne ausgeleckt hat.“

In diesem Augenblick erblickte Valleius auch die Frauen. Er wandte sich um und kam mit großen Schritten auf sie zu. „Meine Lieben“, rief er gutgelaunt, „ich dachte schon, ihr würdet nie mehr zurückkommen. Noch nie seid ihr so lange draußen am Fluß gewesen.“

„Es war heute eben eine besondere Versammlung“, murmelte Fulvia zurückhaltend.

Als Valleius jetzt Lydia betrachtete, weiteten sich seine Augen vor Staunen. „Was ist denn mit dir geschehen?“ fragte er. „Dein Haar ist naß, und deine Kleidung ebenfalls. Hat es einen Unfall gegeben?“

Lydia blickte ihn unsicher an. „Nein, keinen Unfall...“ begann sie. „Es war... war...“ In diesem Augenblick erblickte sie Paulus und die anderen, die gerade durch das Stadttor schritten. „Es war eine religiöse Zeremonie“, sagte sie nun eifrig, weil sie schnell weiterzukommen wünschte, damit Paulus und Valleius nicht zusammentreffen sollten. „Bitte, vergib mir“, fuhr sie fort, „aber ich muß jetzt eilig nach Hause, denn mir ist trotz des warmen Sonnenscheins in den nassen Kleidern doch etwas kühl.“

„Eine religiöse Zeremonie?“ wunderte sich Valleius. „Aber du bist trocken, meine Liebe“, stellte er zu

Fulvia gewandt fest. „Ich dachte immer, ihr beiden würdet alles, was mit eurem Glauben zusammenhängt, gemeinsam tun."

„Nicht unbedingt alles", erwiderte Lydia zögernd. „Wir erzählen uns auch nicht immer alles, was wir denken oder was wir tun wollen."

„Selbst dann nicht, wenn wir es manchmal gern möchten", bestätigte Fulvia. Doch etwas im Ton ihrer Stimme erregte Lydias Aufmerksamkeit. War Fulvia verärgert, unsicher geworden oder enttäuscht, oder was konnte sonst sein? Doch sie hatte im Augenblick keine Zeit, weiter darüber nachzudenken. Sie mußte fortkommen, ehe Paulus zu nahe war.

Erosa, die während der Unterhaltung immer im Kreis um sie herumgegangen war, erspähte plötzlich die Gruppe der Fremden, die sich vom Stadttor her näherten. Erstaunlich schnell rannte sie ihnen entgegen, so daß nicht einmal Valleius' scharfer Befehl: „Erosa, komme sofort zurück", sie aufhalten konnte.

Erosa starrte Paulus und seine Freunde aufmerksam an. Lydia sah, wie seltsam das Mädchen jetzt ihren Kopf zwischen die Schultern zog und wie ihre Hände zu zittern begannen. Dann schrie sie plötzlich mit sich überschlagender Stimme: „Diese Männer sind Diener des allerhöchsten Gottes; sie verkünden euch den Weg des Heils!"

Paulus blickte das Mädchen müde an. „Gehört sie hier irgend jemand?" fragte er.

„Sie gehört zu mir!" rief Valleius ärgerlich.

Paulus betrachtete den hochgewachsenen Römer aufmerksam. Dann nickte er respektvoll mit dem Kopf. „So wird es wohl sein", bemerkte er gleichgültig. „Dann kümmere dich bitte um sie." Lydia anblickend, fuhr er fort: „Wir sehen uns dann in deinem Hause, Frau Lydia."

„Ja, in meinem Haus", bestätigte Lydia. Sie ergriff

Mintas Hand und eilte mit ihr davon; fort von Valleius' Zorn und der Verrücktheit seiner Sklavin, und auch fort von der unverständlichen Kühle Fulvias, von der Lydia geglaubt hatte, in ihren Gedanken seien sie immer einig.

Kapitel 14

„Sehr schön“, sagte Lydia zu sich selbst, als sie zurücktrat, um die Vase mit den orangenen Blüten zu bewundern, die sie auf einen Tisch im Atrium gestellt hatte. Es war nur sehr wenig Zeit, bis Paulus und seine Begleiter eintreffen würden; wahrscheinlich sobald mit dem Sonnenuntergang der Sabbath zu Ende sein würde. Deshalb konnte sie auch nicht mehr sehr viele Vorbereitungen treffen. Zum Glück hielt Kora das gesamte Haus immer so in Ordnung, daß Lydia einer Sklavin nur noch den Auftrag geben mußte, in den kleinen Schlafzimmern, die an das Atrium grenzten, ein wenig Staub zu wischen.

Ich hoffe, es ist nun soweit alles vorbereitet, dachte Lydia, und schaute sich aufmerksam um. Anschließend musterte sie noch einmal sorgfältig die frische Kleidung, die sie angezogen und dezent parfümiert hatte. Sie wußte, daß ihre Frisur nicht so perfekt wie gewöhnlich war, denn das Haar war am Vormittag naß geworden. Kora hatte zwar ihr Bestes getan. Für dieses eine Mal war Lydia froh, daß sie von Natur aus etwas krauses Haar hatte, das sich beim Trocknen in kleine Löckchen legte.

Es war für Lydia schon recht ungewohnt, im Haus

alles für Gäste vorzubereiten. Als Aurelius noch lebte, hatten sie oft Gäste willkommen geheißen und die entsprechenden Vorbereitungen getroffen. Doch seit Aurelius' Tod war das Leben völlig anders geworden, so daß Gäste für Lydia mittlerweile etwas Ungewohntes waren.

Ein Jahr nun schon, dachte Lydia, während sie im Atrium stand und das Mosaik des Fußbodens betrachtete. Sie mußte daran denken, wie sie in der ersten Zeit nach dem Tod ihres geliebten Gatten hier im Atrium in ihrem Kummer immer hin und her gegangen war. Es schien ihr kaum möglich, daß seither fast schon ein Jahr vergangen war, obwohl es in der Zwischenzeit sehr viele und auch sehr einschneidende Veränderungen in ihrem Leben gegeben hatte.

Natürlich waren nicht all diese Veränderungen schlecht gewesen, stellte sie ehrlich fest. Die Stunden des Lernens mit Ruben hatten ihr Leben mehr bereichert, als je irgend etwas anderes zuvor. Sie hatte so viel gelernt, daß sie sich manchmal selbst wunderte, wie sehr sich ihre Ansichten über wichtige Lebensfragen gewandelt hatten. Ihre frühere Überzeugung war, Ehrlichkeit und Treue seien anerkennenswerte Tugenden, weil dadurch die Familie und der Staat besser existieren konnten, wenn diese Eigenschaften unter den Menschen vorhanden waren. Es war ihr deshalb nicht leicht gefallen zu akzeptieren, daß jemand, der unehrlich oder ungerecht war, in den Augen Gottes gesündigt hatte. Doch nach und nach hatte sie, dank Rubens Unterweisungen, verstanden, daß unser ganzes Leben auf die Verantwortung ausgerichtet sein soll, die wir Menschen vor Gott haben.

Es hatte auch noch andere gute Dinge gegeben, die während dieses Jahres in ihr Leben gekommen waren. Fulvias Freundschaft; die Tatsache, daß ihre Tochter Minta durch den gemeinsamen Glauben sich ihr enger angeschlossen hatte als je zuvor; die Befriedigung, daß auch unter ihrer Leitung das Geschäft weiter florierte. All dies hatte zur Bereicherung ihres Lebens beigetragen, das mußte sie sich eingestehen.

Es hatte also genug Probleme, aber auch bereichernde Ereignisse gegeben, stellte sie nüchtern fest, während sie immer noch still im Atrium stand und ihren Gedanken erlaubte, die vergangenen Monate an ihrem Geist vorüberziehen zu lassen. Gewiß, auch im Geschäftsleben hatte sie nicht immer kluge Entscheidungen getroffen. Ditus war oft mürrisch und unwillig gewesen. Und da war außerdem die bohrende Sorge der kommenden Volljährigkeits-Zeremonie, die in wenigen Wochen stattfinden mußte. Sie hatte bis jetzt noch nicht ein einziges Mal mit Ditus über dieses Thema gesprochen, weil sie sich einfach noch nicht klar darüber war, wie sie ablaufen sollte. Gewiß, sie hatte schon über ein Dutzend Möglichkeiten nachgedacht und alle wieder verworfen. Bis jetzt wußte sie noch nicht, wer in der Zeremonie Aurelius' Platz einnehmen könnte. Auch die Frage, ob sie nach Ditus' Volljährigkeit mindestens einen Teil der geschäftlichen Verantwortung in seine Hände legen sollte, bereitete ihr noch Kopfzerbrechen.

Doch das Problem, das ihr die meisten Sorgen bereitete, war immer noch Valleius. Wochenlang ließ er sie in Ruhe, doch dann fand er immer wieder einmal einen Vorwand, sie aufzusuchen und zu bedrängen. Bis jetzt hatte sie ihn noch stets auf Abstand halten können, obwohl ihre Ausreden immer dünner wurden. Er hatte mehr als einmal auf die Tatsache angespielt, daß alles viel anders aussehen würde, wenn erst einmal ein volles Jahr seit dem Tod von Aurelius vorübergegangen sei. Nun war dieses Jahr vorbei. Was sollte sie tun? Wie sollte sie ihm erklären können, daß seine Wünsche Sünde waren. Sie zweifelte daran, daß er mit dem Begriff „Sünde" überhaupt etwas anzufangen wußte. Er würde vielleicht verstehen, daß ein solches Verhältnis unweise oder unter gewissen Umständen sogar gefährlich sein konnte, doch ihre Betrachtungsweise einer solchen Beziehung würde ihm unverständlich bleiben.

In Augenblicken, wenn sie mit sich selbst ganz ehrlich war, gestand sie sich ein, daß Valleius' beharrliches Drängen vielleicht nicht vergeblich sein würde, wenn sie noch die gleiche Frau wäre wie vor einem Jahr. Sie war manchmal einsam gewesen, wirklich sehr einsam; und Valleius konnte mit seiner Überredungskunst sehr überzeugend sein. Wäre es nicht um Rubens Gott..., nein, es war ja jetzt auch ihr Gott... Da fiel ihr plötzlich Erosa ein, wie sie Paulus und seine Begleiter angeschrien hatte, und auch der müde und angewiderte Gesichtsausdruck von Paulus stand wieder vor ihren Augen. Ich muß Fulvia bitten, daß sie sich bemüht, das Mädchen von den Straßen fernzuhalten, solange Paulus in Philippi ist, dachte sie. Es wäre doch sehr peinlich und störend, würde das Mädchen jedesmal ihr Geschrei anstimmen, wenn sie ihn zu sehen bekam.

In diesem Augenblick betrat Kora das Atrium. Sie sagte: „Ich bin nicht sicher, daß wir genug frische Matratzen für die Schlafräume haben, Herrin. Zwei sind noch in sehr gutem Zustand, dick und mit neuem Stroh gefüllt. Wir haben noch einige andere, doch die sind schon sehr durchgelegen. Ich glaube nicht, daß es uns noch vor Einbruch der Dunkelheit gelingt, sie aufzutrennen, neu zu füllen und wieder zuzunähen."

„Es muß eben bis morgen so gehen, und dann werden wir sie in Ordnung bringen", antwortete Lydia. „Mach dir also deshalb weiter keine Sorgen. Aus den Äußerungen unserer Gäste war zu entnehmen, daß sie in letzter Zeit oft im Freien auf dem nackten Boden geschlafen haben. Ich nehme an, daß sie jedes Bett als besser empfinden als diesen Zustand."

Kora nickte und wandte sich zum Gehen, doch an der Tür blieb sie zögernd stehen. „Darf ich etwas fragen, Herrin?"

„Natürlich, warum denn nicht?"

„Die zwei von uns, die dich heute vormittag begleiteten, Pyrus und Talos, haben uns ganz seltsame Geschichten erzählt. Sie behaupten, daß sie mit dir gemeinsam an irgendeiner besonderen religiösen Zeremonie teilgenommen haben. Soll ich sie wegen dieser Lügen bestrafen lassen?"

„Sie haben nicht gelogen, Kora, sondern wurden ebenso getauft wie ich. Doch ich weiß tatsächlich selbst noch nicht, was ich dazu sagen soll. Paulus, der Mann, der sie taufte, scheint der Meinung zu sein, daß es ganz in Ordnung ist. Ich habe noch keine Zeit gehabt, weiter über die Angelegenheit nachzudenken."

In Koras Gesicht war deutlich ihre Mißbilligung zu lesen. „Ich glaube, daß es eine große Vermessenheit von den beiden war, Herrin."

Achselzuckend erwiderte Lydia: „Wenn Paulus kommt, können wir ihn dieserhalb fragen. Er wird uns sicher eine zufriedenstellende Erklärung geben, nehme ich an."

„Ist dieser Pauls ein Priester?" wagte Kora zu fragen.

„Ja, aber eine besondere Art von Priester. Er reist herum und verkündigt überall die erstaunlichen Wundergeschichten von dem jüdischen Messias. Die Männer, die ihn begleiten, sind seine Freunde, oder vielleicht auch seine Jünger. Einer von ihnen, Lukas, war immer sehr besorgt um Paulus' körperliches Wohlbefinden. Er benahm sich so, wie ein Arzt das immer tut. Vielleicht ist er sogar einer. Aber ich weiß es nicht."

„Dann stimmt es, daß auch du diesen Männern heute zum ersten Mal begegnet bist?" fragte Kora. Sie war nicht in der Lage, ihre Bestürzung darüber zu verbergen.

Lydia blickte sie mit kühler Geringschätzung an. „Ich glaube, du solltest dich jetzt an deine Arbeit begeben", sagte sie kalt.

Kora verneigte sich leicht. „Ich bitte um Vergebung, Herrin. Ich werde mich darum kümmern, daß die Matratzen mindestens gelüftet und aufgeschüttelt werden."

Ich hätte nicht so kalt sein sollen, dachte Lydia, während sie Kora nachblickte. Aber andererseits hat sie auch kein Recht, solche Fragen zu stellen. Es gibt niemand, der das Recht hat, mich für das, was ich tue, zur Rechenschaft zu ziehen.

So, als müsse diese Ansicht augenblicklich widerlegt werden, stürmte in diesem Moment Ditus in das Atrium, um von seiner Mutter Rechenschaft zu fordern. „Was ist das für eine Sache, die Minta mir erzählt hat?" verlangte er Aufklärung. „Welche törichten Dinge gehen hier vor? Sie schwätzt hysterisch über eine Art von Taufe und über einen Mann, der so etwas wie ein Gott sein soll. Außerdem sollen vier Männer als Gäste zu uns kommen. Hierher in mein Haus?"

„Du vergißt dich, Sohn", mahnte Lydia.

„Nein, das tue ich nicht. Ich habe schon seit längerer Zeit versucht, jeden Streit mit dir zu vermeiden, Mutter, weil ich dich bedauere. Aber..."

„Du mich bedauern?" explodierte Lydia.

„Jawohl, bedauern. Obwohl ich fest davon überzeugt bin, daß du mir mein Geburtsrecht gestohlen hast, habe ich es bisher hingenommen, weil ich weiß, daß du immer noch um meinen Vater leidest. Dein Geschäft..., eigentlich ist es ja mein Geschäft, gab dir

Arbeit und Ablenkung. Ich habe geglaubt, du würdest darin Trost finden."

Lydia blickte Ditus schockiert und sprachlos an.

Dieser fuhr fort: „In wenigen Wochen werde ich meinen 17. Geburtstag feiern. Weißt du, wie viele Jahre ich darauf schon sehnlichst warte? Vater sagte immer, ich hätte es besonders glücklich getroffen, denn mein Geburtstag und der Tag der Erwachsenenfeier fallen beide auf den 17. März. Aber du behandelst mich immer noch wie ein kleines Kind."

„Das ist nicht wahr", widersprach Lydia, die noch immer nicht in der Lage war, ihre Gefühle in Worten auszudrücken.

„Doch, so ist es. Wirklich wie ein kleines Kind. Wir haben ja noch nicht einmal über die Feier meiner Erwachsenen-Zeremonie gesprochen. Du benimmst dich so, als gäbe es das gar nicht. Den ganzen Tag redest du nur über deinen Gott und ermutigst Minta noch, es ebenso zu machen."

„Ditus, hör mir einmal zu..."

„Ich möchte ja zuhören", rief er. „Ich möchte wissen, was heute vormittag mit Minta und mit dir geschehen ist. Ich möchte wissen, welche Torheit dich dazu veranlaßt hat, vier Männer, alles Fremde, in das Haus einer Witwe einzuladen?"

„Eben hast du noch gesagt, es sei dein Haus", bemerkte Lydia bitter.

„Also gut, dann ist es unser Haus", sagte Ditus. „Aber willst du mir bitte sagen, was das alles bedeutet, ehe ich durchdrehe?"

Lydia ging zu einer Bank und setzte sich. Als sie an dem kleinen Teich vorüberging, bemerkte sie, daß sich der blaue Himmel in dem klaren Wasser spiegelte. Das erinnerte sie wieder an die Taufe, an Paulus' Fragen und an ihre zuversichtlichen Antworten. Doch wo war Gottes Geist jetzt, wenn alles, was sie noch empfand, Ärger und Empörung war?

„O Gott, bitte, hilf mir um Jesu willen", flehte sie innerlich. Fast augenblicklich fühlte sie, wie eine Art Ruhe und Frieden ihre Seele durchzog. Sie machte eine einladende Handbewegung und sagte: „Setz dich neben mich, Ditus. Hör mir zu und versuche mich zu verstehen."

Ditus war überrascht, daß Lydia nicht wie üblich schrie, sondern in so ruhigem Ton sprach. „Gut, ich höre", nickte er und setzte sich zu ihr.

„Du weißt, daß Minta und ich Glauben an den Herrn, den Gott Jahwe, gefunden haben. Wir sind davon überzeugt, daß Er nicht einfach ein besonders großer Gott unter den anderen Göttern ist, sondern der einzige Gott, den es gibt. Nein, unterbrich mich nicht. Du wirst mich nicht verstehen können, wenn du nicht zuhörst. Du mußt die Tatsache akzeptieren, daß Minta und ich glauben. Du kannst fragen, was wir glauben — das ist dein Recht. Aber du hast kein Recht, die Tatsache in Frage zu stellen, daß wir davon überzeugt sind, daß Jahwe unser Herr und der einzige Gott ist."

„Ich nehme an, ich kann dir keine Vorschriften darüber machen, was du glauben oder denken sollst", sagte Ditus. „Auch wenn ich meine, daß dein Glaube nichts als Torheit ist."

„Nein, das kannst du wirklich nicht. Aber zurück zu heute vormittag. Seit Ruben mich aus seinen heiligen Schriften belehrt, hat er auch immer wieder von dem möglichen Kommen eines Messias geredet."

„Eines was...?"

„Ein Messias. Ein Erlöser. Er ist die Erfüllung einer Verheißung, die von den jüdischen Propheten schon vor Hunderten von Jahren gemacht wurde."

Ditus schüttelte nur mit dem Kopf. Doch Lydia fuhr hartnäckig fort: „Die Männer, die heute vormittag zu unserer Versammlung kamen, Paulus, Silas,

Timotheus (ihn würdest du auch mögen, Ditus, das weiß ich) und Lukas, sagen nun, dieser Messias sei gekommen."

„Wo, hier bei uns?"

„Nein, sondern im Lande der Juden, in Israel. Er lebte, lehrte und starb dort. Er wurde...," Hier zögerte sie, weil sie Ditus' Reaktion voraussah. „...er wurde von römischen Soldaten gekreuzigt."

„O Mutter", rief Ditus voller Verachtung. „Bei allen Göttern, wie kannst du nur von einem Mann etwas Gutes glauben, der als Krimineller getötet wurde. Du bist doch eine intelligente Frau. Was ist nur mit dir geschehen?"

„Das ist noch nicht alles." Lydia blieb ganz ruhig. „Er — dieser Messias, ist auferstanden von den Toten. Er wurde gesehen, Ditus. Er hat den Tod überwunden."

Ditus' Mund entfuhr ein gemeines Wort. Er machte keinen Versuch, sich zu entschuldigen, sondern sprang auf und lief erregt hin und her. „Aber das ist doch unsinnig", empörte er sich. „Wenn diese Männer, die gekommen sind, das dumme Zeug glauben, sind sie ebenfalls nicht mehr normal. Es ist mir ein Rätsel, daß du dich so verführen läßt und es auch Minta gestattest."

„Es tut mir leid", sagte Lydia hilflos. „Es muß wohl meine Schuld sein, daß du so denkst, weil ich es nicht besser erklären kann. Für mich war alles klar und logisch und völlig glaubhaft, als Paulus uns davon berichtete."

„Wer ist dieser Paulus?"

„Paulus von Tarsus? Er ist ein Jude. Ein Mann von größerer Überzeugungskraft, als ich je einen kennengelernt habe. Ich bin überzeugt, daß Gott ihn gesandt hat."

„Und ich bin überzeugt, daß du von einem schlauen Scharlatan hypnotisiert worden bist“, fauchte Ditus. „Wir werden vielleicht noch in unseren Betten ermordet, und alles Wertvolle im Haus wird gestohlen.“

„Hast du eine so geringe Meinung von meiner Menschenkenntnis?“ fragte Lydia.

„Ich fürchte, ja. Du hast in deiner Unschuld auch gedacht, du könntest mit Valleius Tatinius befreundet sein. Wärst du klüger in den Dingen dieser Welt, wüßtest du, daß er ein Mann ist und bei einer solchen Freundschaft nur an seine Wünsche denkt. Glaubst du, ich ahne nicht, welche Probleme du nun mit ihm hast?“

„Wenn ich mich recht erinnere“, antwortete Lydia, „hast du einmal geglaubt, ich würde ihn mit seinen üblen Wünschen noch ermutigen.“

„Da war ich zu voreilig“, gab Ditus zu. „Jetzt weiß ich es besser. Doch ich bin sicher, daß du dein Problem noch nicht gelöst hast. Eigentlich ist es unser Problem. Denn alles, was Einfluß auf unser Geschäft haben kann, geht auch mich an. Und du weißt, wie viele Schwierigkeiten Valleius uns machen könnte.“

Lydia schwieg und schaute Ditus nur erstaunt an. Sie hatte nie geglaubt, er könnte die Zusammenhänge so klar erkennen.

„Ich bezweifle sogar, daß es klug war, sich so sehr auf Ruben zu verlassen“, fuhr Ditus brutal fort. „Er ist ein alter Mann und ein Schwärmer. Ich sehe nicht, wo er dir wirklich eine Hilfe sein kann.“

„Das solltest du besser wissen“, erwiderte Lydia.

Achselzuckend fuhr Ditus fort: „Und Clement? Du denkst vielleicht, er sei ein Bauer, eben nur ein einfacher Soldat.“

Ihr Herz klopfte heftiger. „Was weißt du denn von... von...“

„Von deinem Zusammentreffen mit Clement?“ unterbrach Ditus sie. „Jedenfalls genug. Ich weiß, daß du ihn im Tatinius-Haus getroffen hast. Ich weiß, daß du wissen wolltest, ob ich dir die Wahrheit erzählt hatte. Ich bin nicht sicher, was Clement dir gesagt hat. Er lachte nur, als ich ihn danach fragte. Doch gewiß hast du keine hohe Meinung von ihm. Er ist wohl nicht die Art von Mann, der dich beeindrucken könnte."

„Ich habe tatsächlich gefunden", sagte Lydia, vorsichtig ihre Worte wählend, „daß dieser Clement mich stark an deinen Vater erinnerte. Nicht im Aussehen oder mit seinen Worten, und auch nicht mit seinem Benehmen, sondern in anderer Weise. Ich weiß nicht recht, wie ich es ausdrücken soll."

„In seiner inneren Kraft?" meinte Ditus fragend. „In der Güte seines Charakters?"

„Ich weiß es nicht", antwortete Lydia. „Ich weiß nur, daß ich auf seltsame Weise getröstet war, nachdem ich mit ihm gesprochen hatte."

Ditus sah jetzt etwas verlegen aus. „Da du von dieser Begegnung nichts erwähnt hast und weiterhin nicht damit einverstanden bist, daß ich in die Kaserne gehe, nahm ich an, daß Clement einen schlechten Eindruck auf dich gemacht hätte."

„Einverstanden bin ich damit immer noch nicht", sagte Lydia prompt. „Nicht deines Freundes Clement wegen, sondern weil du immer so spät nachts nach Hause kommst und dort Dinge tust, die weder deinen Verstand schärfen, noch deine Seele läutern."

„O Mutter", rief Ditus, „du klingst so fromm"

Das Wort tat weh. Lydia hatte es oft gebraucht, um Menschen zu charakterisieren, die kritisch und intolerant gegenüber allem waren, was nicht zu ihrem eigenen Lebensstil paßte. Nun wandte es Ditus auf sie an, obwohl sie wußte, daß es nicht wahr sein konnte. Sie hatte nur entdeckt, wie wahres Leben sein konnte. Durfte man sie nun verurteilen, weil sie in dieser Entdeckung auch leben wollte?"

„Doch, Ditus, ich kenne sie. Vielleicht noch nicht für eine bestimmte Zeit. Du hast auch recht, wenn du meinst, daß ich nichts über ihre Lebensumstände, ihre Herkunft usw. weiß. Doch ich weiß bestimmt, daß sie ehrenwerte Männer sind und daß die Dinge, die sie uns heute vormittag erzählten, die größte Wahrheit beinhalten, die die Welt je gehört hat."

Ditus schüttelte ermattet den Kopf. „Ich kann das nicht glauben", sagte er. „Ich hätte wissen sollen, daß du begannst, deinen Sinn für die Realitäten des Lebens, für die Dinge, auf die es wirklich ankommt, zu verlieren, als du anfingst, jedesmal funkelnde Augen zu bekommen, wenn Ruben dir von dem Unsinn erzählte, an den er glaubt. Wie kannst du erwarten, daß ich dich noch respektiere, und solchen Respekt wünschst du dir ja von mir, wenn du so törichte und vielleicht sogar gefährliche Dinge tust, wie vier uns völlig fremde Männer in unser Haus einzuladen? Und du hast es getan, ohne meine Meinung darüber anzuhören. Aber wahrscheinlich hast du daran überhaupt nicht gedacht." Seine Stimme war immer lauter geworden. Die letzten Worte hatte er schon fast geschrien.

Lydia öffnete gerade ihren Mund, um eine ärgerliche Antwort zu geben, als ein Geräusch sie veranlaßte sich umzudrehen. Kora, in deren Augen immer noch ihr Widerspruch zu lesen war, führte Paulus und seine Freunde herein.

„Wir sind angekommen, Frau Lydia", sagte Paulus in höflichem Ton. „Dies ist wohl dein Sohn, von dem du sagtest, er würde deine Einladung auch noch bestätigen?"

Es war ganz offensichtlich, daß sie die letzten zornigen Worte von Ditus ebenfalls gehört hatten. Deshalb stand Lydia nur stumm da, während sie fühlte, daß die Schamröte in ihrem Gesicht brannte.

Ditus blieb ebenfalls einige Augenblicke unschlüssig stehen. Dann wandte er sich dem Ausgang zu. „Ihr werdet mich sicher entschuldigen“, sagte er brüsk und ging ohne Begrüßung an den vier Männern vorbei. „Ich bin überzeugt davon, meine Mutter wird euch warm willkommen heißen.“ Damit verließ er den Raum. In der Stille, die folgte, klang das Krachen, mit dem er die Tür zuwarf, besonders laut.

Kapitel 15

Obwohl ihre Wangen schamrot waren, blickte Lydia Paulus fest an. „Ihr seid herzlich willkommen in meinem Haus“, erklärte sie ruhig, aber mit fester Stimme. „Die Zimmer sind vielleicht noch nicht ganz so bequem, wie wir sie gern eingerichtet hätten, doch morgen werden wir noch die entsprechenden Verbesserungen vornehmen.“ Sie deutete zu den kleinen Räumen, drei auf jeder Seite, deren Türen sich zum Atrium hin öffneten.

Die Männer blickten sich bewundernd um. „Ein wunderschönes Haus“, sagte Silas. „Der Herr gibt uns nicht oft einen so schönen Aufenthaltsort.“

„Da Er es aber getan hat“, ergänzte Paulus ruhig, „will Er wohl, daß wir diese Gelegenheit wahrnehmen. Mit deiner freundlichen Genehmigung, Frau Lydia, werden wir jeden Tag hier schlafen und unsere Andacht halten, ehe wir in die Stadt gehen, um dort die Botschaft von Jesus Christus zu verkündigen.“

„Wie immer ihr es wünscht, soll es geschehen“, stimmte Lydia zu. „Ich hoffe, ihr werdet auch an unseren Mahlzeiten teilnehmen.“

„Das wäre sicherlich zuviel verlangt“, begann Lukas.

„Beurteilt meine Gastfreundschaft nicht nach der Haltung meines Sohnes", protestierte Lydia. „Ich möchte, daß ihr euch hier völlig Zuhause fühlt."

Timotheus lächelte schüchtern. „Vielen Dank", sagte er.

„Sucht euch bitte die Räume aus, in denen ihr schlafen wollt, und bringt eure Sachen hinein", forderte Lydia die Gäste auf. „Dann kommt entweder hier in das Atrium oder in den Wohnraum, um euch auszuruhen. Wein und Früchte zu eurer Erfrischung werden bereitstehen. Ich verlasse euch jetzt, damit ihr euch einrichten könnt."

Minta wartete im Wohnraum auf sie. Sie hatte sich ebenfalls umgezogen. Ihr Gesicht strahlte vor Freude und Erwartung. „Sind sie gekommen, Mutter?" fragte sie eifrig.

„Ja, sie sind hier."

„Du scheinst nicht sehr froh darüber zu sein. Ich dachte, du würdest dich auch über ihr Kommen freuen."

„Ditus war furchtbar unhöflich zu ihnen. Ich wurde sehr gedemütigt, weil dadurch meine Gastfreundschaft in Zweifel gebracht wurde."

„Ich glaube, Frau Lydia, wir beide sollten uns einmal über deinen Sohn unterhalten." Paulus' Worte kamen völlig unerwartet, so daß Lydia ein wenig zusammenzuckte. Doch ihr Gesicht war ausdruckslos, als sie sich nun ihrem Gast zuwandte.

„Euer Kommen hat ihn völlig überrascht", entschuldigte sie ihn. Obwohl sie über Ditus selbst sehr zornig war, konnte sie ihn doch vor einem Fremden nicht bloßstellen.

„Er war sehr — nun, ich möchte sagen, sehr verantwortungsbewußt besorgt für die Sicherheit seiner Mutter und seiner Schwester, mit vier fremden Männern im Hause?" fragte Paulus.

„Ja... er..."

Minta unterbrach ihre Mutter: „Ich habe ihm von der Versammlung heute vormittag erzählt und von Jesus, und wie du uns getauft hast ... und..."

Paulus lächelte dem Mädchen zu, wandte sich dann aber wieder an Lydia: „Dein Sohn ist demnach nicht gottesfürchtig?" fragte er. „Wie kommt es, daß du es bist und deine Tochter ebenso?"

Lydia seufzte. „Ach, das ist eine lange Geschichte. Setz dich doch bitte mit uns auf eine der Bänke und mache es dir bequem. Ich will versuchen, dir alles zu erzählen."

Minta bot Paulus Wein an. Doch er lehnte freundlich ab, setzte sich und wartete schweigend auf den Beginn von Lydias Bericht. Es war keine nachlässige Bequemlichkeit, die ihn so schweigend warten ließ, stellte Lydia fest. Er war offensichtlich ein sehr disziplinierter Mann, der seinen Körper ebenso unter Kontrolle hatte wie seinen Geist. Deshalb würde er wahrscheinlich auch für Ditus' unhöflichen Zornesausbruch kaum Verständnis haben, dachte sie. Ob Paulus vielleicht erwartete, alle anderen Menschen sollten genauso diszipliniert sein? Nun ja — sie konnte nichts anderes tun, als mit ihrem Bericht zu beginnen.

Sie faßte sich so kurz wie möglich, und begann mit ihrem Kummer über Aurelius' plötzlichen und überraschenden Tod bis zu der Versammlung am Ufer des Gangites an diesem Vormittag. Paulus hörte die ganze Zeit mit nicht nachlassender Aufmerksamkeit zu, unterbrach sie aber mit keinem Wort.

„Und dann", endete sie, obwohl sie nicht sicher war, ob sie alles klar genug berichtet hatte, „kamst du und erzähltest uns über den Messias, der den Tod überwunden hat. Für mich schien dies die Antwort auf all meine Fragen und Probleme zu sein."

Paulus nickte schweigend. Endlich sagte er: „Deine Geschichte ist nicht gerade alltäglich. Du hast Gott durch den Glauben angenommen, nicht aufgrund einer ererbten Tradition. Das macht es für dich einerseits leichter, andererseits aber auch etwas schwieriger. Leichter, weil du das große Prinzip des Glaubens schon erfaßt hast, und dies ist das Wichtigste für einen Nachfolger Jesu. Schwieriger deshalb, weil dir das Wissen über den geschichtlichen Hintergrund und die Gesetze Gottes fehlt."

„Auch darüber weiß ich schon einiges", antwortete Lydia. „Ruben besitzt eine Reihe eurer heiligen Schriftrollen, die wir oft zusammen studiert haben. Es sind die ersten Bücher der Thora, der größte Teil vom Propheten Jesaja und eine Anzahl Psalmen von König David."

„Du konntest sie lesen?" fragte Paulus erstaunt.

„Sie sind in griechischer Sprache geschrieben. Ich weiß nicht, woher Ruben sie hat. Seine Vergangenheit ist für mich ein wenig wie ein Geheimnis."

„Du sprichst von dem alten Mann, der heute ebenfalls getauft wurde? Ja, er ist ein wenig seltsam. Er hält zwar am Gesetz fest, aber nicht so hartnäckig und engstirnig wie die Pharisäer. Er ist ein aufgeklärter Mann, würde ich sagen. Früher, ehe ich selbst dem Herrn Jesus begegnete, hätte ich ihn als einen Abgefallenen und Irrlehrer bezeichnet."

„Er hat mich alles gelehrt, was ich über Gott weiß", sagte Lydia. „Meine Freundin Fulvia und ich haben uns von ihm immer Unterricht über eure Gesetze und über den Gott Jahwe geben lassen."

„Deine Freundin Fulvia? Ist es die andere Frau, die heute vormittag mit dir war? Sie schien mir eine Römerin zu sein."

„Ja. Ihr Gatte ist einer der höchsten römischen Verwaltungsbeamten im Bezirk von Philippi. Fulvia und ich haben den neu gefundenen Glauben immer miteinander geteilt. Das heißt — bis heute morgen.

Doch sie wurde nicht mit getauft. Sie sagte mir anschließend, sie wisse noch nicht genug über Jesu Lehre und Seine Taten."

„Du aber glaubst, genug darüber zu wissen?" fragte Paulus und blickte Lydia dabei durchdringend an.

„O nein, Herr, längst nicht genug. Doch ich habe mich nicht deshalb taufen lassen, weil mein Verstand davon überzeugt gewesen wäre, sondern weil mein Herz mich drängte. Ich war einfach innerlich überführt davon."

Paulus nickte, offensichtlich recht befriedigt. „Das ist ein guter Anfang", sagte er leise. „Wir haben die Absicht, eine Weile hierzubleiben. Lange genug jedenfalls, bis eine christliche Gemeinde gegründet ist. Eine Gemeinde, die aus einer Schar von Männern und Frauen besteht, die Jesus Christus als ihren Herrn und den Messias anerkennen."

„Es gibt aber wirklich nicht sehr viele Juden in Philippi", gab Lydia zu bedenken. „Und nur Fulvia, Minta und ich sind gottesfürchtig. Sonst wüßte ich weiter niemand."

„Jeder, der an den Herrn Jesus Christus glauben will, kann ein Glied in dieser Gemeinschaft werden", erklärte Paulus.

„Ich fühle mich wirklich reich gesegnet und bevorzugt", murmelte Lydia, „weil du mit deinen Gefährten in mein Haus gekommen bist."

Einige Augenblicke herrschte Schweigen, dann sagte Paulus: „Meine Freunde ruhen sich schon ein wenig aus. Ich würde das ebenfalls gern tun und mich etwas hinlegen. Willst du mich bitte entschuldigen?"

„Gewiß, du bist sicher sehr müde."

Paulus erhob seine Hände ein wenig zu ihr und Minta hin, als wolle er sie segnen, sagte aber einfach: „In all den Schwierigkeiten meines Lebens kommt mir dieser Aufenthalt in Philippi wie ein besonderer Segen und eine friedevolle Ruhezeit für meine Seele vor. Daran hast du, Frau Lydia, einen großen Anteil. Ich danke dir dafür." Er erhob sich und ging zu seinem Raum.

Minta blickte ihre Mutter an. „Wie ist es möglich, daß Ditus diesen Mann nicht leiden kann?" fragte sie betrübt. „Ich liebe ihn einfach."

„Ditus kennt ihn ja noch gar nicht", versuchte Lydia sie zu beruhigen. „Wir kennen Ditus ja. Deshalb wird es nicht leicht sein, ihn dazu zu bringen, Paulus wenigstens einmal zuzuhören. Außerdem ist Ditus sehr zornig auf mich. Bis heute habe ich nicht gewußt, wie groß sein Zorn wirklich ist."

„Ach, Ditus wird schnell zornig", meinte Minta tröstend, „aber ebensoschnell ist es bei ihm wieder vorbei."

„Dann wollen wir beten, daß sich sein Zorn mir gegenüber auch bald legt", stimmte Lydia zu und hoffte, wenigstens äußerlich zuversichtlicher zu erscheinen, als sie im Herzen war.

Ditus war zum Abendessen nicht erschienen. Und auch später, als Lydia und Minta mit ihren Gästen noch beisammen saßen und aufmerksam den Geschichten von Jesus lauschten, ließ er sich nicht sehen. Auch Fulvia war nicht gekommen, obwohl Lydia ihr eine Botschaft gesandt hatte, daß Paulus nach dem Abendessen von Jesus und von all dem, was Er gelehrt hatte, erzählen würde.

Trotz ihrer Sorge um Sohn und Freundin wurde Lydia von dem, was Paulus berichtete, gefesselt. Alle Liebe und Hingabe, die sie für Gott empfand, schien durch diese Belehrungen noch vertieft und geläutert zu werden. Sie erkannte, daß es ihr besonders leicht fiel, für die neuen Lehren, die Gott den Menschen durch Jesus gebracht hatte, offen zu sein, weil ihr

Geist nicht durch die alten Philosophien und Vorurteile einseitig beeinflußt war.

Als sich alle endlich eine gute Nachtruhe wünschten und Lydia zu ihrem eigenen Schlafzimmer ging, fühlte sie innerlich soviel Liebe und Glück, wie noch nie zuvor in ihrem Leben. Sie empfand nur Mitleid und Vergebungsbereitschaft für Ditus und Sorge um Fulvia. Als sie langsam in den Schlaf sank, war sie überzeugt davon, daß all ihre Sorgen nun ein Ende haben würden.

Auf ihrem Gesicht lag immer noch ein kleines Lächeln, als Kora, mit einer Lampe in der zitternden Hand, weinend in den Raum stürzte und sie aus dem Schlaf weckte. „Herrin! Herrin!" rief sie und schüttelte Lydia an der Schulter. „Herrin, komm schnell. Der junge Herr — er ist schwer verletzt!"

Lydia erwachte mit dem Gefühl, als würde eine kalte Hand ihr den Hals zudrücken. „Ditus?" sagte sie noch ganz benommen. „Was ist mit Ditus? Du sagst, er ist verletzt? Was...wo...?"

Sie dachte nicht einmal daran, daß sie männliche Gäste im Hause hatte, sondern sprang einfach aus dem Bett und folgte in ihrem Unterkleid Kora, die mit der Lampe zu den Stufen voranging, die zu der Vorhalle hinunterführten.

„Was ist denn los?" drängte Lydia. „Was ist geschehen?"

Koras Stimme klang so atemlos wie die ihrer Herrin. „Ich weiß es nicht", sagte sie. „Ein Mann brachte ihn. Ich glaube, es hat eine Schlägerei gegeben."

„O nein", stöhnte Lydia. „Ditus — und sich schlagen? Niemals!"

Kora blieb so plötzlich stehen, daß Lydia auf sie rannte. „Hier, Herrin", sagte sie und hielt die Lampe tiefer.

Lydia mußte im schwachen Schein der Lampe

schon genau hinblicken, um Ditus zu erkennen, der wie ein zusammengerolltes Häufchen auf dem Fußboden der Halle lag. Sein Obergewand war zerrissen und blutig, und quer über die Stirn zog sich eine tiefe Wunde. Er hatte offensichtlich sehr stark geblutet.

„Hat ihn denn niemand begleitet?“ rief Lydia.

„Ein Mann hat ihn nach hier getragen, Herrin. Doch er sagte, er müsse sofort zurück. Er nannte auch seinen Namen. Clement heißt er.“

„Und er hat meinen Sohn einfach hierher gelegt und läßt ihn zu Tode bluten“, sagte Lydia bitter. „Was ist er nur für ein Mann?“

„Er war ein Mann voller Furcht“, antwortete Kora. „Er sagte, er sei der Gefängniswärter, Herrin. Sollten ihm Gefangene entfliehen, während er fortgegangen ist, wird er dafür getötet. Du kennst das Gesetz ja auch. Sogar ich weiß das.“

„Aber schau dir Ditus nur an. Er hätte ihn doch---“

„Er hat ihn zu uns nach Hause getragen, Herrin“, beharrte Kora. „Er hat den jungen Herrn nicht verlassen, bis er wußte, ich war wach und ging, um dich zu wecken.“

Lydia schaute auf ihren bewußtlosen Sohn hinunter. Der Schreck hatte sie so gepackt, daß sie am ganzen Körper eiskalt war und zitterte. Ditus' Gesicht war totenblaß und mit Blut verschmiert.

„Was sollen wir nur tun?“ stöhnte Lydia. „Hole etwas Wasser, Kora, und Decken und Kleidung. Und dann wecke einen Sklaven, den wir zum Arzt schicken können.“

„Würdest du gestatten, Herrin Lydia“, sagte eine ruhige Stimme hinter ihr. „Ich bin Arzt. Darf ich mir den Jungen einmal ansehen?“

Lydia blickte auf und erkannte Lukas. Timotheus stand einen Schritt hinter ihm. „O ja, bitte — er sieht aus, als sei er tot.“

Lukas kniete nieder und legte das Ohr auf die Brust des Jungen. Nach einer Stille, die Lydia unendlich erschien, erhob er sich wieder und sagte: „Er lebt, doch er scheint sehr viel Blut verloren zu haben. Können wir ihn irgendwo in ein Bett legen? Ich brauche dann auch Wasser. Timotheus, hole mir bitte meine Tasche. Hast du einen Sklaven, Frau Lydia, der mir helfen kann ihn zu tragen?"

„Kora", rief Lydia, „hole Pyrus herbei. Aber bitte schnell!"

Doch Pyrus stand schon in der Nähe. Er war durch den Lärm wach geworden und wollte gerade nachschauen, was geschehen war. Er und Lukas hoben Ditus vorsichtig hoch und trugen ihn in das kleine Zimmer, in dem der Junge schlief.

„Jetzt möchte ich euch alle bitten, das Zimmer zu verlassen. Nur die Mutter sollte hierbleiben", sagte Lukas. „Kannst du Blut sehen?" fragte er Lydia.

Lydia erwiderte fest: „Ich bin eine Mutter, Herr. Ich kann alles mit ansehen und ertragen."

Sie hielt vorsichtig Ditus' Kopf, während Lukas die häßliche Stirnwunde säuberte und die Hautränder zusammenzog, um sie zu nähen. Jedesmal, wenn die gekrümmte Nadel in die Haut fuhr, war es ihr, als würde sie den Stich im eigenen Körper fühlen.

Nachdem diese Arbeit beendet war, untersuchte Lukas den Jungen weiter. Auf dem Rücken befand sich noch eine stark angeschwollene und blutunterlaufene Verletzung. „Man scheint ihn hier mit dem Fuß getreten zu haben", sagte Lukas ernst. „Diese Wunde sieht bös aus. Ich hoffe, es hat dadurch keine inneren Schäden gegeben."

Lydia fühlte, wie ihr die Tränen über das Gesicht liefen. Sie war nicht in der Lage, sie zurückzuhalten. Wo war diese heitere Ruhe geblieben, die sie empfunden hatte, als sie zu Bett gegangen war? Wo war der

Gott, dem ihre ganze Liebe und Verehrung galt? Warum durfte dieses schreckliche Unheil geschehen?

Irgendwann, während Lukas mit Ditus beschäftigt war, hatte Minta leise den Raum betreten. Blaß und erschrocken, aber mit einem entschlossenen Gesichtsausdruck, saß sie neben ihrer Mutter. „Gott wird für Ditus sorgen“, flüsterte sie. „Ich weiß, daß Er es tun wird, Mutter.“

Lydia schluckte die Worte wieder hinunter, die ihr auf der Zunge lagen. Es fiel ihr schwer, nicht zu schreien: „Wo war Gott denn, als Ditus angegriffen wurde und sich wehren mußte?“ Doch um Mintas willen hielt sie sich zurück.

„Wie sieht es aus?“ wandte sie sich fragend an Lukas.

Das Gesicht des Mannes war bekümmert. „Er ist sehr schwer verletzt und hat, wie ich schon sagte, sehr viel Blut verloren. Ich möchte dir nichts vormachen, denn sein Zustand ist sehr schlecht. Wenn du gern noch einen anderen Arzt rufen möchtest, so wäre ich damit auch einverstanden“, sagte er.

„Ich habe dich die ganze Zeit beobachtet“, erklärte Lydia und gab sich Mühe, ruhig zu sprechen. „Du bist sehr geschickt und durchaus in der Lage, alles zu tun, was ein anderer Arzt auch tun könnte. Doch — was ist mit Medizin? Brauchst du vielleicht irgendein Medikament, das du nicht bei dir hast?“

Lukas schüttelte den Kopf. „Ich habe heilenden Balsam für die offenen Wunden“, erklärte er. „Auch Schlafmittel habe ich bei mir, die schmerzstillend wirken, wenn wir diese später benötigen sollten. Ich wüßte nichts, was ihm im Augenblick noch helfen könnte.“

„Er müßte doch nun eigentlich bald aufwachen“, rief Lydia. Die Angst in ihrer Stimme war deutlich zu hören. „Die Blutungen haben aufgehört. Er sollte wieder zu sich kommen.“

„Ja“, stimmte Lukas zu, „eigentlich sollte er, es sei denn, er hat innere Blutungen. Darüber habe ich mir auch schon Sorgen gemacht. Sollte es allerdings so sein, können wir nichts weiter für ihn tun.“

„Aber wir können beten.“ Mintas Stimme klang klar und fest. „Wir können doch beten, nicht wahr?“

„Ich bin noch nicht sehr lange mit Paulus zusammen“, bekannte Lukas, „da ich mich auch erst vor kurzer Zeit bekehrt habe. Doch ich habe schon etliche Male miterlebt, daß Paulus und Silas Dinge taten, die man eigentlich nur als Wunderheilungen bezeichnen kann. Was meinst du dazu, Timotheus, sollten wir sie rufen?“

Doch Timotheus war nicht da. Während Lukas sich noch erstaunt umblickte, waren Männerstimmen zu hören, die offensichtlich näherkamen.

„Es hat also Schwierigkeiten gegeben?“ fragte Paulus wenige Augenblicke später von der Tür her. „Wieso hast du das gewußt, Lukas, wo ich doch nichts davon hörte, bis eben Timotheus kam, mich aufweckte und berichtete, der junge Mann läge im Sterben?“

Noch ehe Lukas antworten konnte, rief Lydia verzweifelt: „O nein, er darf nicht sterben! Gott wird das sicherlich nicht zulassen. Bitte, bitte, tue etwas!“

Lukas nahm Lydias Hand in die seine und sprach beruhigend auf sie ein. „Du brauchst den Mut noch nicht zu verlieren. Ich glaube, Timotheus war mit seinen Worten ein wenig zu voreilig.“ Doch der Blick, den er dabei Paulus zuwarf, ließ seine tiefe Sorge erkennen. Lydia war, als würde ihr eigenes Leben langsam aus ihr entweichen.

„Was ist eigentlich geschehen?“ fragte Paulus, während er auf den immer noch reglos daliegenden Ditus hinabblickte.

„Wir wissen es auch nicht“, antwortete Lukas. „Es hat höchstwahrscheinlich eine Schlägerei gegeben. Der

Junge ist jedenfalls sehr schwer verletzt."

Lydia wurde plötzlich von großer Angst gepackt, denn ihr wurde klar, was Paulus über den ganzen Vorfall denken mußte. Da war ein junger Mann, der sich Paulus und seinen Freunden gegenüber ungezogen und gemein benommen hatte. Ohne ein Wort des Grußes oder der Erklärung war er einfach fortgegangen. Nach einigen Stunden kehrte er zurück — übel zerschlagen, blutend und dem Sterben nahe. Jemand, der Ditus nicht kannte, mußte zu der Ansicht kommen, er sei ein Raufbold und gemeiner Kerl, jedenfalls niemand, der es wert wäre, daß man für ihn betete.

Lydia blickte Paulus an und sagte: „Du magst vielleicht der Meinung sein, er habe deine Gebete nicht verdient, aber..."

Paulus bedachte sie mit einem strengen Blick. „Hast du denn nicht zugehört, als ich heute erzählte, daß Jesus sogar den Männern vergab, die ihn kreuzigten? Bist du immer noch der Meinung, daß man sich das Gute, das von Gott kommt, verdienen muß?"

„Ach, ich weiß es doch nicht", schluchzte sie. „Ich weiß nur, daß mein Sohn im Sterben liegt."

Es war Minta, die all ihre Kraft zusammennahm, um ruhig zu bleiben, die sich jetzt an Paulus wandte. „Aber du bist dem Herrn Jesus schon viel nähergekommen als wir, Herr Paulus. Würdest du bitte für meinen Bruder beten und ihn heilen?"

„Nur Gott kann heilen", antwortete Paulus. „Aber ich werde natürlich für ihn beten. Wer weiß, welche Pläne Gott mit diesem Jungen haben mag?"

Paulus trat an das Bett und legte seine Hände auf Ditus' bandagierten Kopf. Zuerst betete er schweigend, doch dann erhob er seine Stimme in Anbetung, Lobpreis und Fürbitte. Lydia, die aufmerksam lauschte, fühlte, wie ihr ums Herz warm wurde, als müsse unter Paulus' Gebet die Kälte des Schreckens dahinschmelzen.

Dann trat plötzlich wieder Stille ein. Paulus stand mit gesenktem Kopf schweigend da. Seine Hände lagen immer noch auf Ditus. Lydia blickte ängstlich und besorgt in das Gesicht ihres Sohnes. Bedeutete die Stille, daß Ditus jetzt gestorben war? Doch dann bemerkte sie, wie in die totenblassen Lippen und Wangen ihres Sohnes langsam ein Hauch von Farbe zurückkehrte.

„Sein Herz schlägt kräftiger", sagte Lukas.

„Der Herr sei gelobt", rief Paulus. „Ich werde den Jungen jetzt deiner Fürsorge überlassen, Lukas, und der seiner Mutter und seiner Schwester."

Er drehte sich um und verließ den Raum. Lydia rannte ihm nach, ergriff seine Hände und rief: „Oh, ich dank dir. Vielen, vielen Dank."

„Danke nicht mir", antwortete Paulus mahnend. „Danke Gott durch Seinen Sohn Jesus Christus. Wenn Gott ein Wunder getan hat, so bin ich nur das Werkzeug gewesen."

„Ja, Herr", flüsterte sie.

Paulus hob kurz die Hand, den Zurückbleibenden überlassend, ob sie darin eine segnende Geste oder nur einen Gruß sehen wollten, und ging mit Silas, der die ganze Zeit schweigend dabeigestanden hatte, zu seinem Raum zurück.

„Geh doch jetzt auch", sagte Lukas zu Timotheus. „Ich werde noch eine Weile mit der Mutter des Jungen wach bleiben. Aber du solltest dich schon wieder schlafen legen."

„Wenn immer du mich brauchst...," begann Timotheus.

„Gewiß", nickte Lukas, „dann würde ich dich sofort rufen."

Lydia überredete Minta, ebenfalls wieder ins Bett zu gehen. Sie und Lukas blieben allein am Bett des verletzten Jungen zurück.

Beide saßen eine ganze Weile schweigend, endlich meinte Lukas, fast mehr zu sich selbst als zu Lydia: „Ich verstehe auch nicht recht, was dabei wirklich vorgeht, obwohl ich es schon mehrmals miterlebt habe. Ich bin mir noch nicht einmal sicher, ob es durch das Gebet ist oder durch Paulus' Gegenwart, daß etwas geschieht. Alles, was ich weiß ist, daß nach dem Gebet der natürliche Heilungsprozeß beginnt und der Kranke wieder gesund wird; und zwar manchmal sofort, manchmal auch erst nach einer bestimmten Zeit."

„Ich habe mich doch gerade erst bekehrt", ergriff jetzt Lydia das Wort. „Deshalb verstehe ich noch weniger vom Gebet und davon, was es bewirken kann. Doch ich weiß mit absoluter Sicherheit, daß Ditus ohne das Gebet gestorben wäre."

Lukas lächelte ein wenig gequält. „Ich glaube, du hast nun nichts weiter zu tun, als nur noch deinen Sohn zu überzeugen, daß wirklich ein Wunder geschehen ist, wie?" meinte er.

Wie auf ein geheimes Kommando blickten beide wieder zum Bett hin und mußten zu ihrem Erstaunen feststellen, daß Ditus sie mit wachen Augen beobachtete.

Kapitel 16

„Wie bin ich hierher gekommen?“ fragte Ditus. Seine Stimme war noch schwach, aber klar.

„O Ditus! Gott sei Dank, du bist aufgewacht!“ Lydia sank neben dem Bett auf ihre Knie und legte ihre Hand auf die Stirn ihres Sohnes. „Ich glaube, du hast kein Fieber mehr“, murmelte sie. „Ditus, daß du wieder wach bist.“ Die Stimme versagte ihr den Dienst. Was hätte sie nur getan, wenn Ditus gestorben wäre? Sie legte den Kopf auf den Arm ihres Sohnes.

Der Junge bewegte sich unruhig im Bett hin und her. „Wie bin ich hierher gekommen?“ fragte er nochmals.

„Clement hat dich hergebracht. Wenigstens sagte Kora so. Ich habe ihn nicht gesehen.“

„Clement?“

„Ja, so muß es gewesen sein“, nickte Lydia. „Doch Ditus, hör mir einmal gut zu: Du bist durch ein Wunder geheilt worden.“

Ein verächtlicher Zug erschien auf seinem jungen, noch erschöpft wirkenden Gesicht. „Wenn es irgendein Wunder gegeben hat“, sagte er schwach, aber mit kalter Stimme, „dann ist es die Tatsache, daß Clement, um mich zu retten, sein Leben riskiert hat, indem er seinen Posten verließ, auch wenn es nur für wenige Minuten geschah."

Lydia öffnete ihren Mund, um mit Ditus zu argumentieren. Doch Lukas' Augen nahmen einen warnenden Ausdruck an, der sie veranlaßte, das ruhen zu lassen. Stattdessen fragte sie: „Was ist eigentlich geschehen? Kannst du mir sagen, warum du so zugerichtet wurdest?"

„Ich glaube, du hast selbst schon gemerkt, daß ich in eine Schlägerei geraten bin", antwortete Ditus. „Und offensichtlich bin ich nicht gerade der Sieger gewesen." Seine Stimme schien mit jedem Satz kräftiger zu werden.

„Eine Schlägerei? Ditus, du hast dich doch sonst nie mit anderen geprügelt. Du hast..."

„Bisher ist es auch noch nie notwendig gewesen", erwiderte Ditus und drehte seinen Kopf zur Seite, so daß er Lydia nicht mehr anblicken mußte.

„Was willst du damit sagen? Meinst du, es bestand eine Notwendigkeit für die Schlägerei?" forschte Lydia.

Doch Ditus verweigerte die Antwort. Und die sich in seinen Mundwinkeln immer deutlicher einkerbende Falte sagte ihr, daß keine Aussicht bestand, über diese Angelegenheit von ihm jetzt irgendwelche Auskünfte zu erhalten.

Lukas räusperte sich. „Ich bin Arzt, junger Mann", meldete er sich. „Ich habe deine Wunden schon behandelt, als man dich ins Haus gebracht hatte. Doch du hast auch auf dem Rücken eine sehr böse Verletzung. Offensichtlich bist du da heftig mit den Füßen getreten worden. Dürfte ich sie mir jetzt noch einmal ansehen?"

Ditus blickte Lukas mißtrauisch und ein wenig widerstrebend an. Doch dann drehte er sich gehorsam um. Als Lukas das Untergewand des Jungen anhob, stellte er erstaunt fest, daß auf dem Rücken keinerlei Spuren von Verletzungen zu sehen waren.

„Sie sind weg“, stieß Lydia überrascht hervor. „Schau, die Verletzung ist verschwunden. Daran siehst du wieder, daß ein Wunder geschehen ist.“

Lukas sagte nichts, doch seine Lippen waren so gespitzt, als wolle er vor Erstaunen pfeifen.

Die Leichtigkeit, mit der Ditus sich wieder auf den Rücken drehte, ließ erkennen, daß er keinerlei Schmerzen mehr empfand. „Ich will ja gar nicht bezweifeln, daß ihr Blut und Schmutz auf meinem Rücken gesehen habt“, erklärte er ärgerlich. „Aber die mögen vorher am Schuh dessen geklebt haben, der mich getreten hat, und sind auf diese Weise auf meinen Rücken gekommen. Mittlerweile wurden sie eben schon wieder mit abgewischt. Bitte hör mit dem Geschwätz über Wunder auf, Mutter. Ich habe für heute schon mehr mitmachen müssen, als ich ertragen kann.“

Lukas lächelte zu dem Jungen hinunter. „Wenn es kein Wunder gegeben hat, dann bin ich eben ein ganz außergewöhnlich guter Arzt, der dich in überraschend kurzer Zeit geheilt hat. Ich werde deshalb deine Ansicht für den Augenblick akzeptieren.“

Ditus knurrte nur. Es war klar, daß er wieder eine Bemerkung auf der Zunge hatte, die vielleicht wieder gemein oder verletzend geklungen hätte. Doch der schwer mißhandelte Körper, der immer noch sehr schwach war, schien nun sein Recht zu fordern; denn plötzlich wurden seine Augenlider sehr schwer, und er begann mit dem Schlaf zu kämpfen, der ihn überwältigen wollte.

„Es ist besser, du ruhst dich jetzt aus“, sagte Lydia besänftigend. „Denk nicht mehr über die ganze Sache nach. Wir werden uns morgen darüber unterhalten. Jetzt solltest du versuchen zu schlafen.“

„Danke“, murmelte Ditus schlaftrunken. Doch er blickte immer noch auf seine Mutter und den Arzt.

Vielleicht ist es ihm unangenehm, sich bei einem Fremden in Schuld zu fühlen, den er vorher schlecht behandelt hat, dachte Lydia. Doch er hat es ertragen müssen. Na, wenigstens ist er höflich geblieben. Innerhalb weniger Augenblicke war Ditus eingeschlafen.

„Ich werde meine Matratze nach hier bringen und neben ihm auf dem Fußboden schlafen“, sagte Lukas zu Lydia. „Du gehst jetzt besser auch zu Bett, denn es gibt im Augenblick nichts mehr, was du noch für deinen Sohn tun könntest. Er sollte jetzt möglichst lange und fest schlafen, dann wird er wieder in Ordnung sein.“

Lydia betrachtete ihren schlafenden Sohn und blickte dann zu Lukas auf.„Ich weiß nicht mehr, was ich denken soll“, bekannte sie. „Ich weiß, wie sein Rücken aussah, ehe Paulus für ihn betete. Aber jetzt bin ich einfach ratlos.“

„Und ich weiß nicht, was ich dir sagen soll“, erklärte Lukas. „Paulus ist es, der mehr darüber weiß. Er ist der größte Mann, dem ich je begegnet bin. Er weiß sicher eine Antwort auf alle Fragen, die dich beunruhigen mögen.“

„Aber vielleicht fällt seine Antwort nicht so sanft aus, wie ich sie mir gern wünschen würde“, meinte Lydia zweifelnd.

„Vielleicht nicht“, stimmte Lukas zu. „Doch er hat nie behauptet, Sanftmut sei seine größte Tugend.“

„Also gut... Bist du sicher, mit Ditus ist alles in Ordnung?“ forschte sie.

„Ditus geht es wieder gut, Frau Lydia. Mach dir da keine Sorgen weiter. Geh jetzt zu Bett und schlafe gut in der Zuversicht, daß dein Sohn in Gottes Hand ist.“

*

Lydia brauchte noch lange, ehe sie einschlafen konnte. Sie mußte immer wieder an Ditus und alle anderen Dinge denken, die sie in dieser Nacht miterlebt hatte. Zuerst dankte sie Gott für die erstaunliche Heilung. Dann grübelte sie darüber nach, warum ihr Sohn sich mit anderen geschlagen hatte und wer diese anderen gewesen sein könnten. Es paßte einfach nicht zu Ditus' Charakter, daß er sich in Schlägereien verwikkeln ließ. Doch diesmal sei es notwendig gewesen, hatte er behauptet. Und dann die Trostlosigkeit in seinen Augen, während er das gesagt hatte. Was hatte er nur damit gemeint? Warum war es notwendig?

Dann kamen ihre Gedanken wieder zu der Heilung zurück, die sie in Ditus' Schlafzimmer miterlebt hatte. Es war alles so ganz einfach und ruhig geschehen, so scheinbar selbstverständlich, daß sie auch jetzt noch zögerte bei dem Wort „Wunder". Doch sie hatte die Verletzungen gesehen, die aufgeplatzten, blutunterlaufenen und angeschwollenen Stellen; und auch die tödliche Blässe im Gesicht ihres Sohnes. Das Anzeichen nahenden Todes.

„O Gott", seufzte Lydia leise, „hilf mir, daß ich alles begreifen kann. Hilf mir, zu erkennen, was geschehen ist, um Deines Sohnes Jesus Christus willen", beendete sie ihr Gebet, sich dabei daran erinnernd, was Paulus in seinem Gebet gesagt hatte.

Ihr schien es nicht so zu sein, als hätte sie überhaupt geschlafen, als Kora sie weckte, indem sie sanft Lydias Schulter schüttelte. „Herrin", flüsterte sie, „der Mann von gestern nacht, Clement, ist an der Tür. Würdest du bitte kommen?"

Lydia warf die Decke zurück. „Führe ihn bitte in den Wohnraum und bitte ihn, zu warten. Dann komm zurück und hilf mir, damit ich schnell fertig werde. Ich möchte ihn nicht länger aufhalten als notwendig. Er ist vielleicht direkt von seinem Nachtdienst in der Kaserne zu uns gekommen."

„Ja, Herrin", antwortete Kora und verließ den Raum, um Clement Bescheid zu sagen.

Eilig begann Lydia sich anzuziehen. Sie fühlte sich unsicherer als sonst, da sie ihrer Frisur und Kleidung nur so wenig Zeit und Aufmerksamkeit widmen konnte. Dann eilte sie hinunter, um mit Clement zu sprechen.

„Ich hoffe, du hast unserem Gast gesagt, er soll es sich bequem machen", sagte sie, während sie die Treppe hinunterlief, zu Kora, die immer noch hier und da an ihrer Stola zupfte. „Er soll merken, daß er uns als Freund meines Sohnes willkommen ist."

„Ja, Herrin", antwortete Kora leise. „Die anderen Gäste sind auch alle schon wach. Jeder von ihnen ist in seinem eigenen Raum und kniet dort."

„Sie beten", erklärte Lydia.

Clement erhob sich, als Lydia eintrat. Zu ihrem Erstaunen bemerkte sie, daß auch sein Gesicht ziemlich zerschlagen war. Sein linkes Auge war dick angeschwollen, und am Kinn hatte er ebenfalls eine häßliche Wunde.

„Hast du dich auch geprügelt?" fuhr es ihr heraus. Sie vergaß ganz ihre übliche Höflichkeit, die ihr gebot, einen Gast erst zu begrüßen, ehe man ihn etwas fragte.

Clement verzog die Lippen zu einem Lächeln. Doch seine Augen blieben ernst. „Eigentlich ging es mich nichts an. Ich habe mich nur eingemischt, als ich merkte, was geschah. Drei gegen einen ist nicht fair — vor allem dann nicht, wenn der eine auf dem Fußboden liegt und mit Füßen getreten wird."

Lydia zuckte unter den Worten zusammen. „Vielen Dank", sagte sie. „Vielen Dank, daß du ihm geholfen und damit wahrscheinlich sein Leben gerettet hast, indem du ihn anschließend auch noch zu uns brachtest."

Clement runzelte die Stirn. „Erzählt das bitte niemand, wenn ihr mir einen Gefallen tun wollt. Wenn mein Vorgesetzter erfährt, daß ich während meiner Wachzeit das Gefängnis verlassen habe — auch wenn es nur für wenige Minuten ist..." Er machte eine kurze Pause und fügte dann grimmig hinzu: „Du weißt, was ich zu erwarten hätte, wenn ein Gefangener geflohen wäre."

„Ja, ich weiß. Deshalb bin ich dir ja so dankbar. Ich..."

Clement unterbrach sie brüsk. „Ich möchte gern wissen, wie es Ditus geht? Gestern, als ich ihn nach hier brachte, war ich nicht sicher, ob er diese Nacht überleben würde."

„Ich habe es ebenfalls nicht mehr geglaubt", gab Lydia zu. „Doch Lukas — einer der Gäste in unserem Haus — ist Arzt. Und außerdem..." Hier hielt sie plötzlich inne. Sie wußte, sie konnte diesem Mann nichts von Ditus wunderbarer Heilung erzählen. Sie hätte es einfach nicht ertragen, mit ansehen zu müssen, wenn sein Gesichtsausdruck bei ihrem Bericht spöttisch wurde.

„Es geht ihm also besser?" forschte Clement.

„Es wird wieder alles in Ordnung kommen, wenn die Wunden im Gesicht verheilt sind", nickte Lydia. „Möchtest du ihn gern sehen?"

„Nein, danke. Es wäre mir auch lieber, er erfährt gar nicht, daß ich mich nach seinem Befinden erkundigt habe. Er ist selbst erwachsen genug und braucht mich nicht, um nach ihm zu sehen."

Lydia bemerkte wohl die versteckte Kritik, die in Clements Worten lag. Entschlossen hob sie ihren Kopf ein wenig höher.

„Da er also auf dem Wege der Besserung ist, werde ich wieder gehen", fuhr Clement fort. „Mir ist der Junge sehr ans Herz gewachsen. Ich hätte... Nun, ich bin jedenfalls froh, daß er scheinbar doch nicht so schlimm verletzt wurde wie ich glaubte."

„Kannst du mir sagen, warum er in die Schlägerei verwickelt wurde? Er will es mir nicht erzählen", fragte Lydia.

„Daraus ersehe ich, daß er sicherlich nicht möchte, wenn ich es sage", antwortete Clement prompt.

„Aber ich hätte es gern gewußt."

„Bist du da ganz sicher?"

„Natürlich möchte ich wissen, was meinen so friedlichen Sohn dazu gebracht hat, sich in eine Prügelei einzulassen; und zwar in eine so ernste, daß seine Freunde ihm zu Hilfe kommen mußten, um das Schlimmste zu verhindern", erklärte Lydia nachdrücklich. „Ich könnte mich nicht erinnern, daß Ditus sich schon jemals geprügelt hätte."

Clement blickte ihr mit einem seltsamen Ausdruck in die Augen. „Er hat es auch noch nie vorher nötig gehabt, den guten Ruf seiner Mutter zu beschützen", sagte er mit sanfter Stimme.

„Meinen guten Ruf?" Lydia schnappte nach Luft. „Es ist noch nie der geringste Makel auf meinen Namen gefallen. Niemals!"

„Da waren mehrere betrunkene Soldaten", erzählte Clement. „Soldaten, die offensichtlich gehört hatten, daß du fremde männliche Gäste in dein Haus aufgenommen hast. Außerdem waren sie auf Ditus zornig, weil er sie beim Würfelspiel kräftig besiegt hatte. So begannen sie, ihn zu necken."

Ein dumpfes, fast lähmendes Gefühl breitete sich in Lydia aus. „Wieso können sie es erfahren haben?" stammelte sie.

Er beantwortete ihre Frage mit einer Gegenfrage: „Also ist es wahr?"

„Schon – aber es sind religiöse Männer", versuchte Lydia zu erklären. „Es sind Juden wie Ruben. Das

Gasthaus ist nicht der richtige Ort für sie, und ich hatte Raum genug in unserem Haus."

„Nun ja, du bist in der ersten Nacht weder beraubt noch vergewaltigt worden", sagte Clement offen. „Also scheinen sie doch keine allzu schlimmen Vagabunden zu sein."

„Es sind heilige Männer", rief Lydia empört. „Das habe ich auch Ditus erklärt."

„Hast du ihn auch nach seiner Meinung gefragt?" wollte Clement wissen.

„Nein... Ich..."

„Du hast mir einmal gesagt, ich könnte vielleicht denken, du seist eine törichte Mutter", sagte Clement. „Nun, ich verstehe ganz gewiß törichtes Handeln, das aus Sorge erwächst. Aber mir fällt es wirklich sehr schwer, eine Frau zu verstehen, die nur an sich selbst denkt und nicht an ihren Sohn."

Lydia starrte den Mann empört an. „Du hast kein Recht...", begann sie.

„Doch, das habe ich", wurde sie von Clement unterbrochen, „denn ich bin sein Freund. Mein Sohn und er sind wie Brüder. Ich weiß, wie sehnlichst der Junge danach verlangt ein Mann zu werden. Und ich weiß auch, daß du ihn daran hinderst."

Sie öffnete ihren Mund, um ihm zu antworten. Doch er erhob seine Hand. „Nein, widersprich mir jetzt bitte nicht, denn ich weiß, daß ich recht habe. Ich würde mir um Ditus' willen wünschen, daß du dir um deinen Sohn so viele Sorgen machst wie um deine neue Religion und um deine hochtrabenden römischen Freunde."

Damit wandte er sich um und verließ hinkend, aber raschen Schrittes, den großen offenen Wohnraum. Gleich darauf hörte sie, wie er das äußere Tor ruhig hinter sich ins Schloß drückte.

Er hatte selbstverständlich nicht recht. Er konnte

gar nicht recht haben. Sie hätte es nicht ertragen können, wenn das, was er sagte, die Wahrheit wäre. Aber mit wem kann ich mich darüber unterhalten, dachte sie verzweifelt. Minta ist noch zu jung. Und Fulvia? Fulvia hatte ja nicht einmal auf die Botschaft reagiert, die sie ihr gesandt hatte. Sie hatte niemand, mit dem sie ihre Probleme besprechen konnte. Keinen einzigen Menschen. Doch dann, wie ein kleiner Funke in dunkelster Nacht, kam ihr Ruben in den Sinn. Ich habe ja noch Ruben, dachte sie mit einem Seufzer der Erleichterung. Vielleicht kann er mir helfen. Vielleicht kann er mir das sagen, was ich so dringend hören und wissen muß.

Kapitel 17

Sobald sich Lydia überzeugt hatte, daß Ditus immer noch ruhig schlief, rief sie nach Pyrus und bat ihn, sie zu begleiten. Eilig durchquerten sie Philippi, bis sie zu dem kleinen Haus kamen, in dem Ruben wohnte. Der alte Mann saß in der Sonne. Er hatte seine Hände ruhig und entspannt auf seinem Schoß liegen und die Augen halb geschlossen. Als er Lydia erblickte, stand er auf und beeilte sich, ihr einen Stuhl zu bringen. Dann setzte er sich neben sie und lauschte schweigend, ohne sie auch nur einmal zu unterbrechen, auf die Geschichte, die sie zu erzählen hatte.

„Ich nehme an, daß Valleius es gewesen ist, der anderen von deinen Gästen erzählt hat", bemerkte er endlich.

„Valleius?"

„Er ärgert sich wahrscheinlich darüber. Seit einem Jahr hältst du ihn dir vom Leibe. Und dann, innerhalb weniger Stunden, öffnest du Paulus und seinen Freunden dein Haus."

„Ruben!" Ihre Stimme klang scharf und empört.

„Ja, ja, ich weiß schon. Schrei mich nur nicht an. Ich weiß auch, wer Paulus ist. Ich weiß, welche gesegnete und gute Neuigkeit er gebracht hat. Aber beurteile mich bitte nicht als typisch für alle anderen Juden. Ich bin sicher, daß die meisten von ihnen sehr zurückhaltend sind gegenüber der Botschaft, die Paulus verkündigt. Viele werden ihm wahrscheinlich nie glauben, sondern ihn sogar anfeinden."

Sie war ungeduldig. „Ach, das kümmert mich überhaupt nicht. Nein, so habe ich es natürlich nicht gemeint. Selbstverständlich kümmert es mich, aber nicht jetzt. Im Augenblick mache ich mir Sorgen um Ditus und um das, was Clement mir gesagt hat. Sag mir, Ruben, bin ich wirklich eine so selbstsüchtige Frau, wie er behauptet?"

Ruben wiegte nachdenklich den Kopf hin und her. „Warum bestehst du darauf, die volle Verantwortung für das Geschäft allein zu behalten, Lydia?", fragte er.

Scharf zog sie die Luft ein und öffnete schon den Mund zur Antwort, da hob er die Hand und sagte: „Nein, Lydia – denke erst einmal eine Minute darüber nach, ehe du mir antwortest. Warum bestehst du darauf?"

„Weil das Geschäft entscheidend wichtig ist, wenn wir das Haus und die Sklaven behalten wollen. Wenn Ditus und Minta all die Dinge und Möglichkeiten haben sollen, die sich Aurelius für sie gewünscht hat, dann müssen wir das Geschäft unbedingt erfolgreich weiterführen."

„Aber warum unbedingt du?"

Sie starrte ihn verwundert an, als sei ihr noch nie etwas anderes in den Sinn gekommen. „Im Anfang hast du es doch auch verstanden", sagte sie leise. „Ich dachte, du würdest mich immer noch verstehen."

Ruben ergriff ihre Hand und hielt sie fest, was er vorher nie getan hatte. Und sie klammerte sich mit aller Inbrunst an diese trockene alte Hand. „O, ich verstehe dich schon – wenigstens zum größten Teil. Ich weiß, daß es Tage gibt, da du müde bist und dir wünschst, nicht die ganze Verantwortung tragen zu müssen. Doch dann gibt es wieder andere Tage – und das sind die meisten –, da bist du stolz und glücklich über das, was du tust. Da kannst du nämlich der ganzen Stadt Philippi zeigen, daß eine Frau genauso tüchtig und erfolgreich sein kann wie ein Mann."

„Ich glaube nicht, daß es nur Stolz ist, was mich..."

„Vielleicht nicht nur Stolz. Aber du wärest auch nicht ehrlich, wenn du nicht zugeben würdest, daß du stolz bist auf das, was du tust und was du erreicht hast."

„Es schafft mir zumindest Befriedigung", gab Lydia zu.

„So viel Befriedigung", fuhr Ruben hartnäckig fort, „daß du nicht einmal mehr merkst, was um dich herum vorgeht. Ich glaube, du hast noch nicht bemerkt, daß Marin im Geschäft nicht länger Anweisungen an Ditus gibt, sondern daß er sie von ihm jetzt entgegennimmt. Ditus ist während dieses Jahres erstaunlich erwachsen geworden."

„Du meinst, ich sollte die Verantwortung für das Geschäft Ditus übergeben?" fragte Lydia ungläubig.

„Ich kann dir diese Frage noch nicht einmal richtig beantworten", meinte Ruben nachdenklich. „Wenn du es tust und du bereust es hinterher und wirst eifersüchtig, dann werden die Dinge nur noch schlimmer als sie jetzt schon sind. Wenn du sicher bist, daß du wirklich nur das tun möchtest, was für Ditus am besten ist..."

„Natürlich will ich das", weinte sie. „Er ist mein Sohn. Ich möchte wirklich nur das Allerbeste für ihn. Es ist nur – nun, ich möchte sicher sein, daß er in der Lage ist zu tun, was im Geschäft getan werden muß."

„Warst du denn an dem ersten Tag, an dem du nach Aurelius' Tod ins Geschäft kamst, sicher, du wärest in der Lage zu tun, was getan werden mußte?" fragte Ruben.

Lydias Gedanken wanderten zurück zu jener ersten Zeit nach Aurelius' Tod, die so voller Furcht, Sorge und Unsicherheit gewesen war. Doch gerade weil sie die Qual der Unsicherheit so gut kannte, wollte sie nicht noch einmal da hindurchgehen. Warum konnte denn niemand das verstehen?"

„Ditus wird in wenigen Wochen siebzehn Jahre alt", sagte sie, plötzlich das Thema wechselnd. „Ich weiß nicht, wie ich seine Volljährigkeitsfeier durchführen soll. Ich weiß nicht, wen ich nehmen soll, der dabei für ihn die Vaterstelle vertritt. Es wäre nur logisch, wenn ich mich für Valleius entscheiden würde. Doch ich befürchte, er sieht dies als so etwas wie eine Einladung an. Und die Feier — du weißt ja, daß dabei den römischen Göttern Verehrung dargebracht werden muß — kann ich so nicht erlauben. Ditus glaubt natürlich nicht an die Götter, doch ich weiß, daß er die alte traditionelle Zeremonie für seine Feier ebenfalls haben möchte."

„Hast du die Angelegenheit schon einmal mit ihm besprochen?"

„Nein, ich... ich habe noch nicht Zeit gehabt dazu", gestand Lydia.

Ruben runzelte die Stirn. „Ich nehme an, Ditus glaubt, du machst dir nicht einmal Gedanken darüber."

„Ditus denkt nie an irgend etwas anderes als nur an sich", fuhr sie auf.

„Vielleicht hat er auch Hilfe nötig. Du solltest nicht vergessen, daß Ditus nicht in der gleichen Weise wie du Gott kennengelernt hat. Hast du ihm erzählt, was Paulus uns gesagt hat?"

„Das habe ich. Aber er hat mich nur ausgelacht." Sie wunderte sich selbst über den trübseligen Klang ihrer Stimme.

„Ich glaube, wir werden uns noch an viel mehr gewöhnen müssen als nur daran, daß man uns auslacht", sagte Ruben nüchtern.

Lydia ärgerte sich ein wenig. Sie war gekommen, um getröstet und gestärkt zu werden, nicht um sich Tadel anzuhören. „Ich glaube, ich muß jetzt gehen", sagte sie steif. „Meine Gäste werden auch schon auf das Frühstück warten, wenn sie nicht schon gegessen haben. Ich habe Kora erklärt, was sie ihnen zurechtmachen soll. Doch ich muß mich jetzt trotzdem beeilen."

„Lydia, meine Liebe", sagte Ruben langsam. „Ich weiß, daß du gekommen bist, weil du Sorgen hast und weil du jemand brauchst, der dir sagt, daß alles wieder in Ordnung kommen wird. Doch woher soll ich wissen, was noch kommt?"

„Nun, ich danke dir jedenfalls, daß du für mich Zeit gehabt hast", sagte sie und wandte sich entmutigt ab.

„Bete darüber", riet Ruben.

„Das tue ich", antwortete Lydia. „Doch es scheint nicht zu helfen."

Sein Gesicht hatte einen traurigen Ausdruck angenommen. Doch sie wußte, es war nicht seine Schuld, daß die Unterhaltung einen solchen Ausgang genommen hatte. Bekümmert machte sie sich auf den Heimweg.

Daheim blieb sie nur lange genug, um herauszufinden, wie es Ditus ging. Die Sklaven erzählten ihr, Paulus und seine Freunde seien schon in die Stadt gegangen. Da machte sie sich auch wieder auf den Weg ins Geschäft."

Da weder Ditus noch Ruben ihr helfen konnten, war sie so beschäftigt, daß sie keine Zeit hatte, an ihre Sorgen zu denken. Der Vormittag ging so schnell vorüber, daß sie überrascht war, als sie entdeckte, wie hoch die Sonne schon am Himmel stand und daß die anderen Geschäfte nach und nach schon für die Mittagsruhe schlossen. Ich werde heimgehen, um zu sehen, ob mit Ditus alles in Ordnung ist, dachte Lydia.

Als sie nach den Jalousien griff, um das Geschäft zu schließen, sagte eine rauhe und unfreundliche Stimme: „Laß mich das tun." Lydia schaute überrascht auf und blickte in Valleius' Gesicht.

„Was darf ich dir an Stoffen zeigen, Herr Valleius?" stammelte sie.

„Sei nicht närrisch, Lydia. Du weißt doch genau, daß ich nicht zur Mittagszeit kommen würde, wenn ich etwas kaufen wollte."

„Aber – was willst du sonst?" fragte sie.

„Laß mich erst die Jalousien schließen, dann können wir uns unterhalten ohne unterbrochen zu werden", sagte Valleius und zog an den hölzernen Vorrichtungen.

„Nein, bitte nicht", wandte sie ein. „Wenn wir uns hier unterhalten wollen, ist es besser, wir lassen die Jalousien offen. Sonst wird es zu heiß und stickig."

Er schaute sie fest an. „Du willst sagen, es ist sicherer für dich, wenn wir die Jalousien oben lassen, weil wir dann von der Straße aus gut gesehen werden können." Seine Augen waren voller Zorn.

Valleius hatte genau das ausgedrückt, was sie dachte. Deshalb fand sie auch keine Worte, ihm zu widersprechen. „Es wird so drückend heiß, wenn die Jalousien geschlossen sind", bemerkte sie schwach.

„Dann lassen wir es eben heiß und drückend werden", erklärte Valleius kurz.

„Nein, warte. Ruben könnte jeden Augenblick kommen – oder sogar Ditus, denn er fühlt sich schon wieder viel besser. Es wäre sehr unschicklich, wenn einer von ihnen uns hier hinter geschlossenen Jalousien fände."

Valleius blickte Lydia an. „Warum machst du dir plötzlich so viele Sorgen um deinen guten Ruf, meine Liebe?“ fragte er. „Gestern hast du doch überhaupt nicht danach gefragt.“

„Ich habe nichts Falsches getan“, rief sie empört. „Warum glaubst du — warum denkt jeder —, ich hätte mich unmoralisch verhalten?“

„Nicht so sehr unmoralisch als sehr töricht.“

Lydia gab sich Mühe, in sachlichem Ton weiterzusprechen. „Valleius, hör mir bitte einmal zu: Es sind sehr religiöse und heilige Männer, die ich in mein Haus eingeladen habe. Wenn du ihren Führer Paulus nur einmal hören würdest, wärst auch du überzeugt davon, daß er ausschließlich für seinen Glauben lebt. Ich bin mit ihnen im Hause vollkommen sicher.“

„Mich hingegen wolltest du nicht einmal für einen einzigen Abend im Hause lassen“, hielt ihr Valleius vor.

„Weil du, mein Herr, recht deutlich gesagt hast, was du von mir wolltest“, erwiderte sie. „Es war doch wohl nicht deine Absicht, mit mir über geistliche Dinge zu sprechen?“

Sie wagte es, ihn ein wenig anzulächeln, obwohl sie sich innerlich selbst verachtete, weil sie Ausreden erfand, statt offen zu sagen, daß sie das, was er von ihr erwartete, für Sünde hielt.

„Allerdings, über so dummes Zeug wollte ich mit dir nicht reden“, stimmte Valleius zu. „Doch meine Geduld ist nun vorbei, mein Mädchen. Ich habe es satt, immer wieder übergangen zu werden, während du dich an fanatische alte Juden hängst und an Männer, die du nicht einmal kennst. Ich bin fertig damit.“

Sie mißverstand ihn absichtlich. „Willst du damit sagen, daß du deine törichten Nachstellungen aufgeben wirst und einfach mein Freund sein willst?“

„Das habe ich weder gesagt noch gemeint. Meine

törichten Nachstellungen, wie du das nennst, mögen für jetzt aufhören, aber ich sehe keinen Grund, warum ich dein Freund sein sollte. Ich schätze Menschen wenig, die überschnelle Entscheidungen treffen und sie dann auch noch in die Tat umsetzen, ohne zuerst einmal vernünftig darüber nachzudenken."

Sie hätte fast gesagt: „Aber ich brauche deine Freundschaft." Irgendwie gelang es ihr aber, die Worte zurückzuhalten. Stattdessen sagte sie, zwar mit Sorge im Herzen, aber mit kühler und stolzer Stimme: „Wie du meinst."

„Wie ich meine?" Valleius trat ganz nahe auf sie zu. „Wie ich es meine, weißt du genau; oder du würdest es wissen, wenn du aufhörtest, herumzurennen und sentimentales Zeug über einen Gott zu reden, der angeblich von den Toten auferstanden ist."

„Hat dir Fulvia das erzählt?", fragte sie. Sie hatte Mühe, Valleius die freudige Erregung nicht merken zu lassen, die plötzlich ihr Herz ergriff. War Fulvia also doch an Paulus' Botschaft interessiert, fragte sie sich.

„Das ist ein ganz anderes Thema", zürnte Valleius. „Jedenfalls wird Fulvia nicht mehr in diese verrückten religiösen Versammlungen der Juden gehen. Ich habe es ihr verboten! Ich möchte nicht mit noch mehr von diesen Verrücktheiten zu tun bekommen."

Seine Stimme war so wütend und auf seinem Gesicht lag ein so zorniger Ausdruck, daß sie vor ihm zurückschreckte. Sie hatte schon immer vermutet, daß Valleius sehr rücksichtslos und gewalttätig sein könnte; doch erst jetzt wurde ihr klar, wie rabiat er wirklich war.

„Fürchtest du dich jetzt vor mir?" fragte er. Seine Stimme war mit einem Mal wieder glatt und einschmeichelnd. „Das ist gut, denn ich will es so. Ich möchte, daß du mich nicht vergißt, Lydia. Du sollst immer daran denken, daß ich in der Nähe bin."

Ganz überraschend riß er sie in seine Arme und preßte seinen Mund rücksichtslos auf den ihren. Sie versuchte in seiner Umarmung ganz passiv und steif zu bleiben, doch in ihr war ein so starkes Gefühl des Abscheus, daß sie sich Mühe geben mußte, um still zu halten.

„Du wehrst dich also nicht", sagte Valleius mit kalter Stimme, „und schreist nicht um Hilfe?"

Lydia fühlte, wie ihr vor Hilflosigkeit die Tränen über das Gesicht liefen. Doch plötzlich wurde sie an die Verheißung erinnert, von der Paulus gesprochen hatte: Die Kraft, die Gegenwart Gottes war immer da, wenn sie nur fest genug darauf vertraute. O Herr, ich glaube, dachte sie und konzentrierte sich auf Gott. Ich glaube, daß du mir jetzt hilfst. Und mit einem Mal zogen Ruhe und Sicherheit in ihre Seele ein. Sie war in der Lage, Valleius ruhig und fest in die Augen zu blicken. Und er war es, der als erster scheinbar verlegen seine Augen niederschlug. „Das alles ist zu einer bedauernswerten Geschichte geworden", murmelte er. „Und dabei hatte ich zuerst solche Hoffnungen."

„Es tut mir leid, dich so enttäuschen zu müssen", antwortete sie und wunderte sich dabei selbst, wie ruhig und freundlich ihre Stimme war.

„Erosa hatte doch recht", sagte er mit gefletschten Zähnen, „als sie mich an jenem ersten Abend warnte, du würdest nur Schwierigkeiten verursachen. Doch ich glaubte, mit den Problemen fertig werden zu können."

„Es tut mir leid", wiederholte sie nochmals. „Und wegen Fulvia bitte ich dich, die Sache doch noch einmal zu überdenken. Willst du denn nicht gestatten, daß sie meine Freundin bleibt?"

Seine Augen glitzerten, doch seine Stimme blieb so glatt wie Öl. „Wenn ich meinen Willen bekomme — und gewöhnlich setze ich ihn durch — , dann wird sie deine Feindin sein; sie und die Hälfte aller ehrbaren

Bürger von Philippi." Damit drehte er sich abrupt um und ging so schnellen Schrittes die Straße hinunter, daß sein Sklave rennen mußte, um ihm folgen zu können.

Verwirrt und erschrocken stand Lydia in der Stoa ihres Geschäfts. Die Kraft, die sie vorhin verspürt hatte, schien sich nun in Furcht zu verwandeln.

*

Auch beim Abendessen war Lydia in Gedanken noch so sehr mit ihren eigenen Schwierigkeiten beschäftigt, daß sie sich zwingen mußte, ihren Gästen die nötige Aufmerksamkeit zu schenken. Paulus war still und schien ebenfalls über etwas nachzudenken. Doch Timotheus und Silas waren unterhaltsam und freundlich. Lukas hatte offen gesagt, er fühle sich noch sehr erschöpft von der vorangegangenen Nacht, in der er kaum Schlaf bekommen hatte. Deshalb konzentrierte er sich auf das Essen und gab sich Mühe wach zu bleiben.

„Ich habe noch nie eine Frau kennengelernt, die ihr eigenes Geschäft führt", bekannte Timotheus offen. „Gewiß, gehört hatte ich schon davon, daß es dies hier und da einmal gibt, aber noch nie selbst gesehen."

„Ich ebenfalls nicht", stimmte Lydia mit breitem Lächeln zu. „Auch bei mir geschah es nur aus dem Zwang der Notwendigkeit heraus. Ich kann nicht behaupten, daß die Führung des Geschäfts das ist, was ich tun möchte, zumindest nicht für immer", fügte sie hinzu, als Ditus interessiert den Kopf hob.

Paulus sagte plötzlich: „Mein eigenes Gewerbe ist das eines Zeltmachers. Meine Vorräte und Werkzeuge folgen uns und werden in wenigen Tagen hier eintreffen. Ich würde mir gern eine Werkstatt einrichten.

Wüßtet ihr irgendwo einen günstigen Platz?"

„Ich dachte, du predigst nur", wunderte sich Lydia.

„Ich versuche immer, für meinen eigenen Lebensunterhalt zu sorgen", erwiderte Paulus. „Ich bin kein Mann, der von der Hilfe anderer leben will."

Zum ersten Mal betrachtete Ditus den älteren Mann mit einem Blick, der so etwas wie Anerkennung ausdrückte.

„Ich weiß nichts", begann Lydia. „Ich wüßte wirklich nichts Geeignetes, wo du arbeiten könntest. Vielleicht im hinteren Teil unseres Lagerraums?"

„Da gibt es nicht Platz genug." Ditus mischte sich zum ersten Mal in die Unterhaltung ein.„Ein Zeltmacher braucht für seine Arbeit einfach mehr Raum. Unten am Stadtrand, wo der kleine Olivenhain ist, gibt es einen Platz, der dafür gut geeignet wäre, glaube ich. Er gehört Valleius. Doch ich bin sicher, ihr dürft ihn benutzen, wenn meine Mutter ihn darum bittet." Aufmerksam schaute er dabei zu Lydia, die fühlte, wie sie unter dem festen Blick ihres Sohnes rot zu werden begann.

„Nein", meinte sie erschrocken, „nicht Valleius. Er wird uns sicher keinen Gefallen tun. Fällt dir nicht etwas anderes ein?"

„Ich?", fragte Ditus mit leichter Ironie in der Stimme. „Mir soll etwas einfallen?"

„Natürlich, wem sonst?" antwortete sie fest, als gäbe es außer ihr und ihrem Sohn niemand anderes am Tisch.

Ditus blickte sie erstaunt an und wandte sich dann an Paulus. „Ich werde mich morgen für dich ein wenig umhören, Herr", erklärte er.

Paulus erwiderte den Blick des Jungen. „Von dir hätte ich am allerwenigsten Hilfe erwartet", sagte er offen.

„Da hattest du auch allen Grund dazu", antwortete

Ditus zurückhaltend. „Aber gestern nacht wurde mir ein wenig Vernunft in meinen Kopf geklopft."

„Aber mittlerweile scheinst du wieder völlig genesen zu sein, wie?", fragte Paulus. „Wie geht es der Verletzung auf deinem Rücken?"

Ditus' Augen wanderten schnell von Paulus zu Lukas und dann zu seiner Mutter. „Auf meinem Rükken hat es keine Verletzung gegeben", erwiderte er ein wenig lauter als nötig.

„Nein?" Auch Paulus' Stimme war die Ironie anzuhören. „Dann hat Lukas bei dem schwachen Lampenlicht sich sicher geirrt." Mit dieser Feststellung wandte er sich Lydia zu und fragte: „Erinnerst du dich noch an das Mädchen, das uns gestern am Stadttor entgegenrannte? Sie hat uns dann nachgeschrien, wir seien Botschafter Gottes?"

„Ja", nickte Lydia und spürte, wie ihr Herz schneller zu klopfen begann.

„Heute hat sie das wieder getan. Sie hat hinter uns hergeschrien und geblökt, als wäre sie ein kleines dummes Schaf. Sie ist doch eine Sklavin? Kennst du ihren Besitzer?"

Lydia nickte. „Ja, ich kenne ihn."

„Würdest du ihn bitten, sie vorläufig daheim zu behalten und wenn es nötig ist, sogar einzuschließen? Sie stört mich, wenn ich beim Predigen nachdenken muß. Und außerdem lenkt sie die Menschen immer gerade dann ab, wenn sie mir am aufmerksamsten zuhören sollten."

„Ich glaube nicht, daß mir das möglich ist", sagte Lydia langsam. Sie bemerkte, wie sich Ditus' Augen vor Überraschung weiteten. „Der Besitzer ist mir nicht gerade freundlich gesonnen. Ich fürchte, er würde es dann extra noch schlimmer machen."

„Ich glaube, Mutter, wir sollten uns über diese Sache unterhalten", sagte Ditus in scharfem Ton.

„Könnten wir das ein wenig später tun?“

Lydia blickte zu Paulus. Doch der zuckte nur mit den Achseln. „Entschuldige uns bitte, Frau Lydia, wir werden uns heute sehr zeitig zurückziehen. Wir hatten einen sehr anstrengenden Tag. Lukas ist außerdem sehr müde, weil er die ganze Nacht am Bett deines gesunden Sohnes...“, seine Augen bekamen wieder den leicht ironischen Ausdruck, als er dabei auf Ditus blickte, „...zugebracht hat. Silas und Timotheus haben schon vor dem Abendessen darauf hingewiesen, daß uns eine längere Nacht, die wir einmal durchschlafen könnten, guttun würde. Könnten wir die Unterweisungsstunde, um die du gebeten hast, nicht auf morgen verschieben?“

„Sicher“, stimmte Lydia schnell zu. „Das fügt sich ganz gut. Dadurch bekomme ich ausreichend Zeit, mich mit meinem Sohn zu unterhalten.“

Sie wunderte sich selbst, welche Erleichterung sie empfand, als sie diese Worte sagte. Sie hatte immer geglaubt, sie sei einsam und hätte niemand, mit dem sie ihre Probleme besprechen könne; niemand, der sie verstehe. Und dabei war die ganze Zeit ihr eigener Sohn im Hause gewesen. „Du siehst“, sagte sie zu Paulus und machte dabei einen etwas kindlichen Eindruck, „wie sehr ich den Rat meines Sohnes nötig habe.“

Paulus nickte nur höflich. Doch Ditus' Augen begannen zu strahlen, als sei in ihnen eine Flamme entzündet worden, die nun in ihre Finsternis hineinleuchten sollte.

Kapitel 18

Nachdem die anderen sich zurückgezogen hatten, setzte sich Lydia mit ihrem Sohn in den kleinen Raum, der das Atrium mit der offenen Wohnhalle verband. „Nun sag mir, Mutter“, begann Ditus, „was hat es zwischen dir und Valleius Tatinius gegeben? Ich dachte, du seist die engste Freundin seiner Frau. Ich weiß zwar, daß er sehr ungemütlich werden kann. Aber hat er sich nicht gerade dir gegenüber immer die größte Mühe gegeben, um dir zu gefallen?“

Lydia war dankbar, daß schwere Vorhänge sie dem Atrium gegenüber abschirmten. So würde alles, was sie und Ditus besprachen, ganz unter ihnen bleiben. „Valleius ist sehr zornig auf mich“, gestand sie. „Er ärgert sich aus demselben Grund, über den du gestern abend auch zornig geworden bist. Er glaubt, es sei töricht von mir, Paulus und seine Freunde in unser Haus einzuladen. Irgendwie glaubt er, dies sei für ihn eine direkte Beleidigung.“

Ditus lächelte nicht, sondern nickte verstehend mit dem Kopf. „So muß er es auch sehen“, meinte er. „Ihm hast du trotz all seiner Bemühungen kaum erlaubt, bis in das Atrium zu kommen, und plötzlich teilst du deine Schlafräume mit Fremden.“

„Nicht meine Schlafräume", fuhr sie auf.

„Ach Mutter, du weißt doch genau, was ich meine", beruhigte Ditus sie. „Jedenfalls hast du sie in die Familie aufgenommen. Und ihm hast du die Tür sozusagen vor der Nase zugeschlagen."

Ihre Stimme war bitter, als sie antwortete: „Das tat ich deshalb, weil er genau das wollte, wovon du redest – Zutritt zu meinem Schlafzimmer nämlich." Noch während sie das sagte, wunderte sie sich darüber, daß es ihr gelang, mit ihrem Sohn so offen über diese Dinge zu reden.

Ditus reagierte sehr gelassen auf ihre Worte. „Ich sagte dir ja schon einmal, daß ich dies vermutete, deshalb überrascht es mich nicht", erklärte er.

„Ich habe diese Last lange Zeit allein getragen", sagte Lydia langsam. „Ich wünschte, ich hätte gewußt, daß ich so offen mit dir darüber reden kann."

Ihre Aufrichtigkeit schien Ditus zu bewegen, ebenfalls ganz offen zu sein. „Damals, als die Sache begann, hätte ich wahrscheinlich noch nicht sehr viel Verständnis gehabt, wenn du jemand gebraucht hättest, mit dem du dich aussprechen konntest", gab er zu. „Doch in dem letzten Jahr habe ich eine Menge dazugelernt."

„Von Clement." Es war eine Feststellung, keine Frage.

„Von Clement", nickte er.

„Du willst sagen, Clement weiß, wie Valleius ist?" fragte sie, während leichtes Mißtrauen in ihr aufstieg.

Ditus überlegte lange und wählte seine Worte sorgfältig. „Wir haben eigentlich nie richtig über dieses Thema gesprochen, doch ich glaube, Clement vermutete etwas."

Lydia erinnerte sich an Clements harte Worte über ihre „stolzen römischen Freunde". O ja, er hatte sicher etwas vermutet. „Sag mir, Ditus", fragte sie, „war Valleius die Ursache, weshalb du dich gestern mit anderen Männern geschlagen hast, oder war es wegen Paulus?“

„Wegen Paulus“, antwortete er prompt und hielt plötzlich wieder inne, weil ihm klar wurde, daß er Lydia in die Falle gegangen war.

„Sie haben über mich geredet?“, forschte sie vorsichtig.

„Na ja, nicht gerade geklatscht. Einige Soldaten haben irgendwie etwas aufgeschnappt. — Ich glaube, sie hörten einiges, als Valleius sich mit seiner Frau unterhielt.“

„Mit seiner Frau?“ fragte Lydia interessiert.

„Jemand sagte, seine Frau sei aus irgendeinem Grund in die Kaserne gekommen, und er habe sie angeschrien und wieder fortgeschickt. Jemand hat das gehört, nehme ich an. Dabei ist wohl auch dein Name gefallen. Und das wurde mir dann an den Kopf geworfen.“

„Und du hast also Streit bekommen, weil du mich verteidigt hast.“ Ihre Stimme war jetzt sehr sanft. „Ich wünschte, du wüßtest, wie sehr mir das leid tut.“

Ditus blickte zu Boden und spielte nervös mit seinen Fingern. „Ich wünschte, du wüßtest, wie ich mich in jenem Augenblick gefühlt habe. Mir war klar, daß die versteckten Andeutungen dieser Männer falsch waren, denn ich weiß, wie tugendsam du bist und daß es dir nicht möglich wäre, mit einem fremden Mann... Nun ja, du weißt, was ich meine. Aber andererseits war ich selbst der Meinung, daß du närrisch gehandelt hast, als du fremde Männer in unser Haus ludst. Und es ist nicht einfach, eine Närrin zu verteidigen.“

„Es tut mir leid“, sagte sie nochmals. Wenn Ditus schon keinen Respekt vor mir hat, so ist er doch wenigstens aufrichtig, dachte sie.

„Ich glaube immer noch, es war töricht von dir", sagte der Junge offen. „Aber eine Närrin bist du deshalb doch noch nicht. Da besteht ein Unterschied."

Sie hatte die Gnade, ihn anzulächeln. „Wenn du also heute abend wegen mir kämpfen müßtest, könntest du es mit größerer Überzeugung tun?"

Ditus mußte über diese Feststellung laut lachen. Lydia traf es wie ein Schock, als sie sich sagte, daß es lange her war, seit Ditus im Hause einmal so gelacht hatte. „Ich weiß es nicht", meinte er, immer noch lachend. „Jedenfalls hätte ich nicht geglaubt, daß Schläge so weh tun können."

„Man hat dich auch fast totgeschlagen, Ditus. Du weigerst dich immer noch, unser Wort zu akzeptieren, daß Gott dich geheilt hat. Frage doch einfach Clement, wenn du ihn das nächste Mal siehst. Frage ihn, ob dein Rücken zerschlagen und übel verwundet war."

Ditus machte eine abwehrende Handbewegung. „Über dieses Thema möchte ich nicht reden", erklärte er hart. „Ich gebe zu, daß Paulus nicht ganz der verrückte Fanatiker ist, den ich zuerst in ihm gesehen habe; und ich habe sogar erkannt, daß irgend etwas Magnetisches von ihm ausgeht, so daß er auch Menschen überreden kann, die einen stärkeren Willen und eine festere Überzeugung haben als du. Aber daß er oder sein Gott mich heilen könnten, ist doch dummes Zeug. Solche Dinge gibt es einfach nicht."

„Ich werde nicht mit dir streiten, sondern rate dir nochmals: Frage Clement", antwortete Lydia ruhig. „Er hat dich nach Hause getragen, also wird er es wissen."

Ditus schwieg einige Augenblicke und sagte dann vorsichtig: „Ich habe bei der ganzen Sache doch etwas gelernt. Mit deiner Warnung vor den Glücksspielen und vor dem Ausgehen während der Nacht hast du vielleicht recht. Diese Männer hätten es nie gewagt, mich am hellen Tag anzugreifen."

Sie mußte sich bemühen, ihm jetzt nicht triumphierend zu zeigen, wie recht sie gehabt hatte. Ruhig fragte sie: „Dann kann ich also damit rechnen, daß du nicht mehr dorthin gehst?"

„Wahrscheinlich werde ich trotzdem noch einige Male gehen. Doch da Clements Frau gestorben ist, wie du ja weißt, wird er nun nicht mehr nur nachts arbeiten, sondern auch am Tage Dienst tun und nachts nur noch manchmal. Ich gehe ja in erster Linie, um mit ihm zusammen zu sein. Das kann ich dann auch tagsüber."

„Ja, das verstehe ich", nickte sie. Habe Dank, Gott, klang es in ihrem Herzen. Habe Dank, daß du meinen Jungen zu mir zurückbringst.

„Darf ich noch etwas fragen?" erkundigte sich Ditus. Als sie nickte, fuhr er fort:„Ich habe kein Recht, diese Frage zu stellen, da es eigentlich etwas sehr Intimes ist. Aber es ist etwas, das ich nicht verstehen kann. Wie konntest du...Nun ja, wie ist es dir gelungen, dich nicht näher mit Valleius einlassen zu müssen? Hast du ihn nicht leiden können? Clement sagt, ohne Liebe... Nun, du verstehst schon, was ich sagen will."

„So war es nicht ganz", gestand Lydia. „Sieh, Valleius ist ein aufregender und attraktiver Mann; und es hat in dem vergangenen Jahr manchmal Zeiten gegeben, da habe ich mich sehr einsam gefühlt. Doch ich habe eben während dieser Zeit durch Ruben auch viel von Gott gelernt. Und Gott hat uns Gesetze gegeben, nach denen wir uns richten sollen. Eines dieser Gesetze sagt: »Du sollst nicht ehebrechen.« Ich konnte doch Gottes Gebot nicht brechen", schloß sie.

„Meinst du das ernst?"

„Ich habe es nie im Leben ernster gemeint."

„Du willst damit sagen, daß dieser Gott, den du und Minta..., daß dieser Gott tatsächlich dein Leben verändert hat?"

Lydia lächelte. „Er verändert unser Leben in dem Maße, wie wir Ihn in uns wirken lassen. Ich bin oft dickköpfig und entschlossen, meinen eigenen Willen durchzusetzen. Doch wenn ich mich Ihm überlasse, dann führt Er mich richtig."

Ditus schüttelte den Kopf. „Ich kann dich überhaupt nicht mehr verstehen", gab er zu.

„Aber hassen tust du mich nicht?", fragte sie mit plötzlicher Angst. Sie hatte es vorher nie gewagt, eine solche Frage zu stellen.

Ditus blickte sie ganz verlegen an. „Habe ich dir je Grund gegeben, so etwas zu denken?", fragte er erstaunt. „Natürlich hasse ich dich nicht. Sei doch nicht töricht. Gewiß, ich bin in diesem Jahr manchmal dickköpfig gewesen, aber nur weil – ja, weil es eben notwendig war."

„Wir waren beide dickköpfig", lenkte Lydia ein. „Ditus, wir sollten noch eine andere Sache besprechen. Ich habe in letzter Zeit oft darüber nachgedacht, daß in wenigen Wochen der Tag deiner Erwachsenenfeier sein wird. Vielleicht hast du gemeint, ich hätte kein Interesse daran. Aber das stimmt nicht. Ich weiß nur einfach nicht, wie wir diesen Tag begehen sollen."

„Aber es ist doch durch die Tradition eigentlich alles festgelegt", sagte er ein wenig steif.

„Schon – aber wir brauchen jemand, der dir die »Toga pura« umlegt", wandte sie ein.

„Ich dachte, Valleius könnte...", begann er.

„Nein"

„Das sehe ich ein", nickte er. „Aber wir werden sicherlich jemand finden."

Sie nickte. „Bestimmt finden wir jemand. Ich werde diese Sache sofort in die Hand nehmen. Doch da ist noch ein anderes Problem, Ditus."

„Welches?"

„Ich kann nicht erlauben, daß den römischen Göttern die bei dieser Gelegenheit üblichen Opfergaben und Huldigungen dargebracht werden", sagte sie entschlossen.

„Aber das ist doch ein Teil der Zeremonie", protestierte er. Du brauchst sie ja gar nicht anzubeten, sondern legst einfach die üblichen Gaben vor die Götterstatuen."

„Nein." Ihr Ton war bestimmt und endgültig. „Das erste Gesetz Gottes lautet: »Du sollst keine anderen Götter haben neben Mir.« Ditus, es tut mir leid, aber das kann ich nicht."

Er zuckte mit den Achseln. „Es wird uns schon etwas einfallen", murmelte er. „Irgendwie werden wir das schon zurechtbiegen."

Sie zögerte etwas, dann begann sie: „Ich habe vor, nach deiner Volljährigkeitsfeier einen Teil der Verantwortung für das Geschäft dir zu übertragen. Nach und nach natürlich. Aber du wirst nicht mehr länger als Lehrling angesehen."

Es war natürlich nicht gerade das, was er sich gewünscht hatte, das konnte sie an seinem Gesichtsausdruck erkennen. Aber mehr konnte oder wollte sie ihm im Augenblick nicht versprechen.

„Vielen Dank", sagte er kühl. „Es ist wenigstens etwas, und ich bin dankbar dafür."

„Und ich danke dir", brach es aus ihr heraus, „daß du mir zugehört hast. Ich habe nicht geglaubt, du hättest für mich und meine Probleme irgendeinen Gedanken übrig. Du kannst nicht wissen, wie erleichtert ich bin, daß ich mich wieder auf... ja, auf einen Mann stützen kann."

„Und ich war der Meinung, meine Überlegungen interessierten dich überhaupt nicht", sagte Ditus. „Du und Minta, ihr wart so mit eurer Religion beschäftigt, und du außerdem noch mit dem Geschäft, daß ich dachte, nun eben..." Er brach ab und wußte nicht, wie er in Worten ausdrücken sollte, was er empfand.

„Ich glaube, es ist besser, wenn du jetzt zu Bett gehst", sagte sie freundlich. „Du bist sicher noch ziemlich schwach und mußt doch sehr müde sein."

„Ich bin müde", gab er zu. „Aber schwach fühle ich mich eigentlich nicht." Er vermied es, ihr in die Augen zu sehen, als er das sagte. „Morgen, ehe ich in das Geschäft komme, werde ich mich bemühen, einen Platz zu finden, wo Paulus seine Zeltmacherei betreiben kann."

Dies ist schon ein Vorgriff auf die neue Würde, die ich ihm zugestanden habe, dachte Lydia. Er trifft Entscheidungen, was er tun wird, ohne mich zu fragen, ob ich einverstanden bin.

„Ich bin sicher, Paulus wird dir dankbar sein", war alles, was sie dazu bemerkte.

Ditus nahm eine kleine Lampe und begleitete Lydia zu ihrem Schlafzimmer. Dann zündete er damit noch die in ihrem Zimmer stehende Lampe an. Für einen Augenblick schaute er auf seine Mutter hinunter. „Du magst manchmal ein wenig töricht handeln", bemerkte er dann, „aber du bist sehr aufrichtig und sehr tapfer."

Er beugte sich vor und hauchte ihr einen leichten Kuß auf die Wange. Dann drehte er sich um und ging eilig zu seinem eigenen Zimmer. Seine Lampe ließ überall an den dunklen Wänden kleine Lichtpunkte aufleuchten.

Erst als sie schon am Einschlafen war, fiel es Lydia ein, daß sie Ditus nichts von Valleius' Drohungen gesagt hatte. Sie mußte sich eingestehen, daß sie versucht hatte, die Gedanken daran an diesem Abend völlig zu verdrängen. Die Folgerungen, die eintreten konnten, waren zu erschreckend. Irgendwie mußte es ihr gelingen, Fulvia zu sprechen und sie zu bitten, nicht darauf zu hören, wenn Valleius sie Fulvia gegenüber verleumden würde. Die Frage war: Wie konnte sie mit Fulvia Kontakt aufnehmen?

*

Ein zufällig vorübergehender Passant hätte den Eindruck bekommen können, in ihrem Hause werde ein Fest gefeiert, überlegte Lydia eine Woche später, als sie sich in ihrer großen Wohnhalle umsah. Jede Couch, sowie alle Bänke und Stühle waren besetzt. Einige der jüngeren Leute, wie Minta und David, saßen sogar auf dem Fußboden.

Es war natürlich kein Fest, sondern die Leute waren gekommen, um Paulus zuzuhören und mehr über Jesus zu lernen. Zuerst hatte Paulus in den Straßen der Stadt gepredigt. Als die regelmäßige Zuhörerschaft zu wachsen begann, hatte Lydia vorgeschlagen, an jedem späten Nachmittag in ihrem Hause eine Versammlung zu halten. Teilweise kam der Vorschlag auch aus Eigeninteresse. Da sie in ihrem Geschäft sein mußte, war sie nicht in der Lage zuzuhören, wenn Paulus tagsüber predigte. Aber am späten Nachmittag konnte auch sie sich zu den Zuhörern gesellen.

Der Vorschlag schien auch Paulus sehr zu gefallen. Er verbrachte den ersten Teil des Tages mit seinen Gefährten jetzt regelmäßig in dem ärmeren Teil der Stadt. Dort hatte Ditus hinter einem alten Haus einen Schuppen für ihn gefunden, der groß genug war, um darin die Zeltmacherei zu betreiben. Jeweils etwa in der Mitte des Nachmittags kamen die vier Männer zu Lydias Haus zurück, wo Paulus dann eine Zeit später vor seiner „Gemeinde" predigte, wie er die Leute nannte, die sich versammelten, um ihm zuzuhören.

Als Lydia ihn fragte, hatte Ditus mürrisch seine Zustimmung zu diesen Versammlungen gegeben. Er weigerte sich aber, selbst daran teilzunehmen. Er hörte noch nicht einmal Minta zu, wenn sie versuchte ihm zu erzählen, was Paulus in den Versammlungen sagte.

Es war Lydia auch noch nicht gelungen, Kontakt

mit Fulvia aufzunehmen. Sie hatte mehrere Male Pyrus mit einer Botschaft zu dem Tatinius-Haus gesandt. Doch der Sklave berichtete, man habe ihn von der Tür gewiesen, ohne ihm zu erlauben, Lydias Schreibtafel bei Frau Fulvia abzugeben.

Lydia betrachtete die Leute, die sich in der großen Wohnhalle ihres Hauses versammelt hatten. Obwohl sie sich wünschte, Ditus und Fulvia wären auch anwesend, und obwohl sie jedesmal, wenn es an die Tür klopfte, Sorge hatte, es könne plötzlich Valleius im Raum stehen, empfand sie beim Anblick der Zuhörer auch eine große Befriedigung. Paulus hatte versprochen, weiter über die Lehren und Taten Jesu zu predigen. Und man konnte die gespannte Erwartung, von der all die Menschen hier durchdrungen waren, fast mit Händen greifen. Noch nirgends habe ich so etwas erlebt, dachte Lydia — eine solche Atmosphäre der Hoffnung und Verheißung.

Paulus betrat den großen, zum Atrium hin offenen Raum und setzte sich auf einen Stuhl, der für ihn bereitstand. „Friede sei mit euch im Namen unseres Herrn Jesu Christi", begrüßte er die Versammelten.

Er sieht müde aus, dachte Lydia. Seine Schultern hängen mehr nach vorn als sonst. Aber der Blick seiner Augen ist genauso intensiv und durchdringend wie immer.

„Jesus war ein Meister im Erzählen von Gleichnissen", begann Paulus. „Er konnte die einfachsten Dinge nehmen und mit ihnen eine große Wahrheit beschreiben. Er tat dies mit ganz schlichten Worten, so daß jeder Ihn verstand. Ich kann nur darum beten, daß es mir gelingt, es euch so weiterzugeben, wie Er es Seinen Jüngern erzählt hat.

Einmal erzählte Jesus die Geschichte von einem Säemann, der ausging, um zu säen. Einige von den Samenkörnern fielen auf den hartgetretenen Weg und wurden dort von den Vögeln aufgefressen. Andere wieder fielen auf einen Boden, der sehr steinig war. Zwar gingen diese Samenkörner bald auf, vertrockneten aber schnell wieder, als die Sonne heiß schien, weil sie der Steine wegen keine guten und tiefgehenden Wurzeln entwickeln konnten. Wieder andere Samenkörner fielen unter Dornengestrüpp. Sie gingen zwar auch bald auf, wurden aber schnell wieder von dem wuchernden Gestrüpp erstickt und konnten deshalb auch keine Frucht bringen. Doch wieder andere Samenkörner fielen auf gutes Land, und dort brachten sie dreißigfältige, manche sechzigfältige und manche sogar hundertfältige Frucht."

Paulus blickte aufmerksam in die auf ihn gerichteten Gesichter und fuhr fort: „Die Jünger Jesu verstanden nicht, was ihr Herr meinte. Und ihr scheint es auch nicht recht zu verstehen. Jesus erklärte ihnen also, daß der ausgestreute Same mit dem Worte Gottes zu vergleichen sei. Manchmal fällt es auf den steinigen Boden der Gleichgültigkeit, da hat der Satan die Zuhörer taub gemacht für die Wahrheiten Gottes. Manchmal fällt das Wort auch in Herzen, die solchem steinigen Boden gleichen. Zuerst wird das Wort Gottes freudig aufgenommen, doch wenn die ersten Schwierigkeiten kommen, wendet man sich schnell wieder den alten Wegen zu und läßt die Wahrheit sterben und vertrocknen."

Bin ich vielleicht auch so gewesen, überlegte Lydia demütig. Sie blickte sich vorsichtig um und sah dieselbe besorgte Frage auf vielleicht einem Dutzend Gesichtern. Nur Ruben schien völlig ruhig und mit sich zufrieden zu sein.

Paulus fuhr fort: „Manchmal fällt das Wort auch in Herzen, die sind so mit Sorgen und Ängsten und den vielen Dingen der Welt erfüllt, daß das Wort Gottes darunter erstickt und wieder völlig verloren geht."

Wieder fühlte Lydia sich getroffen. Doch nein, sagte sie zu sich selbst, wenn ich auch nicht jeden Tag stark und zuversichtlich bin, so wird doch das Wort Gottes in mir nie völlig verloren gehen. Davon war sie fest überzeugt.

„Doch manchmal", fuhr Paulus fort, „fällt Gottes Wort auch in ein Herz, das dem guten und fruchtbaren Boden gleicht. Dort geht es auch bald auf, aber es vertrocknet nicht wieder und erstickt auch nicht, sondern es wächst weiter, und nach und nach reifen die guten Früchte des Glaubens, der Hingabe an Gott und der guten Werke heran."

Wieder machte er eine kurze Pause und fragte dann: „Habt ihr nun verstanden, was Jesus mit diesem Gleichnis sagen wollte?"

„Ja", antwortete David eifrig. „Ich habe noch nie gehört, daß jemand es so einfach und doch so deutlich erklären konnte."

„Jesus ist der Christus, der Gesandte und Gesalbte Gottes. In Ihm ist die Güte und Liebe Gottes geoffenbart worden, und Er ist das Tor, durch welches hindurch wir Gott sehen können", erklärte Paulus.

An der Hintertür war ein leises Klopfen zu vernehmen. Lydia fing einen Blick von Kora auf. Es war seltsam und schien andererseits aber ganz normal zu sein, daß Kora und Pyrus und die anderen Sklaven auch mit in der Schar saßen, die Paulus zuhörte. Noch vor ganz kurzer Zeit hätte sie gedacht, dies sei völlig gegen die Regel und die Sklaven nähmen sich zu viele Rechte heraus.

Kora nickte zum Zeichen, daß sie verstanden hatte. Sie erhob sich und verließ leise den Raum. Paulus fuhr fort. Er ermutigte seine Zuhörer Fragen zu stellen und beantwortete sie. Auch dabei war er, wie immer, geraudeaus, offen und sehr positiv. Doch Lydia hatte längst gemerkt, daß unter diesen eher härteren Qualitäten ein Herz voller Liebe und Mitgefühl zu finden war. Es ist also kein Wunder, daß die Menschen ihn lieben, dachte sie. Er ist so überzeugt von Jesus und kann andere so davon überzeugen, daß er auch noch in dem Schwächsten von uns Vertrauen und Zuversicht weckt.

Kora kehrte zurück und winkte mit den Augen ihrer Herrin zu. Lydia erhob sich von der Bank und trat zu ihr. Beide gingen in einen Nebenraum, um die Versammlung nicht zu stören.

„Was gibt es?" fragte Lydia flüsternd.

„Es war eine Sklavin von der Herrin Fulvia", antwortete Kora. „Sie ist, wie du weißt, Herrin, eine Cousine von mir. Das hätte als Entschuldigung gedient, wenn jemand gesehen hätte, daß sie zu uns kam."

„Was willst du damit sagen", forschte Lydia.

„Sie brachte eine Botschaft von ihrer Herrin. Nein, es war nichts Geschriebenes. Sie hat nur einige Worte ausgerichtet, Herrin. Sie sagte, ihre Herrin würde jeden Nachmittag in das Bad gehen."

„Nur das? Nichts weiter?"

„Nur das."

„Ist die Sklavin wieder gegangen?"

„Ja, Herrin."

„Vielen Dank, Kora. Vielen Dank." Lydias Herz sang vor Freude, als sie jetzt zu der Versammlung zurückkehrte und ihren Platz wieder einnahm. Fulvia wollte mit ihr reden. Fulvia war bereit, den Zorn Valleius' zu riskieren, um ihre Freundin zu treffen. Ich kann ihr alles erzählen, was ich in der Zwischenzeit über Jesus gelernt habe, dachte Lydia, deren Herz mit großer Dankbarkeit erfüllt wurde. Wenn Fulvia nur durch ihren Intellekt zu Jesus kommen und Ihn annehmen kann, so bin ich jetzt in der Lage, ihr die Dinge zu erzählen, die sie dazu wissen muß.

Kapitel 19

Am nächsten Tag konnte Lydia es kaum erwarten, daß die Stunden vergingen bis es Zeit war, ins Bad zu gehen. Nach dem Mittagessen blickte sie so oft zum Himmel hinauf, um den Stand der Sonne zu prüfen, daß es Ditus und Ruben auffiel. Sie fragten, ob Lydia heute am Himmel etwas Besonderes erwarte. Endlich, mindestens eine Stunde vor der Zeit, zu der sie gewöhnlich das Geschäft verließ, machte ihr Ditus etwas ironisch den Vorschlag, doch jetzt schon zu gehen. Er war zu höflich, um zu sagen, daß sie mit ihrer Unruhe an diesem Nachmittag nur sehr wenig oder gar keinen Beitrag zu der Arbeit leistete, die zu bewältigen war. Doch Lydia spürte seine versteckte Kritik. Sie war allerdings so mit dem Gedanken beschäftigt, nun bald Fulvia zu treffen, daß sie keine Antwort gab. Sie lächelte nur, winkte den beiden Männern zu und ging.

Früher hatte sie das Badehaus gewöhnlich durch den Haupteingang betreten, der von Männern und Frauen gleicherweise benutzt wurde. Doch heute, wie in der letzten Zeit schon einige Male, benutzte sie den Hintereingang, der nur für die Frauen da war. Seit sie das Geschäft übernommen hatte, konnte sie nicht mehr so lange im Bad verweilen, wie sie das früher oft getan hatte. Aus Zeitmangel nahm sie deshalb meistens nur wenige der dort vorhandenen Möglichkeiten in Anspruch. Für das entspannende Dampfbad und die sanfte Massage, die sie von geübten Masseusen erhalten konnte, reichte die Zeit gewöhnlich nicht. Auch heute entschloß sie sich nur für ein kurzes Bad.

Kora, die mit ihr gekommen war, legte Lydias Kleidung sorgfältig in die kleine, für Lydia reservierte Nische, während Lydia sich in ein weiches Badetuch hüllte und den Raum mit dem großen Warmwasserbecken betrat. Erst jetzt merkte sie, wie müde und abgespannt sie war. Deshalb empfand sie es doppelt wohltuend, als sie sich jetzt in das angenehm warme Wasser legte. Fulvia hatte sie bisher noch nicht erblikken können, obwohl sie jedes Gesicht so genau wie möglich musterte. Gerade als sie das Wasser wieder verließ, trat eine Sklavin zu ihr, die ihr bekannt vorkam.

„Würde es dir etwas ausmachen, in den Ruheraum der Frauen zu kommen, Herrin?“ fragte sie.

„Gern. In etwa einer Minute“, antwortete Lydia. „Ich will mich nur noch ankleiden.“

„In der Ecke, wo es zum Massageraum geht“, murmelte die Sklavin noch und verschwand.

Lydias Hände zitterten, während sie Kora half, ihrer Stola wieder den richtigen Sitz zu geben. Gestern hatte sie in ihrer großen Freude nicht einmal daran gedacht, daß sie vielleicht auch schlechte Neuigkeiten erfahren könnte. Jetzt war ihr der Gedanke gekommen, daß Fulvia sie vielleicht vor Valleius warnen wollte.

„Sei nicht besorgt, Herrin“, bat Kora, „es wird alles gut werden. Unser Gott wird dich beschützen.“

Warum ist es notwendig, überlegte Lydia, daß Kinder und Sklaven mir immer wieder neuen Mut zusprechen müssen? War ihre eigene Mutlosigkeit so deutlich zu sehen?

Der Ruheraum war voller redender und lachender Frauen. Sie blickte sich um, konnte aber Fulvia nicht entdecken. Dann nahm sie eine Handbewegung wahr. Hinter einem großen, mit Regenwasser gefüllten Bekken, auf dem Seerosen schwammen, wartete Fulvia auf einer halb verborgenen Bank auf sie.

„O Gott, bitte", seufzte sie und wurde sich dabei bewußt, daß dieses kurze Gebet mindestens ein halbes Dutzend Wünsche beinhaltete. Sie ging zu Fulvia und begrüßte sie freundlich.

„Lydia, meine Liebe", sagte Fulvia und streckte ihre Hand aus. Ihre Stimme klang dabei so warm wie immer.

Mit einem Schluchzer der Erleichterung ergriff Lydia Fulvias Hand. Doch es würde nicht gut sein, andere auch nur vermuten zu lassen, daß es hier zu einem gefühlsbetonten Wiedersehen kam, dachte sie. „Geht es dir gut?" fragte sie.

„Ich habe dich sehr vermißt", sagte Fulvia laut und deutlich. „Doch ich weiß ja, wie schwer und viel du arbeiten mußt. Du mußt dir bald einmal einen ganzen Tag freinehmen, so daß wir zusammen in die Bibliothek gehen können."

Dies war sicherlich eine ganz normale Begrüßung. Sollte jemand in der Nähe auf die beiden aufmerksam geworden sein, so würden Fulvias Worte wohl harmlos genug geklungen haben, um sie nicht weiter zu beachten.

„Ich hoffe tatsächlich, daß mir dies bald einmal möglich ist", antwortete Lydia genau so laut und setzte damit das Spiel fort. „Erzähl mir doch, was gibt es Neues von deinem Sohn Arturus in Rom?"

In ganz kurzer Zeit hatte die Unterhaltung all der anderen Frauen einen Wall um Lydia und Fulvia herum aufgebaut, so daß sie in der Lage waren, leiser zu sprechen und von den Dingen zu reden, die ihnen am Herzen lagen.

„Valleius ist sehr zornig“, begann Fulvia. „Er läßt Nuba fast jeden Tag vor dem Haupteingang des Bades Wache halten, um zu sehen, ob wir uns hier treffen.“

„Ich habe den Hintereingang benutzt“, beruhigte Lydia sie. „Ich fühlte innerlich, daß ich dies tun sollte. Vielleicht hat Gott mir gesagt, was nötig war.“

„Es ist etwas sehr Seltsames geschehen“, berichtete Fulvia leise und schnell. „Nuba ist ein Anhänger deines Freundes Paulus geworden. Er und Erosa folgen ihm in der Stadt so oft wie möglich. Er gibt zwar vor, es sei Erosas wegen, die dies wünsche, doch ich habe schon mehrere Male gehört, wie er mit anderen Sklaven darüber gesprochen hat. Er glaubt an diesen jüdischen Messias. Unser Nuba! Ich kann es selbst noch nicht ganz begreifen.“

„Ich weiß“, lächelte Lydia. „Einige meiner Sklaven haben Jesus auch als ihren Herrn angenommen und wurden getauft. Doch das weißt du sicherlich. Paulus predigt jeden Abend in unserem Haus. Da versammeln sich auch die Sklaven mit uns und hören zu. Paulus sagt, in den Augen Gottes sind alle Menschen gleich.“

„Und Paulus ist immer noch dabei, euch von diesem Mann Jesus zu erzählen?“

Das war die Frage, auf die Lydia gewartet hatte. Alles andere war für sie nur die Einleitung zu dieser großen Gelegenheit gewesen, für die sie gebetet hatte.

„O Fulvia, hör mir zu“, begann sie. „Ich habe versucht, mir jedes Wort einzuprägen und habe fortwährend gebetet um eine Gelegenheit, dir davon zu berichten. Einmal hat Paulus uns erzählt, Jesus habe gesagt, wir sollen Gott mit unserem ganzen Herzen, mit unserer ganzen Seele und mit unserem ganzen

Verstand lieben. Es ist also ganz in Ordnung, wenn du alles verstehen möchtest."

„Wirklich?" Auf Fulvias Gesicht erschien ein leiser Hoffnungsschimmer.

„Ja, ganz bestimmt." Die zwei Frauen vertieften sich so in ihr Gespräch, daß sie völlig die Zeit vergaßen. Als Kora kam und Lydia leise an der Schulter berührte, fuhren sie hoch und stellten erstaunt fest, daß die Sonne schon längst nicht mehr durch die große Öffnung im Dach hereinschien. Es mußte schon später Nachmittag sein.

„Herrin", bemerkte Kora mit einer entschuldigenden Geste, „du hast dich sehr lange unterhalten. Die Leute werden auf dich warten und sich Sorgen machen."

Fulvia machte einen recht verwirrten Eindruck. „Wir müssen uns noch länger über die Sache unterhalten", sagte sie. „Ich muß alles wissen."

„Morgen?" fragte Lydia.

„Ja, morgen. Aber zeitiger. Kannst du nicht schon früher kommen?"

„ So früh wie du wünschst", erklärte Lydia.

„Ich frage mich, ob ich es wagen kann, kurz vor der Mittagszeit in dein Geschäft zu kommen?", überlegte Fulvia. „Ich werde sorgfältig darauf achten, daß Valleius nicht in der Nähe ist. Wir könnten in euren Lagerraum gehen, wo niemand uns sehen kann."

„Ausgezeichnet", stimmte Lydia zu. „Ich glaube, da sind wir gut aufgehoben."

„Ich habe das Gefühl", sagte Fulvia langsam, „dieser Jesus ist ein Mensch, für den es sich lohnt, einige Risiken auf sich zu nehmen."

Sprachlos ergriff Lydia Fulvias Hände. In ihren Augen schwammen Tränen.

„Bis morgen", sagte Fulvia und ging in Richtung Haupteingang davon.

„Wir nehmen den Hinterausgang", erklärte Lydia. „Du gehst zuerst hinaus und siehst dich um. Wenn du sicher bist, daß keine Tatinius- Sklaven in der Nähe sind, rufst du mich."

Als Lydia ihr Haus betrat, hatten sich die Leute schon versammelt. Fast unbemerkt trat sie ein und setzte sich ganz nach hinten. Sie versuchte, nicht über das Problem nachzudenken, daß Valleius' Haltung ihr gegenüber sich nicht verändert hatte und daß eine offene Freundschaft mit Fulvia deshalb schwierig oder vielleicht sogar unmöglich sein konnte. Sie wollte sich stattdessen lieber darüber freuen, daß Fulvia nach einem Weg suchte, um mehr über Jesus Christus zu erfahren. Manche finden durch ihr Herz zu Ihm, überlegte Lydia und dachte an ihre eigene impulsive Entscheidung draußen am Fluß; und andere sind eben vorsichtiger und benutzen den Weg des Verstandes. Das Wichtigste ist, daß wir überhaupt kommen. Sie lehnte sich zurück, um Paulus zuzuhören, als sie merkte, daß noch jemand zu spät kam. Als sie vorsichtig in die Richtung des Eintretenden blickte, fuhr der Schock wie ein Blitz durch ihren Körper. Es war Ditus!

„Der Junge", hauchte sie überrascht.

Ditus suchte sich den Sitzplatz, der am weitesten von Paulus entfernt war und ließ sich dort nieder. Aufmerksam betrachtete er alle Anwesenden, vermied es aber, dem Blick seiner Mutter zu begegnen.

In Lydias Herzen jubelte es. Er ist hier, dachte sie, das ist erst einmal wichtig. O Gott, lege doch die Worte in Paulus' Mund, die Ditus gerade braucht. Sie blickte zu Ruben und stellte fest, daß auch er Ditus bemerkt hatte und daß sich seine Lippen zum stillen Gebet bewegten. Mit Minta war es ebenso. Wenn so viele beten, dachte Lydia und mußte sich Mühe geben, nicht lachen zu müssen, dann hast du keine Chance, mein Sohn. Auch du wirst trotz allen Widerstandes ein Kind Gottes werden. Sie blickte wieder nach vorn und konzentrierte sich auf Paulus' Predigt.

Als Paulus seine Ansprache beendet hatte, traten mehrere der Zuhörer nach vorn, um Christus anzunehmen und gleichzeitig ihre Bereitschaft zu bekunden, sich taufen zu lassen. Doch Ditus' war nicht unter ihnen. Lydia drehte sich um und stellte fest, daß Ditus Platz leer war. Die gleiche Enttäuschung, die sie empfand, sah sie auch auf den Gesichtern von Ruben und Minta, die offensichtlich auch bemerkt hatten, daß Ditus verschwunden war.

„Der Junge ist wie ein wildes Pferd", sagte Lukas, der plötzlich neben ihr stand. „Er wird nicht so leise oder leicht zu Jesus kommen wie seine Schwester, sondern sich aufbäumen, zurückscheuen, wieder davonrennen und mit seinen Hacken ausschlagen. Doch wenn er sich für Jesus entscheidet, wird er der Eifrigste von allen sein."

Lukas' Worte trafen genau ins Schwarze, mußte Lydia sich eingestehen. Sie hatte einfach zuviel erwartet, als sie dachte, Ditus würde sofort gerannt kommen, wenn er Paulus das erste Mal zuhörte. Er würde, wie Fulvia, nur auf seine eigene Weise und zu seiner eigenen Zeit kommen.

Als sie Lukas diese Überlegungen mitteilte, lächelte dieser und antwortete: „Oder vielleicht in Gottes Zeit."

„Ja, natürlich", stimmte Lydia zu. „Ich glaube, es war falsch von mir, eine so schnelle Umkehr von Ditus zu erwarten."

„Nicht falsch", mischte sich Paulus ein, der hinzutrat und die letzten Sätze scheinbar ebenfalls gehört hatte. „Gott tut auch augenblickliche Wunder. Doch dein Problem, liebe Freundin, ist es, daß du versuchst, alle möglichen Lösungen für ein Problem herauszufinden oder vorherzusehen. Du hast es noch nicht gelernt, die Dinge einfach Gott zu übergeben und dann in seinen Händen zu lassen."

„Aber ich bemühe mich darum", meinte Lydia ein wenig bedrückt. Sie fühlte, daß er sie leise getadelt hatte.

„Dann bemühe dich noch mehr als bisher", antwortete Paulus. „Du mußt dich jeden Tag darin üben, damit dein Vertrauen in Gott noch viel größer wird." Er ging davon, um mit jemand anders zu sprechen.

Lukas' Augen waren voller Mitgefühl. „Paulus nimmt sich gewöhnlich nicht die Zeit, eine Sache vorsichtig und langsam anzugehen", versuchte er zu entschuldigen. „Er meint, er müsse immer geradewegs auf den eigentlichen Kern einer Sache kommen. Manchmal kann er so direkt sein, daß es weh tut."

„Aber er ist offen und meint es ehrlich", sagte Lydia. „Und in diesem Falle hat er darüber hinaus auch noch recht. Ich weiß, wie schwer es mir noch fällt, Gott wirklich zu vertrauen und wie oft ich da versage."

„Wir versagen alle noch manchmal", beruhigte Lukas sie. Seine Stimme klang warm und tröstend.

*

Als Fulvia am nächsten Tag in das Geschäft kam, sagte sie, sie sei sicher, daß niemand ihr gefolgt sei. Valleius war in der Kaserne und hatte gemeint, er würde wahrscheinlich den ganzen Tag dort zu tun haben. Nuba und Erosa waren trotz Valleius' ausdrücklichem Befehl auf die Straße gegangen. Wenn das Mädchen klar ist, erklärte Fulvia, oder so klar, wie sie bei ihrem Zustand überhaupt sein kann, dann weint sie und drängelt und will Paulus wiedersehen und ist nicht zu beruhigen. Und wenn sie in ihren Wahn gerät, ist es noch schlimmer, dann kann sie niemand mehr halten. Damit es aber gar nicht erst dahin kommt, ist Nuba mit ihr trotz des Verbots gegangen.

„Ich hoffe, sie sind früher wieder zurück als Valleius", fügte Fulvia besorgt hinzu. „Ich glaube, es wird für ihn immer schwerer, Erosa richtig zu behandeln und zu bändigen. Doch das bringt ihn nur dazu, härter mit ihr umzugehen und ihre Freiheit immer mehr zu beschneiden. Sie bringt ihm immer noch sehr viel Geld ein, und er ist davon überzeugt, daß ihre Voraussagen noch zutreffender werden, je verrückter sie wird."

„Ich hoffe nur, daß sie unseren Freunden draußen auf der Straße nicht wieder neue Schwierigkeiten macht", meinte Lydia besorgt.

„Das hoffe ich auch", nickte Fulvia. „Doch jetzt wollen wir uns einem anderen Thema zuwenden. Erzähle mir noch mehr von Jesus, wie du versprochen hast."

Die beiden Mittagsstunden gingen genauso schnell vorüber, wie die Zeit am vorherigen Tag im Bad. Als die ersten Geschäfte wieder öffneten, war Lydia sicher, Fulvia sei nun davon überzeugt, Jesus sei wirklich der Sohn Gottes und sei von den Toten auferstanden. Wenn sich irgendwie die Möglichkeit ergeben würde, daß Fulvia mit Paulus oder Silas sprechen konnte, würde sie sich sicher taufen lassen, das war Lydias feste Meinung.

Doch Fulvia schien noch nicht bereit zu sein zu einer solchen Begegnung. „Laß mir noch ein wenig Zeit", bat sie, als sie hörte, daß überall vor den Geschäften die Jalousien wieder geöffnet wurden. „Valleius muß sich erst noch mehr beruhigen oder durch etwas anderes von dieser Sache abgelenkt werden. Jetzt läßt er mich fortwährend beobachten."

„Also gut", sagte Lydia. „Aber warte nicht zu lange."

Plötzlich war vom Marktplatz her ein lauter schriller Schrei zu hören, dem lautes Stimmengewirr folgte und Geräusche, die darauf schließen ließen, daß eine größere Menschenmenge sich versammelte. Lydia wurde von Furcht gepackt. Mit einer Handbewegung forderte sie Fulvia auf, in dem sicheren Hinterzimmer zu bleiben, während sie in die Stoa lief. Was sie sah, ließ ihr vor Angst den Atem stocken. Paulus und Silas schienen von ihrem Mittagsmahl zu kommen und gingen quer über den Platz. Sie waren gar nicht weit von Lydias Geschäft entfernt. Neben ihnen ging Erosa her, und einen Schritt hinter ihr folgte Nuba. Das Mädchen mußte in dem Augenblick, als sie Paulus erblickte, so laut geschrien haben. Jetzt lief sie voller Eifer an seiner Seite und schrie mit sich überschlagender Stimme immer wieder die schon bekannten Worte: „Diese Männer sind Diener des allerhöchsten Gottes; sie verkünden euch den Weg des Heils."

Paulus machte einen müden und verärgerten Eindruck und schien nicht in der Stimmung zu sein, die fortwährenden Belästigungen, die aus der Verrücktheit des Mädchens entsprangen, noch weiter hinzunehmen. Obwohl Silas scheinbar beruhigend auf ihn einredete, sah Lydia, wie Paulus immer wieder heftig mit den Schultern zuckte, als wolle er etwas Lästiges von sich abschütteln.

Doch was Lydias Herz vor Schreck fast erstarren ließ, war der Anblick von Valleius, der eilig von der anderen Seite her den Platz betrat. Er hatte wohl den lauten Schrei ebenfalls gehört und wollte wissen, was sich abspielte. Lydia bemerkte, daß Valleius seine Sklaven erkannte und deshalb seine Schritte noch beschleunigte. Er hielt nun genau auf die Gruppe um Paulus zu. Atemlos rannte sie zurück in den Lagerraum.

„Fulvia", rief sie, „du mußt ganz schnell verschwinden, und zwar durch die Hintertür." Sie zog ihre Freundin zu dem kleinen Ausgang an der Rückseite des Hauses. „Laufe schnell durch die kleine Gasse an der Rückseite der Geschäfte, bis du an die äußerste Ecke des Platzes kommst. Dort siehst du links von dir einen schmalen Durchgang, der dich direkt zum Hintereingang des Badehauses führt. Du kannst dann durch den kleinen Eingang für die Frauen unbemerkt das Bad betreten, und niemand wird wissen, daß du bei mir gewesen bist."

„Warum soll ich die schmutzige Hintergasse benutzen?" fragte Fulvia mit Abscheu im Gesicht.

Lydias Stimme überschlug sich fast, als sie antwortete: „Frage nicht lange, sondern geh. Paulus und Silas sind draußen auf dem Platz, fast genau vor meinem Geschäft, und Erosa und Nuba sind bei ihnen. Deshalb der Lärm. Es ist Erosa, die so schreit. Und von der Kaserne her kommt Valleius. Er geht genau auf Paulus und Erosa zu."

Fulvia wurde ganz blaß im Gesicht und hielt sich vor Schreck an Lydias Arm fest. „O Gott, hilf uns", flehte sie leise und verließ eilig durch die Hintertür das Geschäft.

Sorgfältig schloß Lydia die Tür wieder und eilte dann zurück in die Stoa. „Allmächtiger Gott", betete sie, „laß bitte nichts Schlimmes geschehen. Hilf, daß Paulus nichts Übles widerfährt, bitte."

In diesem Augenblick begann Erosa draußen wieder zu schreien: „Diese Männer sind Diener des allerhöchsten Gottes; sie verkünden euch den Weg des Heils."

Lydia trat erschreckt noch einen Schritt weiter nach vorn. Gerade in diesem Moment wandte sich Paulus gereizt und erzürnt direkt Erosa zu. Er streckte seinen Arm nach ihr aus und rief mit lauter Stimme voller Autorität: „Ich befehle dir im Namen Jesu Christi: Verlaß diese Frau!"

Erosa blieb so plötzlich stehen, als wäre sie gegen ein unsichtbares Hindernis gerannt. Der Ausdruck höchsten Schreckens breitete sich auf ihrem Gesicht aus. Sie griff mit beiden Händen nach ihrem Hals und schnappte nach Luft, als würde jemand sie erwürgen wollen.

Nuba wandte sich mit flehender Stimme an Paulus: „Sei nicht zornig auf sie, Herr. Sie ist verrückt und hilflos. Sie ist nicht verantwortlich für das, was sie tut."

Paulus machte einen erschöpften Eindruck. „Ich ärgere mich nicht über sie", antwortete er. „Ich bin zornig auf die Dämonen, von denen sie besessen ist. Sie sind böse." Dann wandte er sich wieder Erosa zu. „Kommt heraus und verlaßt das Mädchen, befehle ich euch", forderte er.

Erosas Augen weiteten sich immer mehr. Ein schrilles Wimmern kam aus ihrem Mund. Plötzlich brach sie zusammen und lag wie ein armseliges Häufchen vor Paulus' Füßen.

Nuba kniete neben Erosa nieder. Doch Paulus' Stimme hielt ihn zurück, ehe er sie aufheben konnte.

„Rühre sie jetzt nicht an", sagte er. „Es wird eine Minute dauern, oder vielleicht auch zwei, bis die Dämonen sie alle verlassen haben. Dann kannst du sie nach Hause bringen. In kurzer Zeit wird sie genauso normal sein wie jedes andere Mädchen."

„Was meinst du mit »genauso normal wie jedes andere Mädchen«?" Es war die harte und befehlsgewohnte Stimme von Valleius, der man anhören konnte, daß er aufs höchste erzürnt war, bei deren Klang Lydia zu zittern begann.

Paulus blickte voller Verachtung auf den zornigen Römer. „Ich will damit sagen, daß sie von nun an nicht mehr von den Dämonen geplagt werden wird, die bisher in ihr gewohnt und sie immer gequält haben."

„Das meinst du doch nicht im Ernst?“ Valleius’ Gesicht war so zornrot geworden, daß Lydia befürchtete, der Schlag könne ihn treffen.

Paulus zuckte mit den Achseln. „Warte ein wenig, dann wirst du es selbst sehen“, antwortete er nüchtern.

In diesem Augenblick kam Erosa wieder zu sich und setzte sich aufrecht. Ihr schmales Gesicht war ganz ruhig und friedevoll. Auch ihr Blick war ganz normal. Ja, es schien sogar ein Anflug von Freude darin aufzuleuchten, als sie jetzt auf Paulus blickte.

„Herr“, sagte sie.

„Ich bin dein Herr, das solltest du nie vergessen“, schrie Valleius aufs höchste empört.

Erosa blickte ihn mit unschuldigem, aber ganz erstauntem Ausdruck an. „O nein, Herr“, sagte sie fest. „Dich habe ich in meinem ganzen Leben noch nicht gesehen.“

Ehe Lydia ihre Augen schließen konnte, um nicht mit ansehen zu müssen, was jetzt kam, hatte Valleius seinen Fuß erhoben und trat mit aller Gewalt nach Erosas Kopf. Er wird sie töten, durchfuhr es Lydia. Doch mit den vor Schreck getrübten Augen nahm sie wahr, wie Nuba sich noch schneller, als Valleius zutreten konnte, schützend über das Mädchen warf.

Kapitel 20

Lydia wußte hinterher nicht genau zu sagen, ob sie den Schrei, den sie hörte, selbst ausgestoßen hatte, ob er von Erosa kam oder von einer der anderen Frauen, die dem erschreckenden und dramatischen Geschehen zusahen. Valleius' Fuß grub sich mit solcher Wucht in Nubas Körper, daß der Sklave vor Schmerz laut aufschrie. Aufs höchste gereizt, griff Valleius in Nubas volles krauses Haar und riß ihn von der wimmernden und sich windenden Erosa zurück.

„Wie kannst du es wagen?" schnaufte er, immer noch zornrot. „Ich werde euch beide auspeitschen lassen, bis ihr um Gnade wimmert."

Er stieß Nuba ein ganzes Stück zur Seite. Lydia war schockiert, als sie sah, wie unglaublich stark der Römer war.

„Und nun werde ich es ihr zeigen", schrie Valleius und griff nach Erosa.

Es schien zwar unglaublich zu sein, aber Nuba warf sich von neuem schützend über das Mädchen; und was noch erstaunlicher war: Paulus und Silas ergriffen Valleius jetzt an den Armen und hielten ihn zurück. „Bestrafe das Mädchen nicht!", rief Paulus in so autoritärem Ton, daß Valleius einen Augenblick zurückschreckte. „Wenn du schon meinst, du müßtest irgend jemand bestrafen, dann halte dich an mich."

Valleius Augen zogen sich zu Schlitzen zusammen, während sich sein Gesicht zu einer wütenden Grimasse verzerrte. „Glaubst du etwa, ich würde das nicht tun?" schrie er. „Euch alle — dich und diesen Teufel Nuba, der es wagt, sich mir in den Weg zu stellen, und auch das Mädchen — ihr alle werdet die Geißel zu spüren bekommen, ehe ich mit euch fertig bin."

Mit jedem Augenblick wurden es mehr Leute, die, von dem lauten Geschrei angelockt, herzudrängten. Lydia erkannte, daß Erosa und Nuba für einen kurzen Moment durch die neugierig nach vorn drängelnden Menschen von Valleius getrennt wurden.

„Nuba!" rief sie so leise, daß ihre Stimme gerade noch das Ohr des schwarzen Sklaven erreichte. Sie war noch nicht einmal sicher, daß er sie in dem allgemeinen Durcheinander vernommen hatte. Doch er hatte sie gehört und blickte in ihre Richtung. Lydia machte eine kurze Handbewegung, die er sofort zu begreifen schien.

Valleius war immer noch mit Paulus und Silas beschäftigt, deshalb konnte er für einen Augenblick seine Aufmerksamkeit nicht auf seine Sklaven richten. Mit einem kurzen Ruck zog Nuba das Mädchen, die immer noch am Boden lag, auf die Füße. Sie mit ihrem Körper abdeckend, flüsterte er ihr etwas ins Ohr. Sie stand ganz still, während Nuba in die entgegengesetzte Richtung von Lydias Haus davonrannte. Dabei schrie er laut: „Erosa, lauf zum Bad hinunter, hinten an der Bibliothek vorbei! Lauf!"

Alle Köpfe fuhren herum und blickten in die Richtung, die Nuba dem Mädchen zugerufen hatte und in die er selber floh. Auch Valleius, Paulus und Silas blickten ihm nach. In diesem Moment fuhr Erosa herum und floh still und wie ein Schatten zu Lydia. Ohne zu zögern ergriff Lydia sie am Arm und zog sie in den Lagerraum. Schnell und atemlos schob sie Erosa unter den großen Zuschneidetisch und verbarg sie hinter einem großen Stapel Stoffballen, die vor dem Tisch aufgetürmt waren.

„Bleib hier", sagte sie leise, „und rühre dich nicht."

Erosa antwortete sanft und so ruhig, als ob es Minta wäre: „Herrin, mache dir keine Sorgen."

Lydia begab sich schnell, aber ohne Anzeichen von Hast, wieder in die Stoa. Obwohl sie sich äußerlich ganz ruhig gab, fühlte sie ihr Herz heftig klopfen. „Was soll der Lärm und der Aufruhr hier", fragte sie mit lauter und deutlicher Stimme. „Ist irgend etwas nicht in Ordnung?"

Valleius drehte sich mit einem Ruck in ihre Richtung. „Hast du Erosa gesehen?"

„Erosa? Solltest du danach nicht Nuba fragen? Er muß doch immer auf sie aufpassen."

Valleius trat noch zwei Schritte näher zu ihr. „Sieh dich doch selbst um", sagte er ärgerlich. „Weder Nuba noch Erosa sind zu sehen. Wie lange stehst du schon hier?"

„Ich war im Lagerraum und bin erst vor wenigen Sekunden herausgekommen. Ich hörte Lärm und Geschrei und wollte sehen, was hier vorgeht."

„Ich werde sie finden", sagte Valleius grimmig. „Sie kann noch nicht weit sein."

In diesem Augenblick wurde Nuba von einigen Polizisten wieder angeschleppt. Sie hatten sich dem flüchtenden Sklaven auf Valleius' Geschrei hin in den Weg gestellt und ihn niedergeschlagen. Achtlos warfen sie den immer noch Bewußtlosen einfach zu Valleius' Füßen. Dieser warf nur einen kurzen Blick auf Nuba und wiederholte dann drohend: „Ich werde sie finden. Und wenn ich sie habe, dann..." Er führte seine Drohung nicht zu Ende, doch Lydia konnte sich ungefähr denken, was er meinte.

Valleius wandte sich nun an die Polizisten und befahl, indem er auf Paulus und Silas wies: „Nehmt diese beiden Männer gefangen und bewacht sie gut, bis ich noch einen meiner Kollegen aus dem Stadtrat gefunden habe, damit wir sie auf der Stelle verurteilen können.“

Da Nuba in diesem Augenblick aus seiner Ohnmacht erwachte und sich benommen aufrichtete, fügte Valleius hinzu: „Diese schwarze Bestie laßt auch nicht wieder fortlaufen. Und habt mit allen dreien keine Nachsicht. Bindet ihnen die Hände zusammen und laßt sie niederknien, bis ich zurückkomme.“

Lydias Herz wurde von Mitleid ergriffen. Wie konnte man Paulus zwingen, eine solche Strafe auf sich zu nehmen? Sie war so sehr mit den schrecklichen Dingen beschäftigt, die vor ihr auf dem Platz geschahen, daß sie Ditus gar nicht bewußt wahrnahm, der sich jetzt schnell an ihr vorbeidrückte und in den Lagerraum lief. Zu spät wurde ihr klar, daß sie ihn Erosas wegen besser in der Stoa festgehalten hätte. Sie wollte ihn zurückrufen, doch in diesem Augenblick trat Valleius auf sie zu. „Hast du das Mädchen hier versteckt?“ fragte er hart und drohend.

„Ich?“ Lydia sah ihm fest in die Augen und hoffte dabei, er möge in ihrem Gesicht Erstaunen und nicht Furcht lesen. „Warum sollte ich das tun? Du weißt doch, daß ich nichts von ihr halte. Wegen ihr habe ich in der letzten Zeit eine Menge Schwierigkeiten gehabt. Weshalb also sollte ich sie verstecken?“

„Du hast zwar meine Frage nicht beantwortet, aber ich will dir den Grund sagen, warum du sie verstekken könntest“, knurrte Valleius. „Um mir weh zu tun.“

„Ich möchte dir doch gar nicht weh tun“, protestierte Lydia.

„Nicht?“ staunte er. „Nun sage nur noch, du

machst dir Sorgen um mich. Dann hast du allerdings seltsame Methoden, das zu zeigen. Also wie ist es, willst du nun endlich meine Frage beantworten: Hast du das Mädchen versteckt?“

„Valleius“, begann sie und berührte leicht seinen Arm.

Er schüttelte ihre Hand mit einer ärgerlichen Bewegung ab. „Bei Jupiter“, schimpfte er, „ich sehe schon, daß du mir keine klare Antwort geben willst. Das wird schon seinen Grund haben. Aber ich werde mich von dir nicht länger hinhalten lassen. Entweder du führst mich jetzt freiwillig in dein Geschäft, oder ich verschaffe mir mit Gewalt Zutritt.“ Dabei packte er Lydia am Handgelenk und drückte so fest zu, daß sie heftige Schmerzen empfand.

Doch trotz des Schmerzes blieb sie stehen und gab den Weg nicht frei. Sie war vor Schreck wie erstarrt und konnte nur innerlich flehen: O Gott, hilf mir jetzt. Es war nicht auszudenken, was geschehen würde, wenn Valleius im Lagerraum Erosa entdeckte.

Valleius' Geduld schien nun wirklich zu Ende zu sein. Er schob Lydia beiseite und zog sie dann am Handgelenk hinter sich her. Im Geschäftsraum blieb er nur kurz stehen und blickte sich um. Da es hier überhaupt keine Möglichkeit gab, einen Menschen zu verstecken, ging er, Lydia immer noch hinter sich herziehend, in den Lagerraum. Wenn Ditus Erosa nicht entdeckt hat, besteht vielleicht die Möglichkeit, daß Valleius sie ebenfalls nicht findet, dachte Lydia, die sich völlig hilflos vorkam.

Doch der Lagerraum war leer. Lydia blickte sich verwundert um. Ditus war doch erst vor wenigen Minuten an ihr vorübergehuscht und im Lagerraum verschwunden. Das konnte sie doch nicht geträumt haben. Aber wo war er geblieben?

Auch Valleius betrachtete den Raum aufmerksam.

„Ist sie dort drunter?“ fragte er barsch und ging zum Zuschneidetisch.

„Wo drunter?“ fragte Lydia, die sich vor Angst kaum noch aufrecht halten konnte. Jetzt ist alles zu Ende, dachte sie.

„Spiele nur nicht noch die Dumme“, ärgerte sich Valleius. „Unter dem Tisch natürlich, wo sonst?“

Er bückte sich, um darunterschauen zu können. Doch da in der Ecke die Lichtverhältnisse sehr schlecht waren, schien er nicht genau genug sehen zu können. Deshalb zog er unter großen Anstrengungen den langen Tisch aus der Ecke heraus. — Nichts! Nun untersuchte er systematisch alles, das auch nur entfernt geeignet gewesen wäre, einen Menschen dahinter zu verstecken. — Wieder nichts!

„Ich habe mich geirrt“, sagte er endlich widerwillig. „Das kommt bei mir sehr selten vor. Und gerade jetzt war ich mir recht sicher. Denn die Schuld stand ganz deutlich auf deinem Gesicht geschrieben.“

„Willst du nun das unwürdige Spiel beenden und mir meine Ruhe lassen?“, fragte Lydia schwach.

Valleius trat direkt vor sie, packte sie bei den Armen und zwang sie, ihm in die Augen zu blicken. „Reize mich nicht noch mehr“, sagte er. „Du solltest dir ansehen, was ich beabsichtige, mit deinen jüdischen Freunden zu tun. Vielleicht bereust du es dann noch, daß du sie aufgenommen, mich aber abgewiesen hast.“

Es schien in dieser Situation unglaublich, doch Valleius beugte sich jetzt zu Lydia hinunter und preßte seinen Mund rücksichtslos und wie strafend auf den ihren. Dann stieß er sie von sich und verließ mit harten Schritten das Geschäft.

Lydia, die ihm langsam folgte, hörte ihn schreien: „Fangt nur nicht an, zu sanft mit diesen drei Kerlen umzugehen. Sie sollen weiter knien, bis ich zurückkomme.“ Dann ging er schnell davon.

Lydia lehnte sich in der Stoa gegen eine der Säulen. Noch nie in ihrem Leben hatte sie so große Furcht gehabt, daß sie wie gelähmt war und unfähig, etwas zu tun. Jetzt wußte sie, wie man sich dabei fühlte. Wo warst Du, Gott, dachte sie. Ich habe so verzweifelt gebetet, daß Paulus nichts geschehen soll, aber Du hast mich nicht erhört. Was für ein Gott bist Du? In diesem Augenblick hörte sie von hinten ein schwaches Geräusch. Als sie sich umsah, erblickte sie Ditus, der gerade vom Geschäft her die Stoa betrat. Hinter ihm folgte Ruben.

„Mutter“, fragte Ditus mit ruhiger Stimme, „geht es dir gut? Warum werden Paulus und Silas vor unserem Geschäft wie gemeine Kriminelle behandelt? Was ist geschehen?“

Lydia blickte ihn erstaunt an und wollte gerade den Mund öffnen, um ihm ihrerseits eine Frage zu stellen, als sie plötzlich etwas an Ditus' Gesichtsausdruck vorsichtig werden ließ. Was hatte der Junge? Er schien irgend jemand etwas vorzumachen. Etwa jemand in der Stoa?

„Ich weiß es auch nicht recht“, antwortete sie ruhig und las Erleichterung und Anerkennung auf dem Gesicht ihres Sohnes. „Draußen wurde viel geschrien. Ich ging in die Stoa und sah, daß Valleius einigen Polizisten befahl, Paulus und Silas und auch Nuba festzunehmen und streng zu bewachen.“

Sie schwieg einen Augenblick, ehe sie fortfuhr: „Dann kam Valleius in die Stoa gestürzt und beschuldigte mich zornig, ich hätte Erosa hier versteckt. Er hat alles durchsucht, aber natürlich nichts gefunden. Doch er hat sich ziemlich häßlich benommen.“

Ditus seufzte erleichtert. „Ich glaube, Mutter, es wäre besser, du würdest nach Hause gehen. Es könnten hier vielleicht noch sehr unschöne Dinge geschehen. Ich fände es besser, du wärst dann nicht in der Nähe.“

Nun ergriff auch Ruben das Wort. Lydia erschrak, als sie bemerkte, wie blaß und alt er aussah. „Der Junge hat recht, Lydia“, sagte er. „Du solltest nach Hause gehen.“

„Werde ich daheim gebraucht?“, fragte Lydia fest.

Sie wußte, Ditus würde sie verstehen. Wenn sie ohne ein Wort oder Zeichen von ihm verstanden hatte, daß es ihm gelungen war, Erosa zur Flucht zu verhelfen, dann würde Ditus jetzt auch verstehen, daß sie ihn auf diese Weise versteckt fragte, ob das Mädchen in ihrem Hause war.

„Nun, direkt benötigt wirst du nicht“, gab Ditus zu. „Bei Miriam ist alles in guten Händen.“ Die letzten Worte hatte er leiser und so schnell gesagt, daß andere sie sicher nicht verstehen konnten.

„Dann werde ich hierbleiben“, erklärte Lydia mit fester Stimme. „Glaubst du, ich lasse Paulus und Silas allein und renne einfach davon, wenn sie vor der Tür meines Geschäfts so mißhandelt werden?“

„Es wird aber sicher kein schöner Anblick“, gab Ditus zu bedenken.

„Aber sie werden es nötig haben zu wissen, daß wir hier sind und uns um sie sorgen.“

Ruben schüttelte den Kopf. Besorgt ging sie zu ihm und sagte: „Du machst einen sehr erschöpften Eindruck, mein lieber Freund. Ich glaube, du hast es eher nötig nach Hause zu gehen.“

„Ich kann genauso hartnäckig sein wie du“, erwiderte Ruben mit schwacher Stimme. „Sie werden unsere Gebete brauchen.“

„Eine starke römische Autorität könnte viel mehr erreichen als Gebete“, sagte Ditus grob. Doch auch auf seinem Gesicht war tiefe Besorgnis zu lesen.

„Wird man sie schlagen?“ fragte Lydia leise.

„Ja, das wird man“, nickte Ditus. „Das geschieht doch immer, wenn jemand es wagt, die römische Autorität in Frage zu stellen.“

Ruben, der wie unabsichtlich einige Schritte nach draußen gemacht hatte, kehrte jetzt zurück und sagte: „Es steht niemand unmittelbar vor der Stoa."

Doch Ditus' Augen deuteten zum Hintereingang hin. „Ich werde mich jetzt draußen umsehen und mich erkundigen, worum es hier gegangen ist, Mutter", sagte er laut. „Ich wäre froh, wenn du ruhig hier sitzenbleiben würdest."

„Ich will es versuchen", war alles, was Lydia versprechen konnte. Der Lärm der Menge draußen auf dem Platz nahm von Minute zu Minute zu. Ruben, dem man ansah, daß es ihm nicht gut ging, blieb noch kurze Zeit bei Lydia, die sich in den Lagerraum zurückgezogen hatte, und ging dann ebenfalls hinaus, wie Ditus schon vor ihm. Lydia saß neben dem Zuschneidetisch und lauschte auf die Geräusche, die von draußen an ihr Ohr klangen. Es schien niemand zu geben, der sich für diese Juden, die Gäste in ihrer Stadt waren, einsetzen wollte; niemand, der bereit gewesen wäre, bei der bevorstehenden Gerichtsverhandlung ihre Verteidigung zu übernehmen. Da Lydia wußte, wie rücksichtslos und ungerecht römische Behörden sein konnten und daß sie im Zweifelsfalle vor allem erst einmal sich gegenseitig halfen, wenn jemand von ihnen direkt beteiligt war, gab es für sie keinen Zweifel, daß es, wenn Valleius mit den römischen Gerichtsbeamten zurückkehrte, zu einer Verurteilung ihrer Freunde kommen würde.

In der Zwischenzeit mußten Paulus und Silas weiter neben Nuba auf dem harten Steinpflaster des Platzes knien. Ich kann es nicht länger ertragen, dachte Lydia. Sie erhob sich, füllte einen Schöpfer mit Wasser und ging nach draußen, um die Gefangenen wenigstens mit einem Schluck der kühlen Flüssigkeit zu erquicken.

Doch es war schon zu spät. Gerade als Lydia zu

einer Stelle gekommen war, von der aus sie alles übersehen konnte, bemerkte sie auch Valleius, der, gemeinsam mit einigen anderen Männern, schnellen Schrittes von der Kaserne her zurückkehrte. Ihnen folgten zwei weitere Polizisten. Sie trugen die dünnen und biegsamen hölzernen Stöcke, mit denen Gefangene nach ihrer Verurteilung gewöhnlich geschlagen wurden. Als Lydia dies sah, wurde ihr wieder schlecht. Sie merkte, wie sich ihr Magen zusammenzog. Da sie den Anblick des weiteren Geschehens nicht ertragen konnte und sich gleichzeitig ihrer Schwäche schämte, zog sie sich eiligst wieder in den Lagerraum zurück.

Auf dem Platz wurde es jetzt, da die römischen Beamten angekommen waren, ganz still. Dann war Valleius' Stimme zu vernehmen. Er sprach so laut, daß Lydia auch im Lagerraum noch jedes Wort deutlich verstand.

„Diese Männer sind Juden. Sie haben in der letzten Zeit in unserer Stadt viel Verwirrung angerichtet, weil sie Sitten verkündigen, die wir als Römer unserer Gesetze wegen nicht akzeptieren können. Ich verlange deshalb, daß sie entsprechend verurteilt und bestraft werden."

Wäre er doch wenigstens ehrlich, dachte Lydia bekümmert. Hätte er gesagt, er erhebe Anklage gegen diese Männer, weil er durch sie das Einkommen verloren hatte, das ihm bisher durch Erosas Wahrsagerei zugeflossen war, würde wenigstens noch ein Schein von Gerechtigkeit übrig geblieben sein. Doch nun beschuldigte er Paulus und Silas für etwas, das sie nie getan hatten. Erstaunlicherweise schien die Verachtung, die sie in diesem Augenblick für Valleius empfand, Lydia neue Kraft zu geben. Sie erhob sich, erfrischte ihr Gesicht ganz kurz mit einigen Spritzern des kühlen Wassers und ging dann entschlossen auf den Platz hinaus.

„Sie haben uns doch nur das Wort des wahren Gottes verkündigt“, rief Ruben. Seine schwache Stimme kam gegen das zornige Gemurmel, das sich unter den Versammelten nach Valleius' Anklage erhob, kaum an. Jemand stieß ihn, so daß er stolperte und fast gestürzt wäre. Doch trotzdem gab er seine Bemühungen nicht auf, sich durch die Menge hindurch in die vorderste Reihe zu drängen. „Diese Leute sind Priester, darauf müßt ihr Rücksicht nehmen“, rief er wieder. Seine Stimme klang schrill und zittrig.

„Halte den Mund, du hast hier nichts zu sagen. Was geht dich die ganze Sache überhaupt an?“ fuhr ihn einer der Polizisten an und stieß ihm den Ellbogen grob in die Seite, so daß Ruben schwer um Luft ringen mußte.

Schnell und ohne weitere Formalitäten wurden die Gefangenen für schuldig erklärt. Nun ging es nur noch um eine Frage: Wie viele Schläge sollten sie erhalten?

„Zu wie vielen Schlägen wollt ihr sie verurteilen?“, fragte Valleius seine römischen Richterkollegen. „Sollen es vielleicht dreißig sein oder vierzig?“

Sie hätten sich auch für zehn entscheiden können, dachte Lydia. Doch Valleius schien die anderen Männer schon entsprechend beeinflußt zu haben. Einer nach dem anderen von ihnen sagte laut: „Vierzig.“

Nun begannen die Polizisten mit ihren dünnen Stöcken die schweigsame Arbeit. Es war ganz still geworden auf dem Platz. Man hörte nur das Pfeifen der Gerten und das Klatschen, wenn sie auf die entblößten Rücken der Gefangenen trafen und sich in das Fleisch gruben.

Lydia stand wie zu Stein erstarrt und beobachtete, wie eine blutige Strieme nach der anderen auf Paulus', Silas' und Nubas Rücken erschien. Warum schreien sie nicht, dachte sie. Sie hatte bemerkt, wie Paulus nach dem ersten Schlag zusammengezuckt war und sah, wie sich seine Lippen stumm bewegten. Er betete wohl schweigend.

„O Gott“, rief Lydia plötzlich in ihrer Not, „bitte, gib ihnen Kraft.“

Sie bemerkte noch, wie Ditus auf sie zutrat. Auch auf seinem Gesicht konnte sie Mitleid lesen. Doch ehe er sie ganz erreicht hatte, wurde sie von der Schwäche übermannt. Sie fühlte, wie ihr schwarz vor Augen wurde und die Beine ihren Dienst versagten. Ditus konnte sie gerade noch auffangen, sonst wäre sie vielleicht böse gestürzt. Schweigend trug er sie in den Lagerraum zurück.

Kapitel 21

Lydia hatte nur eine recht blasse und unvollständige Erinnerung daran, wie sie vom Geschäft wieder nach Hause gekommen war. Es war einfach über ihre nervlichen Fähigkeiten gegangen, weiterhin die schreckliche Szene auf dem Marktplatz zu verfolgen. So hatte eine barmherzige Ohnmacht sie davor bewahrt, mit ansehen zu müssen, wie Paulus, Silas und Nuba mit blutig geschlagenem Rücken und am Ende ihrer Kräfte von Polizisten in das Gefängnis geschleift wurden.

Mehrere Stunden lag sie passiv in ihrem Bett und weinte schweigend. Minta saß neben ihr und machte ihr von Zeit zu Zeit einen kühlen, feuchten Umschlag. Auch ihr konnte man ansehen, daß sie erschrocken war über die fürchterlichen Dinge, von denen Ditus ihr berichtet hatte, als er Lydia heimbrachte. Trotzdem schien Minta mit größerem Gottvertrauen auf die entsetzlichen Geschehnisse zu reagieren, denn sie redete ihrer Mutter beruhigend zu.

„Paulus wird es schon überstehen", sagte sie. „Es werden doch jede Woche auf dem Marktplatz Männer geschlagen und leben weiter. Ich weiß, daß es fast gefühllos klingt, weil es sich ja um Paulus und Silas handelt. Aber Gott wird ihnen Kraft geben, das weiß ich ganz gewiß."

„Ich habe gebetet“, sagte Lydia mit dumpfer Stimme. „Ich bat Gott, er möge dafür sorgen, daß Paulus nichts geschieht. Aber Er hat es trotzdem zugelassen.“

„Vielleicht gibt es dafür ja einen Grund“, überlegte Minta, während sie Lydias Hand streichelte.

„Welchen vernünftigen Grund sollte es schon geben, wenn ein Mann geschlagen wird, der nichts Böses getan hat?“

„Ich weiß es genauso wenig wie du, Mutter. Doch du kannst nicht sagen, Paulus habe gar nichts getan. Er nahm Valleius immerhin eine gute Einkommensquelle fort, und dies ist etwa so, als hätte er ihm ein Geschäft kaputt gemacht.“

Lydia blickte ihre Tochter aus geschwollenen Augen empört an. „Willst du jetzt etwa für das, was Valleius tat, auch noch eine Entschuldigung finden?“

„Nein, Mutter, durchaus nicht. Ich versuche nur zu erklären, wie Valleius es sehen könnte.“

Lydia war für eine Minute still. Sie spürte, wie ihr die Tränen über das Gesicht liefen. Dann stellte sie die Frage, die in ihr rumorte, seit Valleius sie in den Lagerraum ihres Geschäfts gezerrt hatte. „Was ist mit Erosa geschehen?“

Minta lehnte sich noch ein wenig näher zu ihr und sagte leise: „Ditus half ihr zu fliehen und brachte sie direkt zu Miriams Haus.“

„Aber sie ist doch dort nicht sicher. Valleius wird sie gewiß finden“, sorgte sich Lydia.

Minta lächelte leicht. „Miriam hatte noch viel Haar daheim, das ihr abgeschnitten wurde, als sie noch als Mädchen mit ihrer Familie vor einer Verfolgung fliehen mußte. Es ist lang und sehr glatt. Daraus haben sie eine Art Perücke hergestellt. Wenn sie dann noch ein Kopftuch aufsetzt, das ihr bis weit in die Stirn reicht und ihre Haut mit entsprechenden Mitteln ein wenig dunkler macht, erinnert nichts mehr an Valleius' kleine Sklavin. Ditus sagte mir, daß Erosas Gesichtsausdruck jetzt genauso normal ist wie der jedes anderen Mädchens."

„Woher wußte Ditus, daß ich sie unter dem Tisch versteckt hatte?"

„Er hatte gesehen, daß Erosa in unser Geschäft rannte und vermutete, du würdest sie dort verstecken. Er drückte sich dann möglichst unauffällig ins Haus, fand sie und rannte mit ihr durch die Hintergasse davon. Sicher hat Gott ihm dabei geholfen. Aber das weiß er natürlich noch nicht."

Lydias Stimme klang müde und ein wenig bitter. „Kommt es dir nicht auch etwas seltsam vor, daß Gott Ungläubigen hilft, während Er bei Seinen treuesten Dienern zuläßt, daß sie öffentlich geschlagen werden?"

Mintas Gesicht blieb ganz ruhig. „Nein, gar nicht", antwortete sie. „Ich kann es zwar auch nicht verstehen, bin aber davon überzeugt, daß Gott alles richtig macht."

Lydia fühlte Beschämung in sich aufsteigen. „Ich beneide dich um deinen festen Glauben", flüsterte sie.

„Aber Mutter, du bist es doch gewesen, die mich zu Gott geführt hat."

Lydia schloß ihre Augen wieder, während sie weiter überlegte. Endlich sagte sie: „Warum hat Ditus das getan? Warum half er Erosa statt Valleius?"

„Ich denke, Ditus ist ..., nun ja, er mag Erosa sehr gern. Er hat immer gesagt, sie sei das schönste Mädchen, das er je gesehen hat. Ich habe gehört, sie soll sehr vornehmer Abstammung sein, wurde aber in die Sklaverei verkauft, weil sie verrückt ist - oder wenigstens war. Aber jetzt, da sie ganz normal ist und noch schöner als je — na ja." Minta grinste ein wenig und spreizte ihre Hände in einer resignierenden Geste.

Lydias müder Verstand begann unter diesem neuen

Schock wieder zu arbeiten. Hörten denn die überraschenden Ereignisse in ihrem Leben überhaupt nicht auf?

In diesem Augenblick klopfte es leise an die Tür, und Lukas betrat den Raum. Lydia bemühte sich, aufrecht zu sitzen. „Hast du etwas von Paulus und Silas gehört?" fragte sie ängstlich.

„Ja. Aber wir können im Augenblick nichts weiter tun. Ich hoffe, daß es später möglich wird. – Doch ich habe eine noch schlechtere Nachricht zu bringen."

Lydia blickte ihn bekümmert an. „Was könnte wohl noch schlimmer sein?" protestierte sie.

Lukas setzte sich auf den Bettrand und nahm Lydias Hand in die seine. Den anderen Arm streckte er über das Bett hinweg und ergriff Mintas Hand ebenfalls. „Es ist Ruben", sagte er sehr sanft, aber auch sehr traurig.

„O bitte", rief Lydia. „Sage nicht, er sei tot. Nicht auch das noch." Ihr fiel ein, wie krank und blaß Ruben ausgesehen hatte, als Paulus und Silas auf dem Marktplatz gefangengenommen wurden.

„Nein, er ist nicht tot", antwortete Lukas. „Aber er liegt im Sterben. Er fragt nach dir. Kannst du zu ihm gehen?"

„O ja!" rief sie. Irgendwie wuchsen ihr neue Kräfte zu, und sie machte Anstalt, aufzustehen.

„Warte!" rief Lukas, „nicht so schnell. Sollten wir nicht erst gemeinsam beten, daß Gott dir Kraft schenkt?"

Lydia und Minta nickten. Verbunden durch die ineinandergeschlagenen Hände beteten sie um den Mut und die Kraft, die sie brauchen würden.

Lydia stand auf und wusch sich schnell die verweinten Augen aus. „Wir wollen uns beeilen", bat sie, während sie gemeinsam mit Lukas und Minta in die späte Nachmittagssonne hinaustrat. Pyrus und Kora warteten schon am Tor. Es schien ganz selbstverständlich zu sein, daß sie beide mitkamen. Pyrus würden sie brauchen, wenn sie sich erst nach Einbruch der Dunkelheit auf den Heimweg machten, überlegte Lydia, und Kora konnte in den Stunden, die vor ihnen lagen, vielleicht eine Hilfe sein.

*

Nur Miriam, Timotheus und David waren in Rubens kleinem Haus anwesend. Lydia nahm es fast gleichgültig zur Kenntnis, daß David seine Arme ausstreckte und Minta tröstend an sich zog. Vielleicht mußte sie sich über diese Sache keine Gedanken mehr machen. Mintas Gefühle für den Jungen waren vielleicht schon zu tief, um noch etwas daran zu ändern. Nun, dazu würde später noch Zeit sein.

Jetzt galt all ihre Aufmerksamkeit dem alten Mann, der wie ein trockenes Stück Pergament in dem engen Bett lag. Sein Atem ging flach und rasselnd, und sein Gesicht war bleich und eingefallen.

„Ruben." Lydia kniete neben seinem Bett nieder und legte die Arme um ihn. „Ruben, ich bin hier."

Seine Augenlider flatterten, und zu ihrem Erstaunen zog ein breites Lächeln über sein Gesicht. „Lydia, meine liebe Tochter. Du bist gekommen."

„Natürlich bin ich gekommen."

„Ich dachte, du würdest versuchen Paulus zu helfen", murmelte Ruben.

Die Worte bereiteten Lydia neuen Kummer. Ruben hatte recht, das hätte sie tun sollen. Stattdessen hatte sie daheim im Bett gelegen und hatte sich den Luxus gegönnt, sich selbst zu bemitleiden. Doch das konnte sie Ruben natürlich nicht sagen. Deshalb antwortete sie demütig: „Ich bin noch nicht sicher, was wir tun können. Aber wenn ich erst sehe, daß es dir wieder besser geht, werden wir versuchen, Paulus aus dem Gefängnis zu befreien."

„Ich werde sterben", sagte Ruben schwach, aber deutlich.

„Ach, sag nicht so etwas. Ich lasse dich nicht sterben." Sie versuchte, ihren Worten einen zuversichtlichen und freudigen Ton zu geben.

„Lydia, meine Liebe, ich habe keine Zeit für Vortäuschungen. Ich möchte dich aufrichtig und mit Würde verlassen."

„Ich möchte dich nicht noch durch mein Weinen aufregen", schnaufte sie und bemühte sich verzweifelt, die Tränen zurückzuhalten.

„Es ist doch nichts Falsches daran, wenn du weinst", sagte er mühsam. „Du liebst mich, und deshalb wirst du mich vermissen. Da sind Tränen ganz normal." Trotz seiner Atemnot waren seine Augen wach und klar.

„Ach, Ruben." Sie legte ihren Kopf an seine knochige Brust und hörte den schwachen Schlag seines Herzens.

Sanft strich er ihr mit der Hand über das Haar. „Du bist mir eine gute Tochter für mein Alter gewesen. Manchmal hatte ich Sorge, ich müßte allein sterben, und niemand würde sich um mich kümmern." Seine Stimme wurde immer leiser. Er schloß die Augen, um neue Kraft zu sammeln. Dann blickte er sich im Raum um und fuhr fort: „Doch ich bin nicht allein. Gottes Leute, die auch die meinen sind, sind bei mir." Um seinen Mund spielte ein dankbares Lächeln.

Lydia schaute bittend zu Lukas. „Kannst du denn gar nichts für ihn tun?"

„Niemand kann etwas für mich tun", antwortete Ruben ihr an Lukas' Stelle. „Trauere nicht zu lange um mich, mein Kind. Du weißt doch, daß wir uns ganz sicher wiedersehen werden."

Sie hatte diese Verheißung schon von Paulus gehört, und hatte es auch in verstandesmäßiger Weise glauben können. Doch jetzt klangen die Worte ganz anders. Ruben stand an der Schwelle des Todes. Sein Gesicht war davon gezeichnet, und seine Hände begannen schon langsam kalt zu werden. Doch aus seinen Worten klang eine so feste Gewißheit, daß Lydia plötzlich von einer ganz anderen Art Hoffnung ergriffen wurde, die bis tief in ihre Seele hinein reichte.

„Sag, Ruben", fragte sie. „Glaubst du das wirklich ganz fest?"

„Hat Jesus das nicht schon zu dem Verbrecher am Kreuz gesagt?" Seine Stimme war schon so schwach, daß sie ihr Ohr noch näher an seinen Mund bringen mußte. Er brauchte eine ganze Zeit, ehe er den nächsten Satz flüstern konnte. „Wenn ich das nicht glaubte, könnte ich dich dann ohne Kummer verlassen?"

„Dann werde auch ich es ertragen können", erklärte Lydia. „Denn ich weiß ja, ich werde dich wiedersehen."

„Und du wirst diese Zuversicht immer festhalten?"

„Immer!"

„Aber dein Glaube gerät noch sehr schnell ins Wanken", tadelte Ruben sanft.

„Ich weiß", bekannte sie. „Ich weiß."

„Ich habe kein Geld oder andere Reichtümer, die ich dir als Erbschaft hinterlassen könnte", hauchte er schwach. „Aber ich lasse dir meinen unerschütterlichen Glauben. Nimm ihn und halte ihn fest — wie einen Schild gegen alle Gefahren."

„Das werde ich tun", antwortete sie. „O Ruben, ich werde es ganz gewiß tun."

Sie bemerkte, wie sich jetzt ein grauer Schleier über Rubens Augen legte. Das Licht in ihnen geht aus, dachte sie erschreckt. „Ruben", rief sie, „ich liebe dich." Er sollte nicht gehen, ohne daß sie ihm diese Worte wenigstens einmal gesagt hatte.

Noch einmal breitete sich das leise Lächeln um Rubens Mund aus, als seine Lippen, schon fast lautlos, die Worte formten: „Auch ich liebe dich, Lydia."

„Ich glaube, es wird mir doch zu schwer", rief Lydia plötzlich. „Ich glaube, ich kann es nicht ertragen."

„Gott wird dir in jeder Not helfen", flüsterte Ruben mahnend und mit letzter Kraft. „Jesus wird dir geben, daß..." Seine Stimme verwehte mit einem letzten Hauch, und in seinen Augen waren die Lichter ganz erloschen.

Lydia starrte in die leeren Augen, in denen die Persönlichkeit Rubens nicht länger erkennbar war. „Er ist gegangen", flüsterte sie.

Sanft schob Lukas die Lider über diese leeren Augen. „Aber er lebt", erklärte er fest.

Lydia fühlte ganz unerwartet, wie ein warmer Trost ihr Herz ergriff. Sie hatte damit gerechnet, sich leer, verzagt und verlassen zu fühlen, wie damals, als Aurelius gestorben war. Statt dessen empfand sie jetzt diesen Trost und einen inneren Frieden, der ihr alles viel leichter machte. Zwar liefen ihr die Tränen über das Gesicht, doch sie wußte, daß es solche der Freude waren. „Aber ich werde nie mehr allein sein", sagte sie fest, „denn Gott wird mich nie verlassen. Und auch Ruben werde ich wiedersehen."

Lukas faltete jetzt Rubens Hände über seiner Brust und zog die dünne Decke über sein Gesicht. „Wenn je ein Mann in der Gewißheit der Auferstehung und in der Hoffnung zu Gott starb, dann...", murmelte er.

Lydia blickte sich um. Minta hielt Davids Hand und wischte sich mit der anderen die Tränen aus den Augen. Miriam stand schweigend am Fußende des Bettes und ließ ihren Tränen freien Lauf. Lydia fühlte sich plötzlich schuldig. „Er hat sich nur von mir verabschiedet, sonst von keinem von euch", sagte sie demütig. „Ich habe all seine Aufmerksamkeit nur auf mich gelenkt."

„Nein", sagte Miriam freundlich. „Das stimmt nicht. Von uns allen hat er sich schon vorher verabschiedet. Er hat nur noch auf dich gewartet. Er konnte einfach nicht loslassen, ehe du kamst."

„Er hat mir einmal eine Geschichte von Elia und Elisa erzählt", begann Lydia leise, „wie Elias Mantel auf Elisa fiel. Mir ist so, als habe Ruben seinen Mantel jetzt um mich gelegt."

In der hintersten Ecke des Raumes bewegte sich etwas. Lydia blickte hin und erkannte ein Mädchen mit langen, glatten Haaren und einem freundlichen und nüchternen Gesichtsausdruck. Vielleicht ist es eine Freundin von Miriam, dachte Lydia und wandte sich wieder den anderen zu.

Es war Minta, die zu dem Mädchen ging, ihre Hände ergriff und schluchzend sagte: „Ich bin froh, daß du in Sicherheit bist."

„Vielen Dank."

Die Stimme klang fremd, doch die Bedeutung der Worte Mintas wurden Lydia plötzlich bewußt. „Ist das Erosa?" flüsterte sie staunend.

„Pssst", zischte Miriam. „Dies ist meine Nichte Rebekka, die kürzlich von Jerusalem eintraf. Sie spricht noch so gut wie kein Griechisch." In Miriams Augen stand eine Warnung.

Lydia verstand. Sie erhob sich, da sie immer noch neben dem Bett kniete. Sie zögerte einen Augenblick, ehe sie die Decke noch einmal zurückzog und einen Kuß auf Rubens Stirn hauchte. Dann wandte sie sich dem Mädchen zu. „Willkommen, Rebekka", sagte sie. „Du verstehst mich vielleicht nicht, aber ich freue mich, dich hier zu sehen."

Die Augen des Mädchens füllten sich mit Tränen. Schnell beugte sie ihren Kopf vor und küßte Lydias

Hände. „Wärest du nicht gewesen...“, flüsterte sie mit erstickter Stimme.

Wärest du nicht gewesen. — Lydia stand ganz still, während die Gedanken durch ihren Kopf rasten. Sie war die Person gewesen, durch die und um die herum all diese Ereignisse stattgefunden hatten. Gott hatte sicher eine Aufgabe für sie. Doch bis zu diesem Augenblick hatte sie diese nur zögernd und immer wieder strauchelnd ausgeführt. Aber jetzt sollte es anders werden. Ermutigt und gestärkt durch Rubens festen Glauben würde sie Gott in neuer und sinnvoller Weise dienen. Und mit Paulus würde sie beginnen.

„Betet bitte für mich“, sagte sie entschlossen. „Ich gehe jetzt in das Haus von Valleius Tatinius und werde versuchen, Paulus freizubekommen. Pyrus, du begleitest mich. Lukas und David, würdet ihr euch bitte darum kümmern, daß Minta, Miriam und — Rebekka wohlbehalten nach Hause kommen?“

Grüßend hob sie die Hand, dann wandte sie sich zielbewußt und entschlossen um, winkte Pyrus, ihr zu folgen, und trat hinaus in die dunklen und verlassenen Straßen von Philippi.

Kapitel 22

„Du verschwendest nur deine Zeit.“ Valleius’ Stimme war kalt, während er Lydia mit einer Mischung aus Verachtung und Zorn betrachtete.

„Erosas wegen tut es mir leid“, sagte Lydia. „Ich weiß, daß sie für dich viel Geld wert war. Aber ich könnte dir vielleicht einen Teil deines Verlustes ersetzen, wenn du dafür sorgst, daß Paulus und Silas freigelassen werden.“

„Du wärst die Allerletzte, von der ich mich bestechen ließe“, antwortete Valleius empört. „Selbst dann nicht, wenn ich Geld brauchte. Was aber nicht der Fall ist. Das Einkommen, das mir durch Erosa zufloß, hatte ich eben noch zusätzlich. Das ist alles.“

„Warum bist du dann mit Paulus und Silas so rücksichtslos verfahren, wenn es dir auf das Geld nicht ankommt?“

„Weil ich es so wollte und weil ich die Macht dazu habe“, erklärte Valleius.

„Ist dir nicht klar, daß du dadurch auch Rubens Tod verschuldet hast?“ weinte Lydia, die diesen Zusammenhang auch erst jetzt richtig erkannte. „Der Schock, der ihn traf, als er sah, wie Paulus und Silas geschlagen wurden, ist der Anlaß zu seinem Tod gewesen.“

„Gut“, sagte Valleius gleichgültig. „Was interessiert mich der alte Jude?“

Lydia erschrak über diese Rücksichtslosigkeit. „Ich hätte nicht geglaubt, daß du so sein könntest“, flüsterte sie ungläubig.

„Du kennst mich eben noch sehr wenig. Aber du hast mir ja auch nie eine Chance gegeben, um mich richtig kennenzulernen.“

„Aber ich lerne bei dir schon fünfundzwanzig Jahre“, sagte Fulvia, die plötzlich in der Tür erschien, mit kalter Stimme. „Und auch ich kenne dich noch nicht richtig.“

„Gehe wieder in dein Zimmer, meine Liebe“, forderte Valleius ruhig. „Dies ist etwas, das nur Lydia und mich angeht.“

Fulvia betrat den Raum. „Nein, das geht uns alle an. Wenn ich noch keine offene Nachfolgerin von Paulus bin, dann nicht etwa deshalb, weil ich ihm nicht glauben würde.“

Valleius betrachtete seine Frau. „Du würdest es nicht wagen, etwas gegen meinen Willen zu tun“, erklärte er.

„O doch“, antwortete Fulvia. „Und wenn es dir unmöglich scheint, damit klarzukommen, bleibt dir immer noch die Scheidung.“

Valleius stieß die Luft mit einem zischenden Laut aus. Lydia erinnerte sich an den Klatsch, den sie vor langer Zeit gehört hatte und der immer wieder einmal auftauchte. Fulvias Mitgift sollte enorm groß gewesen sein, und ihr mißtrauischer Vater habe dafür gesorgt, daß es in ihrer eigenen Verwaltung geblieben sei und nicht in der ihres Mannes. Valleius selbst habe nur den hohen gesellschaftlichen Rang mit in die Ehe gebracht, aber kein Vermögen. Da er Erosa verloren hatte, konnte er es sich vielleicht nicht leisten, auch noch Fulvia aufzugeben.

„Rede keinen Unsinn“, sagte Valleius scharf. „Was wird dann aus unseren Jungs und aus all den guten Dingen, die wir miteinander haben? Wie kannst du auch nur davon reden, mich zu verlassen?“

„Ich habe nicht gesagt, daß ich dich verlassen würde, sondern nur: Wenn du mir die Freiheit nicht geben kannst, die ich brauche, um Gott zu dienen, dann müssen wir uns eben trennen. Ich glaube, du wärest dann der, welcher fortgehen müßte.“

„Über so etwas sollten wir reden, wenn wir allein sind“, zürnte Valleius.

„Warum?“ Fulvias Stimme war ganz ruhig und kühl. „Seit mehr als einem Jahr bemerke ich, daß du Lydia große Aufmerksamkeit zukommen läßt. Warum willst du sie gerade jetzt ausschließen?“

Lydias Herz krampfte sich zusammen. Valleius fuhr zu ihr herum. „Was hast du ihr erzählt?“

Lydia setzte zu einer Antwort an, doch Fulvia kam ihr zuvor. „Nichts — überhaupt nichts hat sie mir gesagt. Aber glaubst du denn, ich sei eine Närrin? Frauen haben ihre eigene Weise, solche Dinge zu entdecken.“ Lydia schien protestieren zu wollen. Doch Fulvia beruhigte sie mit einem Lächeln. „O — ich weiß, daß nichts geschehen ist. Ich habe ja Augen, um zu sehen.“

„Ich werde mir dieses dumme Gerede nicht mehr gefallen lassen“, ärgerte sich Valleius, während sein Gesicht vor Zorn rot anlief. „Ihr seid beide nicht intelligent genug, um mit mir vernünftig zu reden. Man kann vielleicht noch die Dummheit der eigenen Frau ertragen, aber sie auch noch erleben zu müssen in...“

„Bei einer Freundin?“ fragte Fulvia sarkastisch.

„Sei still“, schrie Valleius. „Wir beide reden später weiter. Und du“, er wandte sich Lydia zu, „die Antwort auf deine Bitte ist nein und nochmals nein Ich werde diesen Paulus freilassen, wenn es mir paßt. Im

Augenblick kann ich nur sagen: Ich hoffe, daß er im Stock verrottet.“

„Im Stock?“ Lydia hatte von der Quälerei gehört, die Gefangene über sich ergehen lassen mußten, die in den Stock gesperrt wurden. Manchmal wurden dabei ihre Beine so weit auseinandergedrückt, daß die Hüften sich ausrenkten.

„Ich habe deinem Freund Clement gesagt, er soll sie alle in die hölzernen Stöcke einschließen. Wenn du glaubst, daß es für sie schlimm war, als sie auf den Pflastersteinen des Marktplatzes knien mußten, dann solltest du erst einmal diese Stöcke sehen. Morgen werde ich mich weiter um sie kümmern. Ich habe noch etliche Dinge vor“, erklärte er voller Zorn. „Und jetzt verlasse unser Haus.“

Lydia wandte sich zum Gehen. Fulvia kam zu ihr gelaufen. „Es wird sich bestimmt eine Möglichkeit finden, da bin ich sicher. Aber was sagtest du von Ruben, als ich den Raum betrat?“

„Er ist tot“, antwortete Lydia bekümmert.

„O nein.“ Fulvia ergriff Lydias Arm, während ihr Tränen in die Augen traten. „Nicht Ruben.“

„Es traf ihn so, als er sah, wie Paulus und Silas geschlagen wurden, daß sein Herz es nicht überstanden hat“, berichtete Lydia. „Aber vielleicht kann es dein Gatte dir auf andere Weise erklären.“

„Ich brauche überhaupt nichts zu erklären“, schrie Valleius. „Ich will nur, daß du schnellstens verschwindest.“

„Ich gehe ja schon.“ Zu Fulvia gewandt, sagte sie: „Auf Wiedersehen, meine Liebe.“

Man konnte Fulvia ansehen, daß sie sich große Mühe geben mußte, um ihre Fassung zu bewahren. „Gute Nacht, Lydia“, erwiderte sie. „Ich werde versuchen, dich morgen oder übermorgen zu treffen.“

„Fulvia“ drohte Valleius.

„Ich sagte ja schon, Valleius — du kannst auch gehen, wenn es dir nicht paßt.“

Lydia blickte die beiden an, die sich wie zwei Fechter gegenüberstanden, und ging dann eilig davon. Pyrus, der an der Tür wartete, hatte wahrscheinlich alles mit angehört. Es interessierte Lydia, seine Meinung zu hören. Erstaunt überlegte sie, daß sie noch vor kurzer Zeit überhaupt nicht auf diesen Gedanken gekommen wäre.

„Was meinst du“, fragte sie, „wird er sie schlagen?“

„Nein, Herrin, er ist ein schlauer und verschlagener Mann. Er wird viel eher versuchen, sie zu umwerben, um sie wieder für sich zu gewinnen, als ihr zu drohen oder gar sie zu schlagen.“

Lydia blickte Pyrus erstaunt an. „Woher weißt du soviel?“ fragte sie.

„Sklaven müssen ja immer zuhören“, erklärte er. „Wir wissen oft mehr als unsere Herren, aber wir reden nicht darüber.“

„Ich fürchte mich“, bekannte Lydia. „Ich glaube, ich habe noch nie so große Besorgnis gehabt. Aber ich weiß nicht, was ich tun soll.“

„Vielleicht solltest du jetzt erst einmal nach Hause gehen“, schlug Pyrus vorsichtig vor.

Lydia überlegte. „Gut“, nickte sie dann, „wir gehen heim, um Wein und Käse und Früchte zu holen, und auch lindernde Salben. Lukas wird sicher welche bei sich haben. Er und Timotheus können uns anschließend begleiten. Wir gehen zum Gefängnis.“

„Jetzt, in der Nacht, Herrin? Eine Frau so spät auf der Straße?“

„Du, Lukas und Timotheus, ihr werdet mich begleiten. Also kann mir gar nichts geschehen“, sagte sie fest. „Clement wird uns sicher zu ihnen lassen — um Ditus' willen.“

„Clement? Der Gefängnisaufseher?“

„Ja. Er ist Ditus' Freund und wird unsere Bitte nicht abschlagen."

Pyrus schüttelte den Kopf. „Ich weiß nicht, Herrin. Aber seine Stellung als Gefängnisaufseher ist sehr schwierig. Wenn er den Anweisungen seiner Vorgesetzten nicht gehorcht und vielleicht Gefangene entkommen, wird er mit dem Tode bestraft. Vorher wird er noch schlimm gefoltert."

„Du meinst, er wird Paulus und Silas nicht aus dem Stock nehmen?" fragte sie unsicher. „Und Nuba natürlich auch", fügte sie schnell hinzu.

„Ich bezweifle es, Herrin. Er ist vielleicht bereit, ihnen von deinen Speisen zu bringen. Aber das hat sicherlich Zeit bis morgen."

„Nein", erklärte Lydia sehr bestimmt. „Wir gehen heute nacht noch. Ich fühle, daß ich dort etwas zu tun habe."

„Ich werde dich natürlich begleiten, Herrin. Aber ich muß zugeben, daß mir die Sache nicht gefällt."

„Wir gehen trotzdem."

Schweigend eilten sie heimwärts. In Lydias Gedanken ging es tumultartig zu. Plötzlich fiel ihr ein, daß sie nicht so an Ruben gedacht hatte, wie es hätte sein sollen. Ich sollte um ihn trauern, überlegte sie. Natürlich nicht in der hoffnungslosen Weise wie damals um Aurelius, aber weil ich ihn jetzt nicht mehr bei mir habe. Doch ich habe gar keine Zeit dazu. Er hätte es ganz sicher verdient, daß ich jetzt an seinem Totenbett wache und an ihn denke. Doch sicher werden Miriam und David und vielleicht auch ihre kleine Freundin Rebekka das tun. Ich muß mich jetzt auf Paulus und Silas konzentrieren. Sie sind es, die mich brauchen. Ruben wird mich nicht mehr nötig haben.

*

Lukas und Timotheus stimmten Pyrus zu, als sie von Lydias Absicht hörten, ins Gefängnis zu gehen. Sie hatten es schon versucht, berichteten sie. Es war ihnen aber nicht erlaubt worden, die Gefangenen zu sehen. Warum sollte es anders sein, wenn sie noch einmal kamen?

„Wußte Clement, wer ihr seid?" fragte Lydia.

„Ja. Aber er sagte, er habe seine Befehle."

Sie zögerte einige Augenblicke und überlegte. Doch innerlich wußte sie, daß es richtig war zu gehen. Aber sie würde ebenfalls nichts erreichen, wenn Clement beharrlich blieb. Vielleicht konnte Ditus ihn überreden.

„War Ditus dort?" fragte sie.

„ Ich hörte ihn das Haus verlassen, nachdem wir zurückkehrten", antwortete Lukas.

„Wäre Ditus hier, hätte ich ihn geschickt. Aber so muß ich selbst gehen", entschied sie. „Ich werde Clement bitten, großzügig zu sein."

„Ich glaube nicht...", begann Timotheus.

Doch Lydia unterbrach ihn. „Ich muß einfach gehen. Pyrus, hast du die Speisen beieinander und den Wein?"

„Ja, Herrin."

„Dann laßt uns gehen."

Schweigend gingen sie durch die dunklen Straßen. Ihre Lampen warfen gespenstische Schatten auf die Mauern der Häuser. Ich sollte mich eigentlich fürchten, dachte Lydia, aber ich tue es nicht. Entweder habe ich soviel von Rubens Glauben übernommen, daß der mich stärkt und aufrecht hält oder mein Verstand ist von all den schrecklichen Dingen so abgestumpft. Ich glaube, ich empfinde im Augenblick überhaupt nichts.

Das Gefängnis war an die Kaserne angebaut und hob sich dunkel von dem sternenübersäten Himmel ab. In einem der Fenster war Licht zu sehen, doch die dicken Mauern ließen keinen Laut nach außen dringen.

„In dem erleuchteten Raum muß wohl Clement sein", meinte Lydia. „Aber wahrscheinlich ist er nicht allein. Es sind meist andere Männer bei ihm, hat man mir gesagt."

„Dein Sohn wohl ebenfalls?" fragte Lukas leise.

„Ja, er auch."

Wenn Ditus dort ist, dachte Lydia, wird er sich vielleicht ärgern oder schämen und es mir nachtragen. Bis jetzt hatte sie noch gar nicht daran gedacht, was Ditus von ihrem Unternehmen halten könnte. „Jetzt ist es dazu zu spät", sagte sie unvermutet.

„Zu spät — für was?" fragte Lukas.

„Zu spät, um umzukehren", erklärte sie. „Kommt, gehen wir hinein."

Der Raum war voller Männer, die sich laut unterhielten und lachten. Doch über den Lärm hinweg vernahm Lydia kräftige Männerstimmen, die sangen. Sie erkannte, daß es die Stimmen von Paulus und Silas waren.

„Gibt es denn keine Möglichkeit, deine Gefangenen zum Schweigen zu bringen?", fragte jemand.

„Nein, keine", antwortete Clement kurz. Als Lydia ihn erblickte, bemerkte sie, daß auf seinem Gesicht ein angespannter Ausdruck lag. Irgend etwas mußte ihn beunruhigen.

„Wäre es möglich, mit dem Gefängnisaufseher zu sprechen?" fragte Lydia laut, um sich verständlich zu machen.

Erstauntes Schweigen trat ein, als die Männer die Frau sahen, die unbemerkt den Raum betreten hatte.

„Und zwar hätte ich ihn gern allein gesprochen", fügte Lydia hinzu.

Ein überraschter Schnaufer wurde hörbar. Mit einem kurzen Blick erkannte Lydia, daß es Ditus war, der sie erstaunt anblickte. Wenn ich ihn nicht zur Kenntnis nehme, dachte Lydia, kann er vielleicht so tun, als kenne er mich auch nicht.

Clement erhob sich. „Du möchtest mich sprechen? Worum geht es denn?"

„Ich würde das gern ohne die anderen Männer hier tun", beharrte Lydia. „Ist das möglich?"

„Gewiß." Clement hinkte zu einer Tür, die in einen langen engen Gang mündete. „Folgt mir bitte", lud er Lydia und ihre Begleiter ein. „Männer, laßt euch nicht stören, sondern fahrt mit euren Spielen fort", rief er den anderen zu. „Wenn ihr genug Lärm macht, übertönt ihr die Gefangenen vielleicht doch noch."

Ohne sich nochmals nach Ditus umzublicken, folgte Lydia mit ihren Begleitern Clement durch den Gang. Clement hinkte einige Stufen hinunter. Der Gesang der Gefangenen wurde mit jedem Schritt lauter.

Clement schüttelte den Kopf, als seien ihm die Töne so lästig wie stechende Insekten. „Ich habe mich an Jammergeschrei und an Flüche gewöhnt", meinte er verwundert, „doch so etwas habe ich noch nie erlebt."

Seine Stimme war fast nur ein Murmeln. Doch Lydia, die unmittelbar hinter ihm ging, verstand ihn. „Das mag daher kommen, daß du noch nie solche Männer in deinem Gefängnis hattest", antwortete sie.

Sie waren jetzt in einem kleinen Raum angelangt. Clement fragte: „Was wünschst du von mir, Frau Lydia? Seit ich heute meinen Dienst antrat, habe ich diesen Männern zuhören müssen, die fortwährend singen und zwischendurch von ihrem Gott predigen. Meine Geduld ist also schon ziemlich strapaziert."

„Ich möchte nur die Erlaubnis, ein wenig Speise und Wein zu Paulus, Silas und Nuba zu bringen."

„Nuba?“ Clement hob verwundert seine Augenbrauen.

„Das ist der schwarze Sklave. Er ist doch sicher auch mit da unten?“ fragte sie.

„Er ist — und manchmal singt er auch schon mit den anderen beiden. Aber warum, bei allen Göttern, machst du dir um ihn Sorgen?“

Lydia blickte einen Moment verstohlen zur Tür, da sie bemerkte hatte, daß Ditus ihnen heimlich gefolgt war und dort verborgen lauschte. Sie fuhr fort: „Weil er auch geschlagen wurde, und zwar unschuldig. Und weil er in den Augen Gottes genau soviel zählt wie du oder ich.“ Sie war selbst erstaunt, wie leicht ihr die Worte fielen.

Clement zeigte auf Lukas und Timotheus. „Ich habe diesen Männern schon klar gemacht, daß sie die Gefangenen nicht sehen können.“

„Aber ich dachte, weil du mich kennst, würdest du eine Ausnahme machen“, sagte sie in bittendem Ton.

„Ich mache nie Ausnahmen“, erwiderte Clement kurz.

„Wirklich nie?“ Lydia blickte Clement fest in die Augen. Sie wußte, daß sie beide an jene Nacht dachten, als er seinen Posten verlassen hatte, um den zusammengeschlagenen und blutenden Ditus in ihr Haus zu bringen.

„Nie!“ Der feste Ton schien alle Hoffnungen zu zerstören.

„Paulus ist kein junger Mann mehr“, bettelte Lydia. „Er wird die Tortur kaum durchstehen können. Er braucht Salben für seine Wunden, sowie Wein und Brot, um sich zu stärken. Silas und Nuba benötigen es ebenfalls. Wir werden ihre Fesseln nicht anrühren, das verspreche ich. Wir wollen ihnen nur ein wenig Linderung und Stärkung verschaffen.“

Clement blickte sie an. Für einen Augenblick

schien es beiden, als seien sie allein in dem Raum. „Ich wünschte, ich könnte es“, sagte er freundlich. „Doch wenn ich meine Befehle nicht ausführe, werde ich mit dem Tode bestraft. Möchtest du, daß man mich tötet, nur damit andere ein wenig Linderung in ihrer Lage erfahren?“

Lydia erwiderte Clements Blick und wußte, daß er recht hatte. Sie konnte ihre Wünsche nicht den Anlaß dazu sein lassen, ihn in den Tod zu schicken – nicht einmal für Paulus. Wenn Clements Haltung hart und ungerecht zu sein schien, dann allein deshalb, weil er darin die Erfüllung seines Dienstes sah. Sie fühlte, wie ihr die Tränen wieder in die Augen stiegen. Es gab einfach keine Möglichkeit, Paulus aus der notvollen Lage zu befreien, in der er sich befand.

„Weine nicht“, sagte Clement rauh. Doch sie sah bei diesen Worten Mitleid und Verständnis in seinen Augen. „Dein Gott – ich meine den, von dem Paulus redet –, warum bittest du nicht Ihn um Hilfe?“

„Ach, das habe ich doch schon viele Male getan“, weinte sie.

Plötzlich schien der Fußboden unter ihnen zu beben und sich anzuheben. Lydia war es, als würde der Boden unter ihren Füßen verschwinden.

„Ein Erdbeben!“ schrie jemand.

Nun begann es unter ihnen in der Erde zu grollen, und dann hörten sie auch schon das Geräusch herunterstürzender Steine.

„Hinlegen!“ schrie Clement. „Alle hinlegen!“

Lydia war zu erschöpft und zu verwirrt, um schnell reagieren zu können. Sie stand nur da und starrte Clement im Licht der hin und her schwingenden Lampe hilflos an. Die Lampe verlosch. Sie fühlte Clements Arme um sich, und das Gewicht seines Körpers, als er sie zu Boden drückte und sich über sie warf, um sie vor herunterfallenden Steinen zu beschützen. Der kleine Raum war jetzt von dem ohrenbetäubenden Krachen und Dröhnen stürzender Steine erfüllt.

Kapitel 23

Die schrecklichen Bewegungen des Fußbodens schienen nicht enden zu wollen, obwohl Lydia wußte, daß vielleicht nur wenige Sekunden vergangen waren, seit Clement sie zu Boden stieß und sich schützend über sie warf. Sie fühlte sich kraftlos und war nicht fähig, irgendeinen Gedanken zu fassen. So lauschte sie nur den schweren Atemzügen Clements. Der Mann schien ebenfalls von Schrecken gepackt zu sein.

Der Boden bebte immer noch leise, als Clement sich hustend, weil er viel von dem herumfliegenden Staub geschluckt hatte, auf die Knie erhob und sie sanft an den Schultern schüttelte.

„Ist mit dir alles in Ordnung?" schnaufte er. „Bitte, sage etwas. Geht es dir gut?"

Sie wollte gerade antworten, als ein letzter mächtiger Stoß die dicken Mauern des Gebäudes in den Grundfesten erschütterte. Ein Dröhnen wie von einer herabstürzenden Lawine war zu hören. Lydia fühlte mehr als sie hörte, wie der Kopf Clements, der immer noch über ihr kniete, von einem Stein getroffen wurde. Der schwere Mann brach über ihr zusammen.

Ihr Schwächeanfall schien plötzlich verflogen zu sein. Der Schrecken, der sie packte, gab ihr Kräfte, über die sie sich selbst wunderte. Sie schob und zerrte so lange, bis sie sich von der Last des Körpers Clements befreien und darunter hervorkriechen konnte. Sie bemerkte gar nicht, daß sie sich dabei ihre Arme und Beine an den rauhen Steinen des Fußbodens blutig riß.

Sie bemühte sich, auf ihre Knie zu kommen und begann nun in der Dunkelheit, den Körper Clements mit den Fingern abzutasten, um den Kopf zu finden. Als sie über seinen Hinterkopf strich, fühlte sie die klebrige Feuchte frischen Blutes.

„Clement ist verletzt", sagte sie laut und ganz ruhig. „Kann jemand ein Licht beschaffen?"

„Mutter, wo bist du? Geht es dir gut?" Es war Ditus, der mit besorgter Stimme nach ihr rief.

„Ich glaube schon", antwortete sie. „Und dir?" Es ist ungewöhnlich, daß ich so ruhig bleiben kann, dachte sie. So, wie ich mich kenne, sollte ich eigentlich schreien und völlig kopflos versuchen, diesen Raum zu verlassen, in dem jeden Augenblick noch weitere Steine herunterstürzen können.

Ditus antwortete: „Ja, ich bin in Ordnung. Sprich nur weiter, damit ich dich in der Dunkelheit finde."

„Ich bin hier, bei Clement. Warte, ich will sehen, ob er noch lebt. Er wurde schwer verletzt. Ich glaube, ein Stein hat ihn am Kopf getroffen.... Hier, Ditus – hier herüber."

Während sie weitersprach, versuchte sie, Clements Körper in eine bessere Lage zu bekommen, um an seinen Mund oder seine Nase zu gelangen und zu sehen, ob er noch atmete. Sie hörte zwischendurch die anderen Männer rufen und erkannte die Stimmen von Lukas und Timotheus. Sie schienen ebenfalls unverletzt zu sein, worüber sie sehr dankbar war. Doch ihre größte Sorge richtete sich im Augenblick auf den bewußtlosen Mann, den sie in den Armen hielt.

Endlich hatte sie seinen Körper soweit gedreht, daß er mit dem Kopf nach oben lag. Nun beugte sie sich hinunter und kam ganz nahe an seinen Mund und die Nase heran. Da verspürte sie an dem leichten Luftzug und dem kaum hörbaren Geräusch, daß Clement noch atmete.

„Er lebt!" rief sie. Doch schon begann die Sorge von neuem, ob ihm wohl noch rechtzeitig Hilfe zuteil werden würde. „Ditus, komm und hilf mir", rief sie in die Dunkelheit.

Jetzt wurden vom Gang her Stimmen hörbar, und wenige Sekunden später betraten zwei Soldaten mit brennenden Lampen den Raum. In dem schwachen Lichtschein konnte Lydia nun auch den Zustand von Clements Kopf erkennen. Er hatte eine heftig blutende Wunde am Hinterkopf, doch schien sonst alles in Ordnung zu sein. Der Schädel war offensichtlich nicht gebrochen. Vielleicht war die Verletzung doch nicht so schlimm, wie sie zuerst angenommen hatte.

Nun kniete Ditus neben ihr. „Bringt die Lampen hierher", rief er den Soldaten zu. „Clement ist verletzt. Nun kommt schon — hier herüber."

Die Soldaten kamen vorsichtig zu ihnen. „Ist er tot?" fragte einer.

„Nein, nur verletzt. Aber wir müssen ihn hier herausbringen. Nimm die Beine, ich werde oben anfassen. Wer weiß, ob hier nicht noch mehr einstürzt. Komm, Mutter, folge uns schnell."

Lydia stellte mit Erstaunen fest, daß die Männer den Anweisungen von Ditus gehorchten. Hier war kein unbeholfener Junge mehr, sondern ein junger Mann, der wußte, was er wollte, und der deshalb respektiert wurde. Ohne Einwände erhob sie sich und folgte ihrem Sohn.

Lukas ging direkt hinter Lydia. Draußen im Gang forderte er: „Ich brauche eine Lampe. Ich muß versuchen Paulus und die anderen zu finden."

Paulus! Lydia blickte Lukas erschrocken an. Sie hatte Paulus in den letzten Minuten völlig vergessen. „Vielleicht sind sie da unten im Gefängnis unter Steinen begraben“, flüsterte sie besorgt.

Lukas verlangte jetzt sehr energisch eine brennende Lampe und bekam eine gereicht. In dem Durcheinander schien niemand wirklich zu wissen, wer hier die Befehle zu geben hatte.

Lukas wandte sich Timotheus zu und sagte zu ihm: „Wir müssen diesen Weg weitergehen.“ Sie wandten sich nach rechts, während Ditus und die anderen Clement zu dem Aufenthaltsraum trugen. Ohne zu zögern folgte Lydia Lukas. Als er das bemerkte, hielt er an und fragte: „Wärest du nicht besser mit Ditus gegangen? Hier kann es gefährlich werden. Es könnte noch weitere Erdstöße geben.“

„Paulus ist mein Gast“, erklärte Lydia fest. „Ich kam hier her, um ihm zu helfen. Ruben war der Meinung, ich solle dies tun.“

Lukas zögerte nicht länger. „Dann komm mit. Aber bleibe dicht hinter mir. Am besten hältst du dich an meinem Gewand fest.“

Lydia nickte nur, biß ihre Zähne zusammen und folgte Lukas. Ihr kam gar nicht der Gedanke an die Gefahr, in die sie sich begab. Dies war etwas, das sie einfach zu tun hatte.

Sie waren erst ein kurzes Stück gegangen, als sie unerwartete Laute hörten. Paulus und die anderen sangen mit kräftiger Stimme freudige Lieder des Lobens und Dankens.

„Hört ihr?“ schnaufte Lydia erstaunt.

„Das sind Paulus und Silas“, rief Lukas. „Sie leben.“

„Paulus!“ rief Timotheus. „Ist bei euch alles in Ordnung?“

„Wir sind in Sicherheit“, rief Paulus zurück. „Uns

geht es allen gut — Silas, Nuba und auch mir. Auch den anderen Gefangenen geht es gut. Und wir sind frei."

„Frei?" wunderte sich Lydia. „Was meint er damit?"

„Ich weiß es auch nicht", antwortete Lukas. „Doch hier ist eine Tür. Da werden wir es gleich erfahren, denke ich. Sieh nur! Sie ist offen. Die Riegel sind zerbrochen." Lukas leuchtete mit der Lampe näher hin.

Lydia, die sich immer noch an Lukas' Gewand festhielt, blickte voll Erstaunen auf die zerbrochenen Riegel und dann an Lukas vorbei in das Gefängnis hinein. Zuerst nahm sie nur schattenhafte Bewegungen wahr. Doch als Lukas vorsichtig weiter in den Raum hinein ging, konnte sie Einzelheiten unterscheiden. Paulus, Silas, Nuba und ein Dutzend andere Gefangene standen zusammen. Sie waren frei von allen Fesseln, und keiner von ihnen saß mehr im Stock.

„Was ist geschehen?" rief Lydia erstaunt.

„Gott hat uns befreit", erklärte Paulus mit kräftiger und zuversichtlicher Stimme. „Ich nehme an, daß auch draußen bei dem Erdbeben niemand getötet wurde?"

„Ich glaube nicht", antwortete Lydia zögernd. „Obwohl wir nicht wissen, was während des Erdbebens außerhalb des Gefängnisses vorging. Nur Clement wurde verletzt.

Paulus lächelte. „Ihr werdet noch feststellen, daß es keine weiteren Verletzungen gab. Auch kein anderes Gebäude ist wirklich richtig erschüttert worden. Das hier war Gottes Werk."

Da sie hinter sich ein Geräusch hörte, drehte Lydia sich um und sah, daß zwei Soldaten ihnen gefolgt waren, die eine weitere brennende Lampe mit sich führten. Sie blickten überrascht auf die Szene. Ihre Augen waren vor Staunen weit aufgerissen.

„Du kannst jetzt fliehen“, sagte Lukas zu Paulus. Er hatte wahrscheinlich die Soldaten noch nicht bemerkt. „Oben herrscht noch so viel Durcheinander, daß die Flucht sicher vorerst unbemerkt bleibt.“

„Lukas, Lukas“, antwortete Paulus kopfschüttelnd. „Würde Gott wohl ein Wunder tun, das für den Gefängnisaufseher mit einer Tragödie endet? Habe ich dich noch so wenig lehren können, daß du immer noch glaubst, ich würde unehrliche Methoden benutzen, um Gottes Willen auszuführen?“

Lydia wandte sich um. Sie wollte den Soldaten versichern, Paulus meine wirklich, was er sagte. Doch die waren eilig davongerannt, um zu berichten, daß die Gefangenen frei waren. Der Schein ihrer Lampe war schon weit oben im Gang zu sehen. Sie hatten also wahrscheinlich Paulus' Erklärung, daß er nicht fliehen werde, gar nicht mehr gehört.

„Wir müssen schnellstens zu Clement zurück“, stieß sie hervor. „Die Soldaten werden oben erzählen, daß die Gefangenen frei sind. Sollte Clement schon wach sein und das hören, wird er sich lieber selbst töten, als die Schande auf sich zu nehmen, verurteilt...“

Paulus rief schnell und entschlossen: „Du hast recht, Lydia. Beeile dich. Timotheus, nimm die Lampe und hilf ihr. Lukas, bleibe bitte hier. Und Lydia — renne!“

Timotheus nahm Lukas die Lampe aus der Hand. „Komm“, drängte Lydia.

Sie rannten die Treppen hinauf, als sei Lydia noch genauso jung wie Timotheus. In einer Minute hatten sie den Raum erreicht, in dem die Männer versammelt waren und in dem mehrere Lampen brannten. Clement, der scheinbar auf einer Couch an der Wand gelegen hatte, versuchte gerade mühsam auf seine Füße zu kommen.

„Frei?“ stöhnte er. „Hast du gesagt, die Gefangenen sind frei? Gebt mir mein Schwert! Ich will sofort mein Schwert haben!“

Ditus versuchte ihn zu beruhigen. Doch Clement war offensichtlich in einem Zustand, der ihn für vernünftige Worte nicht mehr zugänglich machte.

„Ich habe gesagt, ich will mein Schwert haben!“ schrie er. Sein blutverschmiertes Gesicht wirkte furchterregend. Doch Lydia erkannte die Verzweiflung in seinen Augen.

Als einer der Soldaten Clements Befehl nachkommen wollte, hielt Lydia seinen Arm fest. „Nein!“ rief sie. „Warte noch!“

Der junge Soldat stieß sie grob beiseite und reichte Clement das Schwert. „Nein!“ schrie Lydia wieder, „hört uns doch zu!“

Kapitel 24

Lydia bemerkte, daß Ditus sich vor Schreck nicht rühren konnte. Doch Ditus wußte auch nicht, daß Paulus, Silas und die anderen immer noch im Gefängnis waren und auch dort bleiben würden. Nur sie und Timotheus wußten das. Die Soldaten redeten jetzt alle aufgeregt durcheinander. Timotheus schrie, um gehört zu werden. Doch seine Stimme ging in dem Aufruhr unter.

Clements Hände schlossen sich jetzt um den Griff des Schwertes. Lydia sah, wie die Muskeln an Clements bloßen Oberarmen hervortraten. Sie verstehen mich nicht bei diesem Lärm, dachte Lydia. Ich kann einfach nichts tun. Ich bin hilflos – Gott, hilf mir mit Deiner Kraft.

Im gleichen Augenblick breitete sich wie auf ein geheimes Kommando Stille im Raum aus. Alle Männer, die eben noch erregt aufeinander eingeredet hatten, schwiegen. Lydia fühlte Gottes Hilfe und Gegenwart genauso lebendig wie damals bei ihrer Taufe.

Ihre Stimme war laut und deutlich. „Clement", begann sie, „die Gefangenen sind alle noch unten im Kerker; und keiner von ihnen hat die Absicht, zu fliehen."

„Das stimmt", bestätigte Timotheus. Seine Stimme war ebenso ruhig aber fest wie die Lydias. „Sie sagt die Wahrheit. Keiner der Gefangenen ist geflohen."

Clement war verblüfft. „Aber die Soldaten sagten, sie säßen nicht mehr im Stock und seien auch frei von den Ketten."

„Ja, die Stöcke und Ketten sind durch das Erdbeben gesprengt worden. Aber Paulus und Silas sind ehrenwerte Männer Gottes. Sie werden nicht fliehen. Und sie haben auch die anderen Gefangenen dazu gebracht, zu bleiben. Komm und sieh selbst."

Clement schüttelte den Kopf. Seine Augen blickten verstört. „Es gibt niemand, der nicht versuchen würde zu fliehen, wenn er könnte."

„So überzeuge dich doch selbst", drängte Lydia.

„Meine Mutter könnte recht haben", mischte sich Ditus ein. „Dieser Paulus — er ist kein gewöhnlicher Mann, Clement."

Clement blickte unsicher von Lydia zu Ditus. „Gut, ich werde gehen und nachsehen", stimmte er endlich zu. „Aber ich will mein Schwert zurück. Ohne Schwert gehe ich nicht." Damit streckte er die Hand nach Timotheus aus, der die Waffe Clement in einem geeigneten Augenblick aus der Hand genommen hatte.

Als Timotheus das Schwert zurückgab, fühlte Lydia wieder ein wenig Furcht im Herzen aufsteigen. Clement konnte seiner Kopfverletzung wegen sicher noch nicht wieder ganz klar denken. Würde er vielleicht auch dann noch seinen Sinnen nicht trauen, wenn er Paulus und die anderen im Gefängnis sah?

„Dieser Paulus...", sagte Clement, während er mit der Hand vorsichtig nach seiner Kopfwunde tastete. Als er die Hand betrachtete, sah er, daß sie voller Blut war. „Dieser Paulus — was er von Gott gesagt hat, seit man ihn nach hier brachte, kann das möglich sein?"

Ditus blickte seine Mutter durchdringend an, als

wolle er sie warnen, jetzt nichts zu sagen. Und vielleicht noch vor ein oder zwei Tagen hätte sie ihre Überzeugung wohl für sich behalten. Doch seit Ruben sie ermahnt hatte, sie solle seinen Glauben ergreifen, und seit sie Gottes Beistand und Kraft in den Ereignissen des heutigen Tages so großartig erlebt hatte, war das anders.

„Ja", sagte sie standhaft und übersah Ditus' warnenden Blick, „alles, was Paulus von Gott gesagt hat, ist wahr. Es ist die absolute Wahrheit."

„Die Gefangenen werden in der Zwischenzeit sicher geflohen sein", mahnte einer der Soldaten. „Diese beiden sind vielleicht nur geschickt worden, um hier noch mehr Verwirrung und Unsicherheit zu stiften."

„Wir gehen jetzt und sehen nach", erklärte Clement. Er war offensichtlich noch benommen und schwankte ein wenig, als er die ersten Schritte machte. Ditus nahm seinen Arm, um ihm Halt zu geben. Lydia folgte ihnen. Sie war überrascht, als sie sich selbst zugeben mußte, daß sie es gern gewesen wäre, die Clement geführt hätte. Noch mehr wunderte sie sich, daß es ihr so leicht fiel, viele Entscheidungen einfach Ditus zu überlassen. Sie hätte schon früher erkennen sollen, daß Ditus durchaus fähig war, das, was er wollte, auch auszuführen. Aber jetzt weiß ich es, sagte sie zu sich, als sie sich ihren Weg durch die heruntergestürzten Steine suchte, die überall herumlagen. Sie war nun auch bereit zurückzutreten und die Verantwortung für das Geschäft ihm zu übertragen. Sie würde es ihm sagen, wenn sie jemals sicher wieder hier herauskamen.

Clement und Ditus gingen jetzt als erste durch die Tür, deren Riegel während des Erdbebens zerbrochen waren, und standen den Gefangenen gegenüber. Lydia konnte noch nicht in den Raum hineinblicken, doch sie hörte Paulus im Befehlston rufen: „Tu dir nichts an! Wir sind alle noch hier."

Lange Zeit war es still. Dann hörte Lydia das Klirren von Metall auf Stein. Ihr war klar: Clement hatte sein Schwert fallen lassen. Die beiden Soldaten vor ihr traten jetzt ein wenig zur Seite. So konnte sie im flakkernden Schein der Lampen sehen, was vorging. Clement kniete vor Paulus. Kniete! — Der starke Clement! Mit gebrochener Stimme fragte er demütig: „Ihr Herren, was muß ich tun, um gerettet zu werden?" Lydia schloß die Augen, weil ein plötzlicher Tränenstrom daraus hervorstürzte. Als sie sich ein wenig gefaßt hatte und die Augen wieder öffnete, sah sie etwas, das sie noch mehr erstaunte: Neben Clement kniete Ditus. Auf seinem zu Paulus erhobenen Gesicht lag der Ausdruck tiefer Verehrung.

„Ja", sagte Ditus, und seine junge Stimme bebte dabei, als er jetzt Clements Worte wiederholte: „Was muß ich tun, um gerettet zu werden?"

Paulus warf Lydia einen kurzen Blick zu, ehe er die beiden vor ihm Knienden ansprach. In seinem Gesicht waren Triumph, tiefe Freude und Freundlichkeit zu lesen. Er wandte sich Clement zu, aber seine Hand ruhte dabei auf Ditus' Kopf. „Glaube an den Herrn Jesus Christus", sagte er, „so wirst du und dein Haus gerettet werden."

„Dann sollten wir auch getauft werden", erklärte Clement laut, während er sich mühsam wieder erhob. „So hast du es doch den anderen Gefangenen heute erklärt."

„Ich sehe, daß du schlimm verwundet bist", sagte Paulus. „Du solltest die Wunde von Lukas auswaschen und nähen lassen."

„Gern, aber nicht hier unten", antwortete Clement. „Das Gefängnis mag durch das Erdbeben so stark beschädigt sein, daß es nicht mehr sicher ist. Kommt alle mit in mein Haus. Jeder von euch." Seine Handbewegung schloß die ganze Gruppe ein. „Da dann keine Gefangenen mehr hier sind, habe auch ich die Möglichkeit, das Gefängnis zu verlassen. Also kommt." Er schwankte ein wenig und legte haltsuchend seine Hand auf Ditus' Arm. Zu Lukas sagte er leise bittend: „Wenn du mir zuerst das Blut stillen könntest. Ich werde schwach durch den Blutverlust."

„Paulus könnte dich heilen", sagte Ditus.

Lydia blickte ihren Sohn erstaunt an. Sie mußte sich immer mehr wundern. War dies der Ditus, der fortwährend seine eigene wunderbare Heilung bestritten hatte?

„Nicht ich", erklärte Paulus streng. „Ich habe in meinem ganzen Leben noch niemand geheilt. Nur Gott kann heilen. Lukas kann mit dieser Wunde gut fertig werden. Aber bei dir, mein Junge, mußte einer eingreifen, der über größere Macht und Möglichkeiten verfügt als wir Menschen."

Ditus lächelte. Und Lydia bemerkte überrascht, wie auch Paulus' Gesicht unter einem leisen Lächeln sanft wurde. „Eines Tages", versprach Paulus, während er Ditus' Arm nahm, um sich darauf zu stützen, als er die steilen Stufen hinaufstieg, „eines Tages wirst du mir Trost und Hilfe sein, wenn du noch etwas älter geworden bist und wenn Gottes Zeit dafür gekommen ist."

„In der Zwischenzeit", hörte Lydia sich laut verkünden, „bis du ihn brauchst, Herr, mußt du ihn bei mir lassen, damit er das Geschäft übernehmen kann, das ihm rechtmäßig zusteht."

Ditus' Gesicht strahlte vor Freude, und in Paulus' Augen lag ein warmer Schein der Anerkennung. „Das ist ein guter Entschluß, meine Freundin", nickte Paulus bestätigend. „Während der Junge ein erfolgreicher Geschäftsmann wird, hilfst du mir, hier in Philippi die Gemeinde aufzubauen."

*

Am östlichen Himmel zeigte sich schon die Morgendämmerung, ehe die ersten der in Clements Haus Versammelten daran dachten, sich auf den Weg zu machen. Paulus hatte ihnen Gottes Wort verkündigt, Fragen beantwortet und den Neubekehrten seinerseits Fragen gestellt. Syntyche, Clements verheiratete Tochter, hatte den Gästen Früchte, kleine Kuchen und Wein hingestellt. Lieder wurden gesungen; und Lydia hatte voll stiller Freude den Eifer auf Ditus' Gesicht beobachtet und bemerkt, wie nach und nach die Farbe in Clements Wangen zurückgekehrt war.

„Es ist schon bald Morgen“, sagte Lydia endlich. „Wir müssen gehen und uns für die Aufgaben dieses Tages zurechtmachen. Es gibt so viel zu tun. Es sind noch Vorbereitungen zu treffen für Rubens Beerdigung ...“

Paulus' Gesichtsausdruck ließ sie innehalten. „Ruben?“ fragte er.

„O, ich habe vergessen, daß du es ja nicht wissen kannst. Ruben ist gestern abend gestorben.“ Ihre Stimme wollte ihr wieder versagen, als sie daran dachte.

„Er war ein großartiger alter Mann“, sagte Paulus warm. „Ein gesegneter Mann, der sich an das Gesetz hielt und mit Gott wandelte. Nun hat er auch noch Jesus Christus als seinen Herrn kennengelernt. Welch ein herrlicher Tag muß das gestern für ihn gewesen sein, als er zu seinem Herrn gegangen ist.“

„Aber ich werde ihn vermissen“, bemerkte Lydia bekümmert.

„Natürlich — wenn du es so willst.“

„Aber ist es nicht normal, traurig zu sein?“

Paulus zuckte mit den Achseln. „Für uns Menschen ist es normal, einmal traurig zu sein, und auch normal, einmal glücklich zu sein. Das ist nicht die

Hauptsache. Das Wichtigste ist, daß der Heilige Geist in uns in unserer Traurigkeit und in unserem Glück so wirken kann, daß dadurch immer Gottes Herrlichkeit zu sehen ist."

„Ich frage mich manchmal, ob ich dies alles wirklich richtig verstehen werde", meinte Lydia.

„Vielleicht – vielleicht auch nicht. Aber du darfst nie aufgeben, dich darum zu bemühen."

„Wenn sie es immer wieder versuchen muß", fragte Clement, der zu ihnen getreten war, „was ist dann mit uns, die wir noch gar nichts wissen?"

„Du wirst lernen und wachsen", antwortete Paulus. „Auch ich muß das beständig tun. Auch mir gelingt es nicht immer, Gott in allen Dingen Ehre zu machen. Auch ich versage manchmal und mache Fehler. Wir alle müssen uns von Christus noch belehren lassen und sind die Schüler unseres Meisters."

„Aber im Augenblick sind wir sehr müde Schüler", wagte Lydia in leicht scherzhaftem Ton zu sagen. „Wir benötigen dringend ein wenig Ruhe. Was wirst du tun, Paulus? Was soll ich tun?"

„Ich bleibe hier", erklärte Paulus entschlossen, „im sichersten Raum, den ich finden kann."

„Was ist, wenn Valleius den Befehl gibt, dich wieder in den Stock zu schließen?" fragte Lydia, der bei diesem Gedanken nicht wohl war.

„Wenn das Gottes Wille für mich ist", antwortete er, „dann werde ich eben wieder in den Stock zurückgehen. Doch ich kann nicht glauben, daß es Sein Wille sein soll. Würde Er uns sonst für nichts durch ein Erdbeben befreit haben?"

„Ich bin doch ein wenig besorgt", gestand Lydia.

„Habe keine Angst", tröstete Clement. „Ich werde zusehen, daß Paulus es gut hat. Und wenn er wieder in das Gefängnis muß, werde ich es ihm auch dort bequem und warm machen."

„Aber Valleius hat soviel Macht, um...“, begann Lydia.

„Lydia!“ Paulus’ Stimme war jetzt scharf. „Wann wirst du endlich lernen Gott zu vertrauen? Manchmal tust du Dinge, die mir zeigen, daß du wirklich glaubst, und im nächsten Augenblick sorgst du dich wieder, zweifelst an den guten Absichten Gottes und möchtest am liebsten alles selbst in die Hand nehmen.“

Sie fühlte sich getadelt. „Es tut mir leid“, flüsterte sie.

Clement lächelte. „Wir werden gemeinsam lernen, ja?“

Sie nickte und schämte sich gleichzeitig darüber, wie schnell sie sich trotz eines Tadels wieder beruhigen konnte.

„Können wir gehen, Mutter?“ Ditus trat mit besorgtem Gesicht zu ihnen. „Du siehst wirklich sehr müde und abgespannt aus.“

„Ich bin müde“, gestand sie. „Bringst du mich nach Hause?“

„Mache dir keine Sorgen, sondern lege dich ruhig schlafen“, sprach Paulus ihr Mut zu. „Es wird alles gut werden.“

„Und sehe ich dich bald wieder?“ fragte Clement leise.

Sie blickte ihn fest an und wußte dabei, daß ihre Antwort sehr wichtig war. „Bald und oft“, antwortete sie ruhig, ohne ihren Blick abzuwenden und auf Paulus oder Ditus zu schauen.

„Danke.“ Ein leises Lächeln machte seine Augen warm. Für einen Augenblick fühlte sie die Freundlichkeit und Zartheit der wahren Natur dieses Mannes, die gewöhnlich unter dem Kummer, den er zu leiden hatte, und unter der Härte, die sein Beruf nun einmal erforderte, verborgen blieb. Vielleicht kam einmal der Tag, wo er diese Freundlichkeit mit ihr teilen würde und sie dadurch so glücklich machte, wie sie für ihr Leben nie mehr wieder gehofft hatte.

Lydia gab Clements Lächeln zurück, nahm dann Ditus' Arm, um mit ihm zu gehen. Ein hartes Klopfen an der Tür ließ im nächsten Augenblick alle zur Bewegungslosigkeit erstarren.

„Valleius." Lydias Lippen formten den Namen fast unbewußt, während sie ängstlich Ditus anblickte.

Einer der anwesenden Soldaten öffnete die Tür. Draußen auf der Schwelle standen mehrere Polizisten.

„Was wollt ihr?" Die Stimme des Soldaten war ruhig, doch seinen zu Fäusten geballten Händen sah man die Spannung an.

„Uns schickt der römische Gouverneur Valleius Tatinius", sagte einer der Polizisten. Lydia war, als würde sich eine eiskalte Hand um ihr Herz legen. „Die römischen Behörden haben von dem Erdbeben gehört, das im Gefängnisgebiet stattgefunden hat, obwohl in der ganzen übrigen Stadt nichts davon zu spüren war. Angesichts dieses ganz außergewöhnlichen Ereignisses hat die römische Verwaltung ihr Urteil über die jüdischen Gefangenen geändert."

Niemand im Raum bewegte sich. Man könnte meinen, es stünden hier nur Statuen aus Stein, dachte Lydia. Die Stille war so tief, daß alle sogar den Atem anzuhalten schienen.

„Die Gefangenen sollen unverzüglich freigelassen werden", verkündete der Polizist völlig unerwartet mit lauter Stimme.

Lydia fühlte, wie Erleichterung und Freude sie durchflutete. Sie blickte ihren Sohn an und erkannte in seinen Augen die gleichen Gefühle. „Hast du das gehört?" flüsterte sie. Ditus nickte. Beide wandten sich Paulus zu, um zu sehen, wie er auf dieses neue Wunder Gottes reagieren würde.

Doch Paulus blickte den Polizisten kühl und ein

wenig verächtlich an. „So, so“, meinte er, „die römischen Beamten haben also Polizisten geschickt, um uns freizulassen. Aber wenn wir uns nun weigern zu gehen, was geschieht dann?“

Überall hörte man Schnaufer und Ausrufe des Unglaubens, und in allen Gesichtern stand höchste Verwunderung.

„Sie haben uns ohne ordentliche Gerichtsverhandlung und ohne ein rechtmäßiges Urteil öffentlich auspeitschen lassen und dann in das Gefängnis geworfen“, fuhr Paulus fort, „obwohl wir römische Bürger sind.“

Das Staunen rundum wurde noch größer. Lydia vergaß vor Überraschung fast zu atmen.

Paulus fuhr hart und scharf fort: „Und nun senden sie euch und möchten uns gern heimlich fortschicken. So geht das nicht!“

„Aber du hast doch nicht gesagt, daß du ein römischer Bürger bist“, wandte einer der Polizisten ein.

„Habe ich das nicht? Woher willst du das wissen? Wärest du dort gewesen, hättest du meine Proteste wahrscheinlich auch nicht gehört. Das aufgeputschte Volk machte ja einen solchen Lärm, daß meine Worte völlig untergingen. Ich habe versucht es zu sagen, doch niemand hörte auf mich.“

Lydia erinnerte sich jetzt daran, daß sie gesehen hatte, wie Paulus' Lippen sich bewegten, ehe er die Schläge erhielt. Er hatte recht mit seinen Worten. Sie hatte damals zwar geglaubt, er bete, doch er hatte protestiert. „Kannst du deine Behauptung beweisen?“ fragte ein anderer der Polizisten.

„Natürlich“, antwortete Paulus kühl. „Ich bin doch nicht so närrisch, so etwas zu sagen, wenn ich es nicht beweisen kann. Jetzt geht und sagt den römischen Beamten, daß sie einen römischen Bürger ohne ordentliche Gerichtsverhandlung auspeitschen und in den

Stock schließen ließen. Nur eine öffentliche Entschuldigung könnte mich vielleicht davon abhalten, diese Sache vor das höchste Gericht in Rom zu bringen. Ich bin da noch nicht ganz sicher."

Die Polizisten standen verwirrt an der Tür. Dann wandten sie sich um und gingen, ohne ein weiteres Wort zu sagen.

„Ein römischer Bürger?" fragte Clement fast flüsternd.

Paulus lächelte grimmig. „Ja, ein römischer Bürger", nickte er. Zu Ditus gewandt, drängte er: „Jetzt wird es aber Zeit, daß du deine Mutter heim bringst. Sie braucht dringend Ruhe. Wenn ich mich nicht sehr irre, wünscht sich Valleius Tatinius jetzt dringend, er hätte nie etwas von Saulus von Tarsus gehört."

Lydia fühlte sich von den erstaunlichen Ereignissen beschwingt und schritt schweigend, aber frohgemut durch die morgendliche Dämmerung. Es war Ditus, der endlich die Stille unterbrach und fragte: „Hast du es wirklich so gemeint?"

„Was habe ich gemeint?"

„Nun das, was du über das Geschäft gesagt hast."

„Ich frage mich jetzt nur noch", gab sie ehrlich zu, „warum ich so lange gewartet habe."

Ditus blieb stehen und blickte sie voller Freude an. „Vielen Dank", sagte er endlich.

„Bedanke dich nicht bei mir", sagte sie und fuhr fort: „Ich möchte nur, daß du weißt, daß ich mich dazu entschlossen hatte, ehe du getauft wurdest. Als ich während des Erdbebens und nach Clements Verletzung sah, wie du die Dinge in die Hand nahmst und alle dir gehorchten, begriff ich erst, daß du wirklich schon ein Mann bist, der mit Schwierigkeiten fertig werden kann. Glaubst du mir das?"

Er nickte, ohne zu antworten. Dann beugte er sich plötzlich vor und küßte sie, ohne einen Augenblick zu überlegen, was die Leute denken mochten, die so früh am Morgen schon auf den Straßen zu sehen waren.

Kapitel 25

Lydia, Minta und Ditus saßen an einem sonnigen Platz im Atrium, frühstückten und unterhielten sich über die turbulenten Ereignisse des vergangenen Tages und der Nacht.

„Wir haben hier nichts von einem Erdbeben verspürt", meinte Minta mit erstaunten Augen. „Ich habe kaum schlafen können, nachdem David mich nach Hause gebracht hatte, also hätte ich es gemerkt. Ich weiß, daß es manchmal Erdbeben gibt, die auf kleine Gebiete beschränkt bleiben, aber was gestern nacht geschehen ist, scheint nicht normal zu sein. Oder?"

„Nein, es war nicht normal", bemerkte Ditus ruhig. „Es war ganz offensichtlich ein Wunder."

Mintas Kopf fuhr herum. Sie blickte ihren Bruder erstaunt an. „Was hast du gesagt?" stieß sie hervor.

„Ich sagte, es war ein Wunder." Ditus war immer noch ganz ruhig, doch in seinen Augen zeigte sich verstecktes Lachen, während er Minta anblickte.

„Meint er, was er sagt?" Minta blickte fragend zu ihrer Mutter. „Meint er, wenn er »Wunder« sagt, wirklich das gleiche, was wir damit meinen?"

Lydia nickte. Sie wußte, daß ihre Augen dabei vor Glück strahlten und war von einem tiefen Frieden erfüllt. „Ja, er meint es so. Paulus hat ihn gestern nacht getauft."

„O Ditus!" Minta warf sich in die Arme ihres Bruders. „Noch nie in meinem Leben war ich so glücklich." Doch dann setzte sie sich mit nüchternem Gesichtsausdruck wieder auf ihren Platz und fügte hinzu: „Wie kann ich mich so glücklich fühlen, wo doch Ruben gestorben ist und Paulus immer noch im Gefängnis sitzt?"

Lydia blickte ihre Tochter nachdenklich an. Langsam begann sie eine große Wahrheit zu erkennen. „Ich glaube, wir können manchmal auch im Glauben glücklich sein", sagte sie langsam und suchte dabei nach den richtigen Worten. „Mir fällt es auch schwer, das zu lernen. Paulus hat mich schon zweimal belehrt — nein, eher ermahnt — dieserhalb. Auch ich scheine immer erst eine positive Lösung für alles sehen zu müssen, ehe ich in der Lage bin, mich zu entspannen und zu freuen. Doch manchmal müssen wir einfach Gott vertrauen und alle Dinge in Seine Hand legen, auch wenn wir noch keine Lösung unserer Probleme sehen."

„Wie kannst du das?" fragte Ditus. „Woher weißt du, was Gott von dir möchte — oder auch nur, daß alles, was Gott will, dich wirklich froh und zufrieden machen wird?"

„Ich weiß es nicht", antwortete Lydia nachdenklich. „Wenn ich Paulus richtig verstanden habe, ist es eine Frage unseres Vertrauens zu Gott. Wenn wir glauben, daß Er es wirklich immer gut mit uns meint, können wir auch die Dinge getrost annehmen, die wir nicht verstehen oder die uns nicht gefallen. Und der Heilige Geist, so sagt Paulus, gibt uns dann im Herzen die Bestätigung, daß wir richtig gehandelt haben und im Willen Gottes sind."

„Hattest du auch das Gefühl, du handelst richtig, als du das Geschäft mir übertragen hast?“ fragte Ditus.

„Seit dein Vater gestorben ist, war ich in einer geschäftlichen Entscheidungen noch nie so überzeugt, daß sie richtig war, wie diesmal“, erklärte Lydia. Zu Minta gewandt, fuhr sie fort: „Mache kein so erstauntes Gesicht. Gewiß, es hat mir Freude gemacht, eine Geschäftsfrau zu sein. Ich war stolz darauf, das zu bewältigen, was eben getan werden mußte. Aber Ditus – Epaphroditus, ist mittlerweile zum Mann herangewachsen.“

„Aber seine Volljährigkeitsfeier muß doch erst noch stattfinden“, entgegnete Minta nachdenklich. „Wie wollen wir es denn mit den Geschenken halten, die dabei üblicherweise den römischen Göttern dargebracht werden? Sicher seid ihr auch der Meinung, daß wir das nicht tun können. Und Ditus hat noch nicht einmal jemand, der dabei die Vaterstelle vertritt.“

Ditus sagte froh: „Mutter, ich glaube, Paulus könnte mir die »Toga Pura« umlegen. Er ist ein römischer Bürger.“

„Das könnte er wohl, aber ihm werden die Zeremonien dabei nicht gefallen“, gab Lydia zu bedenken.

„Natürlich nicht“, nickte Ditus. „Ich kann sie ja auch nicht mehr gutheißen. Doch wir können ja unsere eigene Feier machen – eine ganz einfache, mit einer Opfergabe an den einzig wahren Gott.“

Ditus' Augen leuchteten bei diesen Worten, und Lydia hatte plötzlich eine Vorahnung. Eines Tages würde Gott ihren Sohn rufen, hinaus in ein Leben voller Gefahren. „An welches Opfer hast du gedacht?“ fragte sie, obwohl sie die Antwort schon zu wissen glaubte.

„Ich dachte, ich sollte Gott mein Leben opfern“, sagte Ditus schlicht. „Eines Tages – jetzt natürlich noch nicht, denn ich habe noch viel Arbeit zu bewältigen und muß noch viel lernen –, doch eines Tages will ich Paulus folgen und mit ihm gemeinsam Gott dienen. Könnte ich Gott dafür nicht jetzt schon mein Leben zur Verfügung stellen?"

Lydia nickte. „Ich bin sicher, Gott wird dieses Opfer annehmen", sagte sie langsam.

Kora betrat das Atrium. „Herrin, an der Tür steht ein Tatinius-Sklave. Er weigert sich, mir zu sagen, was er will. Er besteht darauf, dich zu sprechen."

„Ich werde mich darum kümmern", bot Ditus an.

„Gut, tue es", nickte Lydia. Plötzlich kam ihr ein Gedanke. „Es könnte eine Nachricht von Fulvia sein, Ditus. Ist es so, dann komme ich selbst. Sie könnte dem Sklaven eingeschärft haben, nur mir persönlich zu sagen, was sie auf dem Herzen hat."

Ditus nickte und ging schnellen Schrittes zum Tor.

„Er hat sich sehr verändert", staunte Minta, die ihrem Bruder nachblickte.

„Herrin", mischte sich Kora besorgt ein, „du machst einen sehr erschöpften Eindruck. Du willst heute doch hoffentlich nicht in das Geschäft gehen?"

„Ich werde in Zukunft gar nicht mehr oft gehen", eröffnete Lydia der staunenden Sklavin. „Ich habe Ditus das Geschäft übertragen und gehe nur noch, wenn er mich wirklich einmal braucht."

Koras Seufzer der Erleichterung kam aus so tiefem Herzen, daß man hätte darüber lachen können. „Herrin, meinst du das wirklich ernst? Dann wirst du wieder oft daheim sein und die Entscheidungen für den Haushalt selbst treffen? Das freut mich aber sehr."

Lydia blickte erstaunt auf ihre Sklavin. „Willst du damit sagen, Kora, daß ich dir das Leben durch meine Aufgaben im Geschäft zu schwierig gemacht habe? Das tut mir leid."

„Es ist meine Aufgabe, alles zu erledigen, was

getan werden muß“, antwortete Kora spröde. Doch die Freude in ihren Augen strafte den Ton ihrer Stimme Lügen.

In diesem Augenblick kam Ditus zurück. „Mutter, du hattest recht. Es ist eine Nachricht von Fulvia. Sie sei allein für deine Ohren bestimmt, sagt der Sklave. Er benimmt sich dabei, als habe er große Angst.“

Lydia erhob sich steif. Sie fühlte Müdigkeit und Schmerzen in fast allen Teilen ihres Körpers. So fühlte man sich wohl, wenn man alt wird, dachte sie. Kein Wunder also, daß Ruben nicht erschrocken war, wenn er an den Tod dachte. Welch törichte Gedanken sind das? ermahnte sie sich selbst. Besser wäre es, du würdest dich auf Fulvias Botschaft konzentrieren. Doch war es nicht ein Zeichen ihres neuen Glaubens, daß sie neben den augenblicklichen Sorgen noch Zeit hatte, an andere Dinge zu denken?

Der Sklave stand direkt innerhalb des Tores und blickte fortwährend über die Schulter zurück auf die Straße hinaus. „Herrin“, sagte er erleichtert, als Lydia erschien.

„Deine Herrin hat dich mit einer Nachricht zu mir gesandt?“

„Ja. Sie möchte dich wissen lassen, daß mein Herr Valleius Tatinius beabsichtigt, im Laufe des Vormittags zum Gefängnis zu gehen. Meine Herrin Fulvia ist nicht sicher, welche Pläne er hat. Doch sie dachte, du solltest es wissen.“

„Vielen Dank“, antwortete Lydia. „Sage ihr bitte, ich wisse es zu schätzen. Halt – warte“, fuhr sie schnell fort, weil der Sklave sich anschickte zu gehen. „Bestelle ihr noch, Rubens Beerdigung fände heute bei Sonnenuntergang statt. Früher ist es nicht möglich. Vergiß es bitte nicht. Auch wenn sie selbst wohl nicht kommen kann, möchte ich doch, daß sie es weiß.“

„Du kannst dich auf mich verlassen, Frau Lydia“,

versicherte der Sklave. Nochmals warf er einen besorgten Blick auf die Straße, um sich zu vergewissern, daß niemand ihn beobachtete. Dann eilte er davon.

„Ich hatte gar nicht an Rubens Beerdigung gedacht", gestand Lydia ihren Kindern, als sie in das Atrium zurückkehrte. „Gerade eben fiel es mir wieder ein. Werden wir bis zur Abenddämmerung warten können?"

„Ja", nickte Minta. „Miriam hat alle Vorbereitungen getroffen. Sie hat ihn einbalsamiert und in die Grabtücher gewickelt. Ich — nun ich habe ihr dabei geholfen."

„Du?" staunte Lydia.

„Ja. Ich wußte, daß du mit wichtigeren Dingen beschäftigt warst. Da schien es mir, daß ich helfen sollte, so gut ich konnte. Es hat mir auch gar nichts ausgemacht, ihn zu berühren. Ich habe immer daran gedacht, daß der Ruben, auf den es wirklich ankommt, doch schon zu Jesus gegangen ist."

Mintas Lippen zitterten, und ihre Augen füllten sich mit Tränen. Lydia legte einen Arm um ihre Schulter und zog sie an sich. „Mir scheint, daß meine beiden Kinder schon richtig erwachsen geworden sind", sagte sie. „Ich bin stolz auf euch."

„Was sollen wir mit Frau Fulvias Nachricht anfangen?" fragte Ditus. „Möchtest du, daß ich zum Gefängnis gehe?"

„Nein. Du mußt dich beeilen, ins Geschäft zu kommen", antwortete Lydia. Schnell fügte sie hinzu, als sie merkte, daß sie schon wieder dabei war, Befehle an Ditus zu erteilen: „Meinst du nicht auch, daß dies notwendig und besser ist? Clement ist im Gefängnis und wird Paulus die nötige Unterstützung geben. Ich werde mich erst ein wenig frisch machen und mich umziehen. Dann beeile ich mich, auch nach dort zu gehen."

„Solltest du das wirklich tun?", gab Ditus zu bedenken. „Gerade dich will Valleius ja mit seinem Zorn treffen. Mich nicht."

„Ich glaube, ich habe das zu tun", erklärte Lydia mit ruhiger Gewißheit. „Mach dir keine Sorgen, Ditus. Gott wird mich bewahren."

Ditus blickte sie forschend an. Was er in ihrem Gesicht sah, beruhigte ihn. „Also gut", stimmte er zu. „Ich werde jetzt ins Geschäft gehen. Aber zur Mittagszeit komme ich ins Gefängnis, um zu sehen, wie die Dinge dort stehen."

„Wenn du uns dort nicht mehr findest", sagte Lydia, „dann komm hier nach Hause."

„Ich beneide dich um deinen festen Glauben", bemerkte Ditus anerkennend.

Genau das habe ich vor nicht langer Zeit manchmal von Rubens Glauben gedacht, überlegte Lydia. Aber Glaube ist etwas, das wächst. Und man kann scheinbar auch davon weitergeben. Ohne die Hilfe Rubens, Fulvias und Paulus' wäre ihr eigener Glaube wohl auch noch klein und verzagt. Vielleicht konnte sie nach und nach an Ditus weitergeben, was sie selbst empfangen hatte.

Kora brachte ein Becken mit warmem Wasser. Lydia wusch sich schnell. Sie sehnte sich nach dem Komfort eines Bades, hatte aber an diesem Tag keine Zeit, sich diesen Luxus zu leisten. Unter Koras geschickten Händen begann sie langsam wieder zu der gepflegten Frau zu werden, als die man sie kannte. Während sie still saß, damit Kora ihre Frisur in Ordnung bringen konnte, arbeiteten ihre Gedanken. Sie wurde an Clement erinnert. Was genau hatte ihr der kurze Blick von Zärtlichkeit gesagt, mit dem er sie angeschaut hatte? Sie hatte sicherlich ein sehr unordentliches, müdes und sorgenvolles Aussehen gehabt, aber ihm hatte sie gefallen. Und was hatte sie selbst gemeint, als sie gesagt hatte, sie hoffe, ihn bald und oft wiederzusehen? War sie bereit, noch einmal einen Mann zu lieben?

„Kora“, unterbrach sie die Stille, „Paulus ist nicht verheiratet. Lukas, Silas und Timotheus wohl ebenfalls nicht. Hattest du je den Eindruck, daß Paulus denkt, eine Heirat sei falsch?“

„Nicht falsch, Herrin“, sagte Kora, während sie eifrig weiter an Lydias Haaren arbeitete. „Er meint vielleicht, sie sei nicht mehr nötig. Wenn Jesus bald wiederkommt, werden die Menschen nicht mehr heiraten, denke ich. Meinst du, daß Paulus dies in manchen Dingen, die er sagte, andeuten wollte?“

Kora war wohl in all den Jahren schon so verständig und voller Weisheit gewesen, überlegte Lydia. Doch das war bisher hinter der dicken Mauer, die nun einmal die Sklaven von ihren Herren trennte, verborgen geblieben. Wie gut, daß Paulus' Belehrungen diese Hindernisse zerstörten.

Sie sann über Koras Worte nach. „Vielleicht“, räumte sie ein. „Doch was ist, wenn jemand heiraten möchte?“

„Auch ich bin noch eine Neubekehrte“, erinnerte Kora ihre Herrin. „Doch ich könnte mir denken, daß es darauf ankommt, unter welchen Umständen man Gott am besten dienen kann. Die Frage wäre wohl, ob du als verheiratete Frau für die Nachfolger Jesu mehr tun könntest als jetzt, da du Witwe bist.“

Lydia versuchte gar nicht erst vorzugeben, es ginge ihr nur um einen allgemeinen Meinungsaustausch. „Es gäbe sicher weniger Gerede“, sagte sie nachdenklich und mit leiser Stimme, als rede sie nur mit sich selbst. „Wenn die Nachfolger Jesu in ein Haus kommen, in dem es einen Hausherrn gibt, kann nicht mehr soviel darüber geklatscht werden. Ditus könnte natürlich dieser Hausherr sein, aber...“

„Ditus ist noch jung und wird vielleicht eines

Tages einen eigenen Haushalt gründen wollen", gab Kora zu bedenken. „In unserer Zeit ist es für eine Frau nicht gut, allein zu sein."

Lydia senkte ihren Blick und betrachtete angelegentlich ihre Hände. Wäre es möglich, daß sie Gott diente und trotzdem noch einmal die Freude und Erfüllung einer Ehe erleben sollte? Sollte man nicht um des Glaubens an Jesus willen auch Opfer bringen?"

Kora sagte leise: „Paulus erzählte einmal, Jesus habe zu Seinen Nachfolgern gesagt, daß alle, die zu Ihm kommen, ein erfüllteres Leben haben sollen. Ich glaube, es würde sich lohnen, einmal über diese Worte nachzudenken."

„Vielen Dank, Kora." Lydia streichelte leicht die Hand der Sklavin. „Du hast wieder großartige Arbeit geleistet. Ich sah heute wirklich sehr unordentlich aus. Aber jetzt ist alles wieder bestens. Bitte doch Pyrus, zu kommen. Er soll mich ins Gefängnis begleiten."

„Ich – ich mache mir Sorgen", gestand Kora. „Ich wollte, du brauchtest nicht zu gehen."

„Du brauchst keine Angst zu haben. Ich weiß, daß Gott mit mir ist, was auch immer geschehen mag. Würdest du dich in der Zwischenzeit darum kümmern, daß im Haus alles in Ordnung ist. Sieh zu, daß in Paulus' und Silas' Räumen neue Blumen stehen. Sie brauchen ein wenig Freude nach der Trostlosigkeit des Gefängnisses."

„Bist du so sicher, daß sie zurückkommen werden, Herrin?"

„Mir scheint, mein Glaube kann jetzt viele Dinge besser umfassen und mir innerlich Gewißheit schenken", antwortete Lydia leise.

*

Sie hatte die Stadt schon halb durchquert, als sie sich plötzlich gedrungen fühlte, doch noch zum Geschäft zu gehen. Ditus wird denken, ich traue ihm nicht, versuchte sie sich zu überzeugen. Doch der innere Drang blieb. Wenn es Gott ist, der zu mir redet, dann muß ich gehorchen, sagte sie sich und schlug den Weg zum Geschäft ein.

Als sie unter die Stoa trat und sich anschickte, den Geschäftsraum zu betreten, hörte sie von drinnen Valleius' Stimme.

„Wo ist deine Mutter?" fragte er scharf.

Ditus' Stimme klang ruhig und sicher. „Sie ist daheim und ruht sich aus. Aber sie wird vielleicht bald ausgehen, da sie heute noch viel zu erledigen hat. Sie muß sich um die Befreiung von Paulus kümmern und um Rubens Beerdigung."

„Warum ist sie nicht hier?"

„Sie hat die Verantwortung für das Geschäft mir übertragen", erklärte Ditus. „Ich beabsichtige, sie so wenig wie möglich mit geschäftlichen Problemen zu belästigen."

Für einige Augenblicke herrschte Stille. Als Valleius sprach, hatte seine Stimme einen verächtlichen Klang angenommen. „So, so — sie hat ihr Geschäft also einem Kind übergeben."

„Ich werde morgen siebzehn Jahre alt, Herr", sagte Ditus unerschütterlich. „Ich bin dann nach den römischen Gesetzen ein Mann. Doch ich denke, das brauche ich dir nicht zu sagen, denn du kennst alles, was mit den römischen Gesetzen zusammenhängt, doch sicher sehr genau."

In Ditus' Worten schien eine versteckte Drohung zu liegen. Wagte er es etwa, Valleius daran zu erinnern, daß seine Behandlung von Paulus und Silas sich nicht recht mit den römischen Gesetzen vertrug und ihm ernstliche Schwierigkeiten bringen konnte?

„Er ist ein tapferer Junge“, flüsterte Pyrus hinter ihr.

„Ein tapferer Mann, wolltest du sagen“, flüsterte sie zurück. „Komm, wir werden hier nicht gebraucht. Ich möchte nicht, daß sie uns entdecken.“

Festen Schrittes ging sie die Straße hinunter. Durch die Unterhaltung, der sie zugehört hatte, war sie noch mehr gestärkt worden, und ihre Zuversicht war weiter gewachsen. Ditus' Mut war erstaunlich. Sie stellte fest, daß sie sich vor Valleius und all dem, was er tun könnte, nicht mehr fürchtete.

Kapitel 26

„Valleius wird bald erscheinen“, verkündete Lydia, als sie das Gefängnis erreichte. „Ich glaube, er ist jetzt schon auf dem Weg nach hier.“

Paulus saß mit gechlossenen Augen müde nach vorn gebeugt auf einem Stuhl. Seinem Gesicht war anzusehen, daß er Schmerzen hatte.

Bei Lydias Worten blickte er auf. „Valleius ist für uns keine Gefahr mehr“, sagte er. „Er hat die römischen Gesetze gebrochen und hat gar keine andere Wahl, als sich zu entschuldigen.“

„Dir gegenüber schon“, wandte Lydia ein. „Ich frage mich aber, wie er sich mir gegenüber verhalten wird. Nein, Sorgen mache ich mir deshalb natürlich nicht“, fügte sie hastig hinzu und bemerkte voller Freude, daß Paulus zustimmend nickte.

Von der Tür her waren Geräusche zu hören. Alle blickten in die Richtung und sahen Valleius mit dem anderen römischen Richter, der ihn auch am Vortage auf dem Marktplatz begleitet hatte, eintreten.

„Ich habe Polizisten mit der Nachricht zu euch gesandt, daß ihr frei seid“, erklärte Valleius steif, aber mit harter Stimme. „Warum seid ihr immer noch hier?“

„Du hast uns öffentlich auspeitschen lassen“, erwiderte Paulus ebenso hart. „Du hast uns ohne ordentliche Verhandlung ins Gefängnis gebracht und befohlen, uns in den Stock zu schließen. Damit hast du die Gesetze Roms übertreten, die bestimmen, daß jedem römischen Bürger eine ordentliche Verhandlung zusteht. Und nun erwartest du von uns, daß wir uns heimlich vor der Morgendämmerung davonschleichen — und damit vielleicht gar noch das Leben des Gefängniswärters aufs Spiel setzen. Du unterschätzt mich aber gewaltig.“

Valleius’ Gesicht war rot angelaufen und hatte sich zu einer häßlichen Grimasse verzerrt. „Also gut — ich bin gekommen, um dich öffentlich freizulassen. Nun verschwindet hier und verlaßt unsere Stadt.“

„Und was ist mit dem Gefängnisaufseher?“ fragte Paulus kühl.

Lydias Herz pochte heftiger.

„Er untersteht nicht mir“, gab Valleius zögernd zu. „Allein das Militär kann über ihn bestimmen. Wenn er seinen Posten nicht verließ und auch keine Gefangenen verloren hat, ist er wahrscheinlich schuldlos.“

„Habt ihr das alle gehört?“, wandte sich Paulus fragend an die Soldaten, die im Raum standen.

Sie nickten eifrig. „Ja, Herr.“

Paulus erhob sich steif. „Dann werden ich und meine Freunde euch nun mit Valleius Tatinius’ ausdrücklicher Genehmigung verlassen.“

„Halt!“ bellte Valleius grob. „Nuba ist kein römischer Bürger, sondern mein Sklave. Er bleibt hier.“

Mitleid stand jetzt in Paulus’ Augen. Er legte Nuba die Hand auf den Arm und sagte: „Verzweifle nicht, mein Sohn. Wir werden für dich beten.“

Nubas Gesichtszüge waren völlig ruhig. „Es ist schon in Ordnung. Ich habe in den vergangenen Stunden mehr Freude erfahren, als ich je glaubte für mein

Leben zu finden. Ich bin als ein wirklicher Mann behandelt worden, und ihr habt mir den Weg zu Gott gezeigt."

Nun blickte Nuba seinem Herrn fest in die Augen. „Ja, mein Herr", nickte er, „du hast mir wirklich mehr Freiheit eingeräumt, als viele andere Herren getan hätten. Und ich habe diese Freiheit mißbraucht, um Erosa bei ihrer Flucht zu helfen. Was du über mich bestimmen wirst, mein Herr, ist nur gerecht."

Alle standen schweigend und wunderten sich über die Aufrichtigkeit und den Mut, den Nuba zeigte. Wenn Gott einen Sklaven so stärken kann, der mit den härtesten Strafen rechnen muß, dachte Lydia bewegt, dann sollte ich wirklich nie mehr an Seiner Kraft zweifeln.

Valleius hielt dem Blick seines Sklaven nicht stand. Er schlug die Augen nieder, wandte sich dann an die Soldaten und befahl: „Bringt ihn wieder in den Kerker. Aber legt ihn nur in Ketten, schließt ihn nicht in den Stock."

„Das wäre auch nicht möglich, Herr, denn die Stöcke sind bei dem Erdbeben alle zerbrochen", antwortete einer der Soldaten.

Valleius wurde ganz blaß. Seine Augenlider zuckten nervös. Er hat Angst, dachte Lydia. Ich habe ihn noch nie furchtsam gesehen. Aber er hat wohl begriffen, daß hier ein Größerer als er selbst und alle Macht Roms am Werke war.

„Kümmert euch darum, daß sie repariert werden!", befahl Valleius kurz und ging davon.

Die Soldaten führten Nuba fort. Der Sklave lächelte den Zurückbleibenden abschiednehmend zu. Das hatte Ruben wohl gemeint, als er vor längerer Zeit einmal von seinen eigenen Schwierigkeiten gesprochen hatte. Das Leben ist auch für die Gläubigen nicht perfekt, hatte er gesagt. Doch Gott gibt immer die Kraft, die nötig ist, alle Schwierigkeiten zu ertragen.

„Können wir jetzt auch gehen?" wandte sich Lydia bittend an Paulus.

Als er ihre Stimme hörte, fuhr Valleius herum und kam die wenigen Schritte, die er schon gegangen war, wieder zurück. „Was tust du hier?" fuhr er sie an.

„Ich warte nur, bis meine Gäste wieder frei sind, damit sie in mein Haus zurückkehren können", entgegnete sie fest.

Valleius starrte sie zornig an. Doch sie erwiderte seinen Blick, ohne mit der Wimper zu zucken. Ich fürchte mich wirklich nicht mehr vor ihm, stellte sie fest. Sie hatte so große Angst gehabt, er könne ihr Geschäft ruinieren, ihren guten Ruf zerstören und ihre Freundschaft mit Fulvia zerbrechen, daß ihre Feigheit sie gelähmt und mutlos gemacht hatte. Doch Valleius brauchte einen Purpurhändler in Philippi. Das hatte Fulvia ihr schon vor langer Zeit einmal gesagt. Er mochte zwar zornig auf sie sein, aber sein Verstand würde ihm sagen, daß er sich selbst schadete, wenn er Aurelius Geschäft — nein, es war ja Ditus' Geschäft —, nun jedenfalls, wenn er ihr Geschäft ruinierte. Und was ihre Freundschaft mit Fulvia anging? War Valleius nicht längst von Erosa gewarnt worden, daß er daran nichts ändern konnte? Es ist alles wahr, dachte Lydia. Er wird mir nichts anhaben können.

„Wir sind noch nicht fertig miteinander", murmelte er zornig.

Lydia empfand in ihrem Herzen heitere Gelassenheit und tiefen Frieden. Sie wußte — ihre Furchtlosigkeit machte ihn hilflos. Es war ihre Angst gewesen, die ihm eine gewisse Macht über sie gegeben hatte. „Ich werde für dich beten", sagte sie ruhig, als Valleius sich abwandte und zornig davonstampfte.

„Ich sehe, daß du lernst", sagte Paulus zufrieden. „Wenn wir Philippi verlassen, brauche ich mir keine

Sorgen zu machen um die junge Gemeinde hier. Ich weiß, daß Lydia und Clement und Epaphroditus sie sicher und stark weiterführen werden."

Seine Worte erinnerten Lydia an etwas, das er gesagt hatte, als er das erste Mal in ihr Haus gekommen war. „Du dachtest, dein Besuch in Philippi würde deine Seele trösten und dir eine Zeit der Ruhe bescheren", sagte sie. „Stattdessen hat es hier nur Schwierigkeiten und Verfolgungen für dich gegeben."

Paulus schüttelte den Kopf. „Das stimmt nicht. Es hat keine Verfolgung für die junge Gemeinde gegeben, die wir aufbauten. Auch mit den Juden der Stadt hatten wir keine Schwierigkeiten. Und unter den Neubekehrten gab es keinen Ärger und keinen Streit. Ich werde an Philippi allezeit mit Liebe zurückdenken."

Lydia lächelte und schickte sich an, den Raum zu verlassen. In diesem Augenblick bemerkte sie Clement, der mit dick verbundenem Kopf in einer Ecke stand. Seine Gesichtszüge waren ganz ruhig.

Lydia blieb einen Augenblick wie angewurzelt stehen und suchte nach Worten. Endlich sagte sie: „Morgen, kurz nach Sonnenaufgang, werden wir Ditus' Volljährigkeitsfeier begehen. Wirst du kommen?"

Clements Gesicht verzog sich zu einem breiten Lächeln. „Wie sollte ich es versäumen können", antwortete er. „Der Junge ist mir doch wie ein Sohn ans Herz gewachsen."

Freudig nickte sie ihm zu. "Also dann — bis morgen", flüsterte sie und verließ den Raum.

*

Die Beerdigung bei Sonnenuntergang war einfach. David hatte eine Grube ausgehoben, in die Rubens Körper unter andächtigem Schweigen gelegt wurde.

„Ganz gewiß sage Ich dir", zitierte Paulus die Worte Jesu, „du wirst mit Mir im Paradiese sein."

Lydia spürte die Tränen, die ihr über das Gesicht liefen. Doch es war keine Bitterkeit in ihrer Trauer, kein zorniges Aufbegehren über unverstandene Schicksalsschläge, und auch nicht das schreckliche Gefühl der Einsamkeit, das sie beim Tod von Aurelius empfunden hatte.

„Amen!" sagten die Versammelten zu Paulus' Worten.

Paulus hatte verboten, berufsmäßige Klageweiber zu bestellen, die sonst mit ihrem schrillen Gejammer und dem Zerreißen ihrer Kleider oft bei solchen Trauerfeiern anwesend waren. „Er soll in Frieden in die Erde gebettet werden", hatte Paulus gesagt. „Denn er ist im Frieden Jesu und in der Hoffnung auf die Auferstehung Jesu Christi gestorben."

Hoffnung? Paßte dieses Wort überhaupt zu einer Beerdigung, hätte Lydia früher gefragt. Nun schien es ihr, als sei es das einzige Wort, das überhaupt paßte.

In der Dämmerung gingen sie alle zu Lydias Haus zurück. Die Hitze des Frühlingstages war einem kühlen Abendwind gewichen, den jeder angenehm empfand. Lydia lehnte sich auf Ditus' Arm und war bei ihrer Müdigkeit dankbar für diesen Halt.

„Minta hat sich in David verliebt", sagte sie in vertraulichem Ton zu ihrem Sohn. Sie wunderte sich selbst, daß sie gerade jetzt darauf kam. Die Worte waren ihr einfach so entschlüpft.

Ditus nickte. „Natürlich – ich finde es eigentlich ganz selbstverständlich."

„Aber er ist arm", murmelte Lydia. „Sie werden nie fiel für ihr Leben haben. Und sie hat keinen Vater, der ihr eine Mitgift geben würde."

„Sie hat einen Bruder", erklärte Ditus fest. „Außerdem wird sie reich sein in Liebe und geborgen in der Fürsorge Gottes. Was könntest du noch mehr für sie wünschen?"

“Eigentlich nichts“, stimmte Lydia mit einem tiefen Gefühl der Befriedigung zu. Warum hatte sie nicht damit gerechnet, daß Ditus auch für diese Sache sorgen würde?

„Da du mit diesem Thema angefangen hast“, griff Ditus den Faden wieder auf, „würde ich auch gern noch einiges dazu sagen. Ich weiß, daß wir es uns eigentlich nicht leisten können; aber ich habe heute nachmittag Valleius einen so hohen Preis für Erosa geboten, daß er seinen Stolz hinunterschluckte und mein Angebot annahm. Ich hoffe, du hast nichts dagegen?“

„Ich glaube, wir konnten gar nichts anderes tun“, stimmte Lydia zu. „Sie hätte sich nicht ein ganzes Leben lang bei Miriam verstecken können.“

Eine Zeitlang gingen sie schweigend nebeneinander her, bis ihr erst die Bedeutung von Ditus’ Worten aufging. „Aber was hat das mit der Heirat zu tun?“ fragte sie.

Sie spürte, wie Ditus mit den Achseln zuckte. „Vielleicht nichts, denn vielleicht heirate ich niemals. Ich weiß noch nicht, wie Gott mich führen wird. Doch sollte ich einmal heiraten, dann...“ Was er weiter sagte, wurde ein unverständliches Murmeln.

„Vielen Dank, daß du es mir gesagt hast“, nickte Lydia. „Sie ist wirklich ein sehr schönes Mädchen.“

„Und außerdem noch sehr jung“, fügte Ditus hinzu. Seine Stimme klang plötzlich recht fröhlich. „Wir haben also noch viel Zeit.“ Doch seine nächsten Worte überraschten Lydia völlig. „Ich nehme an, wir müssen in dieser Hinsicht erst einmal über dich und Clement nachdenken, ehe Minta oder ich an die Reihe kommen.“

„Clement und ich?“

„Ich bin doch nicht blind“, stellte Ditus ruhig fest. „Wenn ich bedenke, daß ich mit dir das ganze Jahr vergeudet habe“, meinte Lydia verwundert, „weil ich in meinen mütterlichen Gefühlen meinte, ich hätte es noch mit einem Kind zu tun?“

Jetzt mußte Ditus lachen. „In der ersten Zeit hattest du ja sogar noch recht. Tröstet dich das ein wenig?“

Sie nickte, ohne zu antworten. Sie fand keine Worte, um die Gefühle der Dankbarkeit und des Friedens auszudrücken, die ihr Herz durchzogen.

*

Die ersten Strahlen der aufgehenden Sonne fielen in das Atrium und warfen scharfe Schatten über das kurzgeschnittene Gras. Das Wasser im Teich reflektierte das Blau des Morgenhimmels. Lydia spürte, wie sie ein wenig zitterte, als Ditus sich in die Mitte das Atriums begab.

Als Lydia sich am gestrigen Abend noch mit der Bitte an Paulus gewandt hatte, bei Ditus’ Volljährigkeitsfeier die Vaterstelle zu vertreten, hatte er geantwortet: „Ich habe eigentlich für die römischen Zeremonien nichts übrig. Aber vielleicht — in diesem Falle? Nun, wir könnten die Gelegenheit benutzen, den Jungen Gott zu weihen.“

„So hat er es sich auch gedacht“, drängte Lydia.

„Gut, dann werde ich es dieses eine Mal tun.“

Nun stand Paulus in der Mitte des Atriums und hielt die weiße Toga — die »Toga Pura« — ausgebreitet in seinen Händen. Ditus trat zu ihm. Lydia wurde zum ersten Mal richtig bewußt, wie sehr der Junge in der letzten Zeit gewachsen war. Paulus mußte seinen Kopf emporheben, um Ditus ins Gesicht blicken zu können.

„Ich erkläre dich, Epaphroditus, Sohn des Aurelius, hiermit vor dem Gesetz und auch in den Augen Gottes zum Mann“, sagte er mit lauter und fester Stimme und hängte Ditus die Toga um. „Ich übergebe dich mit all deinen Stärken und Schwächen in Gottes Fürsorge und in Gottes bewahrende Hände. Von diesem Tage an wirst du Sein Mann sein.“

Ditus' Gesicht war blaß, aber seine Augen strahlten. „Von diesem Tage an“, erklärte er laut, „will ich mit meiner ganzen Kraft und meinem ganzen Herzen Gott dienen und Seinem Sohn Jesus Christus!“

Paulus lächelte. „Der Herr segne dich und behüte dich“, sagte er. Lydia zuckte ein wenig zusammen, als sie sich bei diesen Worten an Rubens Stimme erinnerte. Paulus fuhr fort: „Der Herr lasse Sein Angesicht über dich leuchten und sei dir gnädig. Der Herr wende Sein Angesicht dir zu und schenke dir Frieden.“

Lydia ergriff Mintas Hand und fühlte, wie diese ihren Druck erwiderte. Ach, Gott hatte sie überreich gesegnet, indem Er ihr solche Kinder gegeben hatte.

Sie fühlte, wie ihre andere Hand ebenfalls in einen festen Griff genommen wurde und blickte in Clements Augen. Es war das erste Mal, daß er sie so berührte. Sie war erstaunt, wie stark ihr Herz zu klopfen begann. Doch gleichzeitig war es ihr, als würde sie von starken Armen ergriffen und eingehüllt. Was hatte sie getan, um all diesen Segen Gottes zu empfangen. Als sie aufblickte, begegnete sie Paulus' Augen, der sie anblickte. Sie kannte seine Antwort, wenn sie ihm diese Frage jetzt gestellt hätte. Er würde sagen: Getan hast du gar nichts dafür, denn Gottes Segen und Seine Gnade kann man sich nicht verdienen. Das sind freie Geschenke Seiner Liebe, und sie können nur mit einem dankbaren Herzen angenommen werden.

„Im Namen des allmächtigen Gottes“, sagte Paulus jetzt und wandte sich noch einmal Ditus zu, „und im Namen Seines Sohnes, unseres Herrn Jesus Christus, und im Namen des Heiligen Geistes. Amen.“

Lydia blickte mit feuchten Augen von ihren Kindern zu Clement, dann zu Paulus, Silas, Lukas und Timotheus und auch zu den Sklaven, die hinter ihnen standen. Sie alle waren eingeschlossen in diesen Kreis der Liebe. Sie alle waren ihre Brüder und Schwestern in Jesus Christus, mit denen sie gemeinsam die Gemeinde des Herrn Jesu in Philippi bauen wollte.

„Amen und amen“, sagte Lydia laut und fühlte die Hände, die sie rechts und links mit kräftigem Druck festhielten. Rundum hörte sie das Echo der anderen Stimmen: „Amen und amen!“

VON MOAB NACH BETHLEHEM Lois T. Henderson

Im Mittelpunkt dieser großartigen biblischen Erzählung steht die Moabiterin Ruth, die nach harten Schicksalsschlägen mit ihrer israelitischen Schwiegermutter Naemi in deren Heimatstadt Bethlehem zieht und aus diesem Grunde ihre eigene Heimat Moab verlassen muß. Eine dramatische Handlung paart sich mit der großartigen Beschreibung der Menschen, des Lebens, der Sitten und des Landes, so daß uns gleichzeitig ein großartiger Einblick in das Leben während der biblischen Richterzeit gegeben wird. Wir werden beim Lesen selbst in die Handlung hineingezogen und ziehen mit von Moab nach Bethlehem, erleben die Konflikte und dramatischen Situationen im Leben einer Frau mit, die den Ruf Gottes spürt und durch Gehorsam zu diesem Ruf zu einem neuen Leben unter dem Segen Gottes findet.

Art.-Nr. 20097 304 Seiten (Paperback) **DM 17,80**

DER WANDERER GOTTES Ellen Gunderson Traylor

Das ist die Geschichte eines Mannes, der es unter dem Eindruck eines sein Leben umwandelnden Erlebnisses wagt, sich gegen Religion, Überlieferungen und Sitten seiner Gesellschaft aufzulehnen, alle Sicherheiten hinter sich zu lassen und in die Ungewißheit eines Neuanfangs zu gehen. Mit dem Leben Abrahams, denn er ist der „Wanderer Gottes", wird uns ein gewaltiges Panorama der alten Welt entrollt. Wir werden nach Ur, Damaskus, Sodom und Ägypten geführt und lernen auch ein Stück des Lebens der Nomaden kennen. Gleichzeitig ist es aber auch die Geschichte der Geburt eines Volkes, das später „Gottes Volk" genannt wird, nämlich Israels. Sie sollten nicht versäumen, dieses Buch zu lesen.

Art.-Nr. 20084 366 Seiten (Paperback) **DM 17,80**

ENTSCHEIDUNG AUF DEM KARMEL William H. Stephens

Das ist die Geschichte Elias, des großen Propheten Israels, der als einzelner den Mut hatte, sich von Gott gebrauchen zu lassen, um gegen die bestimmende geistige Strömung seiner Zeit und gegen das israelitische Königshaus aufzustehen. Dabei kommt es zur gewaltigen Auseinandersetzung zwischen dem Gott Israels, dem Gott Abrahams, Isaaks und Jakobs, der durch Elia vertreten wird, und der heidnischen Baalsreligion, die von der phönizischen Königstochter Isebel, die Israels Königin ist, in Israel eingeführt wird. Diese Auseinandersetzung findet in dem dramatischen Gottesurteil auf dem Karmel seinen Höhepunkt. Ein ungeheuer packend erzähltes Buch. Sie sollten es unbedingt lesen. Auch als Geschenk gut geeignet.

Art.-Nr. 20029 312 Seiten (Paperback) **DM 17,80**

DER SCHWERE WEG Gini Andrews

Diese packende biblische Erzählung macht uns mit dem Leben der Jüdin Hadassa bekannt, die als Esther die Frau des persischen Königs Xerxes wurde und ihr Leben wagte, um mit Gottes Hilfe ihr Volk vor den bösen Plänen des persischen Großwesirs Haman zu retten. Das Buch führt uns in das persische Reich um etwa 480 v. Chr. und gibt uns gleichzeitig einen Einblick in die damalige Zeit. Die Hintergründe und Zusammenhänge des biblischen Buches „Esther" werden uns hier auf spannende Weise nahe gebracht. Gleichzeitig erleben wir mit, wie Gott trotz aller menschlichen Bösartigkeiten Sieger bleibt.

Art.-Nr. 20104 308 Seiten (Paperback) **DM 17,80**